prometeo
libros

prometeo
libros

COMO DE LA FAMILIA

Afecto y desigualdad en el trabajo doméstico

Santiago Canevaro

COMO DE LA FAMILIA

Afecto y desigualdad
en el trabajo doméstico

prometeo
libros

Canevaro, Santiago
  Como de la familia : afecto y desigualdad en el trabajo doméstico /
Santiago Canevaro.- 1a ed . - Ciudad Autónoma de Buenos Aires :
Prometeo Libros, 2020.
  270 p. ; 23 x 16 cm. - (Miradas antropológicas)

  1. Etnografía. 2. Trabajo de Mujeres. 3. Conductas Afectivas.
I. Título.
  CDD 305.8001

Armado: Mabel Fraga
Corrección: Elda Morales

Índice

PRIMERA PARTE
Ingreso

Capítulo 1
Encontrar una trabajadora doméstica...................................51

Capítulo 2
Buscar empleo como trabajadora doméstica 79

Prólogo

Ezequiel Adamovsky

Si existe una relación central y constitutiva del capitalismo, esta es la relación entre las clases sociales. El mundo en el que vivimos funciona produciendo y reproduciendo jerarquías de clase, sobre las que se organizan los aspectos nodales de la vida social, desde la producción y el consumo, hasta las políticas públicas o los juicios estéticos. Todo está permeado por la clase.

A su vez, el mundo moderno descansa en otra división constitutiva: la que opone el espacio público al espacio privado como dos esferas con lógicas contrapuestas. El primero es el de la competencia mercantil, en la que el individuo vela por sus propios intereses. Es, también, el de las instituciones y el de la ley. Es, en fin, el espacio de la política y de las relaciones de clase. La esfera de lo privado, supuestamente, es la de las relaciones afectivas, la del amor filial o de pareja, la de la vida doméstica, la de la familia. Es el ámbito de la reciprocidad, aquel en el que las personas establecen vínculos sobre los que la ley y el Estado, supuestamente, no deberían intervenir. La calle, el mercado y las instituciones públicas, por un lado. El hogar privado, inviolable, por el otro.

Ni las diferencias de clase, ni la separación de esas esferas, por supuesto, son fenómenos "naturales". Por el contrario, han surgido en un momento histórico determinado. Más importante, su continuidad requiere un trabajo constante y cotidiano de apuntalamiento.

El libro que el lector tiene entre sus manos, de finísima factura, propone una indagación sobre esos trabajos cotidianos que producen, dan solidez y continuidad a las jerarquías sociales tanto como al espacio de lo privado. Luego de años de investigación etnográfica en torno de las empleadas domésticas al servicio de familias porteñas de sectores medios, Santiago Canevaro ha producido un texto iluminador. Tiene el gran mérito de poner el foco en un vínculo especial, como lo es el que entablan las trabajadoras domésticas y sus empleadoras, en el que las líneas de demarcación entre lo público y lo privado se confunden. Es un tipo de relación en la que el contrato laboral está cruzado por grados de intimidad y de afecto que lo desestabilizan. Las empleadas limpian y planchan, pero también se ocupan del cuidado de los niños y tejen lazos emocionales con ellos y, a veces, con sus padres y madres. Sus patronas les pagan un sueldo, pero con frecuencia también les brindan atenciones y socorros que exceden el vínculo estrictamente laboral. Son "como de la familia" –según la frase que repiten las informantes–, y ese "como" da la pauta de que son, a la vez, ajenas. Son y no son de la familia. El hogar, espacio del amor, la reciprocidad y la intimidad, es también un lugar de trabajo y, por ello, uno de los sitios en los que se construyen las jerarquías de clase. Y no uno menor, habida cuenta de la alta proporción de mujeres de clases populares que se emplean en el servicio doméstico.

Proximidad afectiva y, al mismo tiempo, distancia social dan al vínculo entre empleadas y empleadoras una ambigüedad tal que lo vuelven un sitio particularmente rico para pensar los modos en que se construyen las jerarquías de clase, tanto la manera en la que se organiza el propio espacio de "intimidad protegida" que intenta ser todo hogar como las prácticas cotidianas que refuerzan el funcionamiento de ambos.

¿Y qué pasa con el Estado y con la ley cuando inevitablemente penetran en el ámbito "privado" del hogar para regular el trabajo de las empleadas? ¿Qué sucede cuando ellas quiebran el pacto de afecto e intimidad para entablar demandas judiciales contra sus patronas? El fascinante análisis que hace Santiago Canevaro de las indignaciones y reproches mutuos que se suceden cuando se llega a esas instancias es particularmente revelador de la ambigüedad que recubre al vínculo. La pregunta permite, además, introducir una interesante dimensión histórica, en un recorrido que va desde el peronismo histórico y la creación del Tribunal del Trabajo Doméstico, en 1956, hasta la más reciente sanción de la Ley de Trabajadoras de Casas Particulares (2013). Las intromisiones del Estado, en este sentido, aparecen, a veces, elaboradas como un ejemplo más de la presencia invasiva del peronismo y de sus efectos deletéreos sobre la disciplina laboral (la indebida altivez de las trabajadoras domésticas, no casualmente, ha funcionado como estereotipo del supuesto problema).

El punto de observación que eligió el autor también permite echar luz sobre las relaciones de género. No solamente por el hecho, por demás evidente, de que el servicio doméstico es un trabajo generizado (y racializado) –descansa en la posibilidad de utilizar a bajo costo el cuerpo de mujeres que, además, suelen ocupar también un lugar de subalternidad en virtud de su pertenencia étnica o de sus rasgos fenotípicos–, sino también por las notables diferencias que el autor encuentra en el vínculo que las empleadas entablan con sus patrones según sean mujeres o varones. Lo afectivo y lo contractual-impersonal se juegan de maneras bien diferentes para unas y para otros.

El libro de Santiago Canevaro constituye, además, un aporte muy importante a nuestra comprensión del funcionamiento y de los presupuestos de una "cultura de clase media", tal como la que se la halla entre muchos porteños. La construcción de las identidades de los sectores medios encuentra algunas de sus apoyaturas más firmes en el ámbito del hogar y de la vida privada. Inevitablemente, esas "intrusas" con las que allí conviven son fundamentales como el "otro" frente al cual se recortan los sentidos del "nosotros" de clase media. Y aquí se ponen en juego, inevitablemente, universos morales contrapuestos, visibles incluso en los sentidos de lo "limpio" y lo "sucio" que cada actor porta. Nuevamente en este plano, la diferencia de género y étnico-racial también hace sentir su efectividad.

Indagar en la ambigüedad entre distancia y proximidad es particularmente interesante en una sociedad como la argentina, caracterizada por esa "pasión por la igualdad" de la que hablaron autores como Juan Carlos Torre y Elisa Pastoriza. Porque también esa pasión causa interferencias en ese vínculo ya inestable que construyen las empleadoras –especialmente aquellas de visiones progresistas– con sus empleadas. Como apunta el autor, "la convivencia de ideales modernos y democratizantes con prácticas y relaciones jerarquizadas, en el límite, serviles, incorpora pues, en el plano de las disputas cotidianas que se dan en los hogares en torno a la limpieza y a los cuidados, de modo casi microsociológico, las negociaciones y disputas con relación a los límites y posibilidades de inclusión de los grupos populares y plebeyos a los espacios ya ocupados por otros grupos sociales que agitaron –y agitan– la sociedad argentina desde el siglo XX".

Finalmente, la obra de Santiago Canevaro dialoga con el "giro afectivo", toda una corriente internacional en las ciencias humanas, relativamente reciente, que viene señalando la importancia de la dimensión afectiva a la hora de comprender los procesos históricos y sociales.

Por todos estos motivos, por lo novedoso de sus aportes y la relevancia de su objeto de estudio, se trata de un libro que vale la pena leer.

Introducción

Las trabajadoras domésticas[1] ven, tocan, escuchan y respiran el mundo material y emocional de sus empleadores/as. Hijos, dinero, comida, objetos, secretos median entre ellas y sus "patrones". En nuestro país, a nadie extraña que existan trabajadoras domésticas en los hogares. El empleo doméstico está naturalizado. Sin embargo, la relación entre empleadores/as y trabajadoras domésticas no pasa desapercibida, es un vínculo que abre profundas y apasionadas discusiones que mezclan la reflexión y los sentimientos en la sociedad argentina.

Este libro contiene los resultados de la tesis doctoral que defendí en el año 2011 y compendia más de diez años de trabajo en la Ciudad Autónoma de Buenos Aires, durante los cuales realicé decenas de entrevistas y de observaciones de campo, y analicé diferentes materiales de divulgación. Se enfoca en la manera en que se articulan en el espacio doméstico las relaciones de desigualdad, los intercambios afectivos y los sentidos de esta particular relación de trabajo en la "cultura de clase media" porteña.

¿Cómo son vivenciadas estas relaciones tanto por las trabajadoras como por sus empleadores/as? Esta pregunta estructura esta obra y propone que la dimensión afectiva gravita y resignifica las modalidades que asume la desigualdad entre estos dos grupos. En efecto, a diferencia de otros vínculos laborales más impersonales, la situación de trabajadoras y empleadores/as no podría explicarse desde una racionalidad predominantemente formal o basada en el puro interés económico. Trascender las explicaciones ligadas exclusivamente a lo racional, incorporando la dimensión afectiva, es indispensable para la comprensión del fenómeno.

Esta investigación propone un acercamiento descentrado de una mirada "progresista" o "bien intencionada" y se ubica a contracorriente de las visiones negativas sobre el trabajo doméstico remunerado que, procurando denunciar antes que comprender, solo ven relaciones de "explotación" o aun de "esclavi-

---

[1] En el apartado "Enfoque y recursos metodológicos" serán expuestos con mayor profundidad los motivos de la elección del sintagma "trabajadoras domésticas", en lugar de otros, como "trabajadoras de casas particulares" o "empleadas domésticas".

tud". Por el contrario, con base en una indagación etnográfica, promueve una lectura anclada en las relaciones y experiencias concretas de los actores que nos permita comprender desde sus propios términos la dinámica y persistencia de una práctica cotidiana que combina intercambios afectivos, relaciones contractuales y formas singulares de procesar las desigualdades sociales en el espacio doméstico.

Efervescencia, entusiasmo o desencanto suelen entrelazarse en una misma persona cuando es interrogada por esta relación. A tal punto que, a lo largo de los años, varios colegas que han tomado al peronismo como objeto de análisis sociológico, me han señalado las semejanzas entre ambos temas en lo que hace a su dimensión afectiva: sea que despierte amores o rechazos, todos tienen una posición tomada. De hecho, cada vez que hablo acerca de mi investigación, no es inusual que sobre todo las empleadoras se muestren interesadas en conversar del tema expresando una opinión argumentada (con ejemplos) tendiente a justificar una interpretación, una decisión o un sentido que explica la relación con alguna trabajadora que hayan empleado. En general, terminaban explicando que hablar de la trabajadora doméstica las había llevado a definir sus trayectorias de vida y experiencias, lo que implica dimensiones emocionales y afectivas.[2]

A pesar de la relevancia estadística del empleo doméstico en la Argentina, sigue llamando la atención que el estudio de las actividades vinculadas a esta ocupación siga estando sorprendentemente subrepresentado.[3] La invisibilidad del servicio doméstico está relacionada en parte con una de sus principales características: el hecho de que se desarrolla al interior de un domicilio y se encuentra, por esta razón, asociado a la esfera privada. Las pocas investigaciones desarrolladas en la Argentina y en el resto de los países latinoamericanos (en relación con su relevancia estadística) muestran que, en general, las trabajadoras domésticas son mujeres que se encuentran entre las categorías más desfavorecidas de la población más pobre, reciben las peores remuneraciones y tienen los más bajos niveles educativos.[4]

---

[2] La elección por concentrarme en relaciones en donde hubiera vínculos de intimidad y de afecto compartidos provino de la casuística inductiva del trabajo de campo y no de una decisión previa, tal como será explicado con mayor detalle en el apartado metodológico.

[3] En la Argentina, así como en el resto de los países de la región, el trabajo doméstico representa una parte muy significativa del empleo femenino: en el año 2016, era el 5,6% del total de ocupados del país, el 12,4% de las mujeres ocupadas y casi el 17% de las mujeres asalariadas (Pereyra, 2017).

[4] La mayoría de las trabajadoras domésticas son mayores de 40 años (56,6%). Aquellas en edades intermedias (entre 25 y 39 años) representan 33,4% del total (Pereyra, 2012: 182). Suelen alcanzar niveles de escolaridad muy bajos: el 80% no posee el secundario completo. Son principalmente argentinas, el 31% migró de alguna provincia hacia el Área metropolitana de Buenos Aires (AMBA); las migrantes de otros países representan el 14%. Si bien el 37% son cónyuges de un trabajador

En la medida en que se trata de un vínculo histórico, las transformaciones sociales, económicas, culturales, urbanas e incluso arquitectónicas atravesadas por la sociedad argentina y, en particular, por la Ciudad de Buenos Aires, repercutieron en la configuración de un nuevo tipo de relación entre trabajadoras y empleadores/as. En efecto, en los últimos treinta años, se produjo una transformación de los hogares de los/as empleadores/as: como los espacios son más reducidos, las trabajadoras ya no poseen un lugar donde vivir de lunes a sábado, tal como era frecuente en el pasado. Por lo tanto, también se redujo la proporción de tiempo en que permanecen disponibles. Asimismo, ellas tienen otros trabajos, cobran por hora, por semana o por mes y, en general, tienen mayor nivel de instrucción (y, por tanto, otras expectativas con relación al servicio doméstico). Cuentan también con un marco de regularización legal extendido que, si bien no siempre es movilizado en sus relaciones, no deja de gravitar fuertemente.[5]

La combinación entre proximidad física y distancia social, en un espacio reducido, es quizás una de las características más sobresalientes de este vínculo laboral y asume contornos específicos en el contexto de Buenos Aires.[6] El servicio doméstico, en efecto, revela una tensión oculta en el imaginario de la sociedad argentina, que se piensa más igualitaria que el resto de Latinoamérica: la existencia de relaciones claramente jerarquizadas como las que establecen con el personal doméstico.

La "pasión por la igualdad", que autores como Juan Carlos Torre y Elisa Pastoriza (1999) destacan como uno de los motores principales de la vida política y social de los argentinos, ha puesto en cuestión la posibilidad de naturalizar la des-

---

principal, 39% de ellas son jefas de hogar (Álvarez & Beccaria, 2013). Por último, el nivel de salario del sector se ubica entre los más bajos del mercado laboral (43% en el primer quintil de ingresos; 71%, entre el primero y el segundo quintil) y el salario mensual corresponde a 55% del salario promedio del resto de las asalariadas (Buccafusca y Serulnicoff, 2007; Ministerio de Trabajo, Empleo y Seguridad Social, 2005: 179).

[5] El trabajo de campo para la tesis doctoral fue realizado durante la etapa en que regía la antigua regulación del servicio doméstico.

[6] Focalizar en hogares de sectores medios y no de sectores medios altos o altos, como ya una importante bibliografía sobre countries y barrios privados había indagado (Green, 2010; García, 2010), obedece a una decisión por concentrarme en sectores sociales que han tenido históricamente una posición de precariedad estructural y heterogeneidad socio-ocupacional (Kessler, 2000; Svampa y González Bombal, 2001; Kessler, Svampa y González Bombal, 2010; Palomino y Dalle, 2016). La configuración de estos sectores empleadores de Buenos Aires adquiere nuevos sentidos a comienzos del siglo XXI en relación con la percepción de cercanía o de distancia social respecto de quienes emplean en sus hogares para realizar las tareas domésticas. Indagar en los límites y la permeabilidad de sus fronteras permitirá analizar la singular modalidad de un vínculo laboral que combina la gravitación de la ideología vinculada al peronismo y la construcción inestable de una posición de clase de los sectores medios vernáculos.

igualdad (o al menos ha rebajado los umbrales de tolerancia) en este país, cuando se lo compara con otros países de la región. Como se podría intuir, esta pasión no deja de permear las relaciones de trabajo –que suponen una fuerte intimidad, no exenta de ambigüedad, pero también de complementariedad–, que se dan entre trabajadoras domésticas y empleadores/as.[7]

Si en el espacio doméstico conviven desigualdad y modernidad, distancia y proximidad, jerarquía e igualdad, a esta superposición de dimensiones, matrices y marcos de sentido se agrega un conjunto de cuestionamientos que los sectores medios perciben hacia un modelo ideal familiar y de domesticidad que consideran propio y diferente al de otros grupos sociales y que, con largos antecedentes, adquirió especial cristalización a mediados de siglo y peculiares significaciones después de la irrupción del primer peronismo.[8]

Desde principios de 1900, en la Argentina los comportamientos y los valores familiares asumieron especial significación como arena de disputas por la preeminencia social. Las clases altas encontraron en la familia una dimensión central para construir formas de diferenciación social que las preservasen frente a una sociedad que crecía de forma rápida, tumultuosa y amenazante (Losada, 2009). En paralelo, el concepto que ganó lugar entre los sectores sociales en ascenso fue el de la respetabilidad. En tal sentido, la familia para los sectores medios[9] fue importante no solo por las estrategias para mejorar la posición social (como sucedió en la reducción de la natalidad o en las inversiones en educación), sino permitiéndoles asociar ciertos criterios morales con su propia posición social. Es decir que, como lo revela Isabella Cosse, "tener una familia doméstica les otorgaba prestigio y respetabilidad y los diferenciaba de los sectores populares" (2010:14). En ese proceso, la clase media urbana se convirtió en el vector de una

---

[7] Gabriel Kessler (2014) destaca la paradójica condición del caso argentino, donde la población no logra naturalizar la existencia de relaciones desiguales, aunque logra convivir con ellas. Esa mezcla de intolerancia a la desigualdad con la gestión cotidiana es un aspecto que está constantemente en disputa, un problema irresuelto para la sociedad en general.

[8] Isabella Cosse de manera elocuente destaca que más allá de que se le achacaba al peronismo el hecho de propugnar valores vinculados con una moral opuesta a la de los sectores medios, el propio peronismo "ofreció a los desheredados el horizonte de felicidad de la vida doméstica, hogareña, decente y respetable, sabiendo que muchas veces se ubicaban por fuera del orden familiar instituido". (2006:60).

[9] Seguiremos la distinción que establece Ezequiel Adamovsky (2009) entre *sectores medios* y *clase media*. La categoría *sectores medios* hace referencia a aquellos sujetos que poseen ciertas condiciones socio ocupacionales (profesionales, comerciantes, empresarios, empleados administrativos, docentes, etc.) y reserva la categoría de *clase media* para dar cuenta de una identidad anclada en un particular sistema de clasificación social históricamente construido, que puede o no coincidir con las condiciones sociocupacionales descriptas antes (Visacovsky y Garguin, 2009).

normatividad social que la excedía, pero que no dejaba de ser una guardiana férrea de las diferencias con otros grupos, consideradas como desviaciones.

En este marco, veremos cómo la presencia de las trabajadoras domésticas viene a cuestionar una moral familiar y un modelo de domesticidad que se había venido construyendo a lo largo de los años por parte de los sectores medios. Daniel James (2010) plantea que el 17 de octubre no solo supuso que las masas irrumpieran en el escenario político, sino que la misma invasión fue leída como una "violación a los códigos de conducta y las nociones de decoro de quienes hasta ese momento pensaban que el centro –político, social y simbólico– del poder les pertenecía naturalmente". En las disputas y conflictos que exhibiremos en este libro se ven los límites y las posibilidades que tienen en este caso las empleadoras para reforzar sus ideales de domesticidad ante la amenaza de quienes trabajan en sus hogares y manejan otros códigos y valores. El esfuerzo por marcar la distancia con quienes consideran distantes socialmente y diferentes culturalmente supone una inversión de tiempo y un sacrificio ante la pérdida de poder que perciben en sus negociaciones cotidianas.

El concepto de ambigüedad afectiva (Goldstein, 2003) desarrollado sobre todo en Brasil para estudiar la combinación de relaciones de proximidad con distancia social nos ayudó a poner en perspectiva nuestra propia investigación y hallazgos. Es interesante notar que, mientras que en los estudios sobre Brasil la ambigüedad afectiva refuerza un sistema jerárquico y reproduce relaciones de desigualdad entre ambos actores, en el caso de Buenos Aires ciertos componentes vinculados con una configuración cultural más igualitaria –y una matriz social con una pretensión integradora– llevan a que la jerarquía sea puesta en disputa. Tanto es así, que una investigadora brasileña se sorprendió al mirar en mis escritos de campo la centralidad que ocupaban en el relato de las empleadoras porteñas problemas vinculados a cómo ejercer la autoridad, cómo mantener y hacer explícita la distancia social, cuestiones que en Brasil no aparecían. En el mismo sentido, este libro tendrá como eje las negociaciones cotidianas donde la jerarquía social puede ser cuestionada, ridiculizada y hasta "ensuciada". Sin embargo, lejos de desaparecer, puede ser ratificada y hasta permanecer intacta.

A esta sensación de ansiedad debemos agregarle la doble condición del hogar concebido simultáneamente como espacio de lo doméstico y como lugar de trabajo. El lugar donde la trabajadora doméstica desarrolla su actividad es al mismo tiempo el ámbito de privacidad e intimidad de otra familia. Así, el hogar se constituye en el espacio de la reciprocidad y de la jerarquía, de códigos de clase, de género, generacionales y étnicos que se entrelazan, imbrican y complejizan aún más el vínculo.

A estas cualidades presentes también en otros espacios laborales, se le suma el hecho de que la actividad, al realizarse en la privacidad de un hogar, supone en la mayoría de los casos una situación de aislamiento en el trabajo que favorece situaciones de explotación, de discriminación, de violencia y, asimismo, disminuye la posibilidad de establecer un vínculo laboral regularizado. Ante la dificultad para regular un espacio como el hogar de los sectores medios, y al propiciarse relaciones afectivas y personales, se genera un conjunto de arreglos, negociaciones, pagos y favores que, aunque no se condicen con un tipo de contrato legal-formal, funcionan como regulaciones prácticas y cotidianas. Estos arreglos "informales", asociados con las características y los sentidos que adquiere el espacio privado como lugar de trabajo, definen la heterogeneidad de los grados de "racionalidad" y "afectivización" en que se desenvuelve la actividad de la trabajadora y el vínculo con su empleadora.

Así, componentes que podrían parecer incompatibles (laboral/afectivo, contractual/informal, egoísmo/reciprocidad, dinero/amor) son complementarios y generan un tipo de relación donde la ambigüedad, la complicidad y el antagonismo se actualizan y redefinen cotidianamente. La bibliografía sobre el servicio doméstico es unánime en reconocer la complejidad que revisten las relaciones de trabajo que se dan en un ambiente privado. Apunta a cuestiones acerca de la definición de lo que se reconoce como trabajo, de las relaciones de poder entre las mujeres (paternalismo/maternalismo), de los lazos de dependencia, de los pagos extrasalariales (Kofes, 2001; León, 1993; Chaney y García Castro, 1993). Un argumento común de la mayoría de estos estudios ubica en la "poca profesionalización" y, por ende, en la ausencia de una relación moderna y contractual entre trabajadoras domésticas y empleadores/as, la fuente de la subordinación de las primeras. Ahora bien, siguiendo la línea planteada por Brites (2001) y basado en mi propio trabajo de campo, no demoré en advertir que aquello que estos estudios destacan como características que subsumirían a las trabajadoras en relaciones de subordinación era justamente el conjunto de componentes que ellas mismas reconocían como las particularidades que tornaban ventajoso su trabajo en relación con otras ocupaciones disponibles para ellas. De ahí el énfasis que el libro pondrá en el análisis de las prácticas y discursos de los actores sociales involucrados, más allá de la valoración que puedan suscitar.

"Yo los prefiero buenas personas antes que buenos patrones". Con esta frase, una trabajadora doméstica sintetizó algunos "beneficios" que recibía en comparación con sus amigas trabajadoras. Aunque no le pagaban bien, ella recibía otras ayudas y contrapartidas, como poder llevar a sus hijas al trabajo o acceder a comprar electrodomésticos con la tarjeta de crédito de la empleadora. Los favores, compensaciones y ayudas aparecen para las trabajadoras como beneficios y "derechos" que se enmarcan en un espacio laboral singular, en donde –y aunque las condiciones laborales pueden estar escritas en un contrato– es la propia dinámica dentro del hogar la que genera marcos de regulación propios, igualmente válidos, conocidos y ampliamente legitimados por ambas partes de la relación. En este sentido, tanto las trabajadoras como los/as empleadores/as pueden movilizar, de modo alternativo, modelos paternalistas, así como formas salariales y contractuales. Diferentes estudios demuestran que ambos actores aluden a la fidelidad, a la protección, a la confianza y a la pertenencia a la familia para caracterizar la relación, sin excluir, cuando resulte conveniente, la referencia a los derechos laborales y sociales (Anderfurhen, 2002 y Vidal, 2007).

Haber indagado acerca de los mismos episodios o situaciones tanto con empleadores/as como con empleadas me permitió comprender cada particular perspectiva. Esta mirada relacional del vínculo, de sus conflictos, acuerdos y múltiples negociaciones, resulta original en el campo de estudios del empleo doméstico, ceñido por lo general al examen de las trabajadoras, pero también en el campo de análisis de las relaciones de clase y la estratificación, que tienden a reconstruir por separado las experiencias y la situación de cada grupo para luego producir una iluminación recíproca por vía de su contraste. Si bien este procedimiento puede ser fructífero y ha producido valiosas contribuciones, relega una serie de procesos que son parte fundamental de la construcción de las identidades de los grupos y de sus miembros. Estos procesos tienen que ver con las operaciones de demarcación que los miembros de cada grupo efectúan allí donde se verifican situaciones de contacto permanente con otros grupos de los cuáles quieren distinguirse. Un análisis relacional, entonces, es necesario para echar luz sobre aquellos elementos.

Muchas investigaciones solo se refieren a momentos o procesos de estas relaciones en términos políticos o institucionales, por lo que encontramos que se había explorado poco de aquellos procesos sociales cotidianos a través de los cuales se construye, cuestiona o reformula la legitimidad de nuevas y viejas relaciones y situaciones de desigualdad social.[10]

---

[10] Buena parte de los análisis se habían concentrado en intentar mostrar que el "neoliberalismo" estaba ocultando las bases de un modo de vinculación caracterizado por el relativo igualitarismo. La supuesta novedad era que la década traía una radicalización del "individualismo" y de la "mercantilización". El problema de esta perspectiva, como bien lo destaca Viotti, era suponer la presencia de un proceso homogéneo que no podía ver en estos conceptos más que una amenaza a los valores históricamente definidores de los sectores medios urbanos (2011: 32). El trabajo de Ana Wortman demostraba en su momento cómo algunos consumos culturales podían estar asociados unilateralmente a la "llegada del neoliberalismo", afirmando que existía un proceso homogéneo de "mercantilización" o de "crisis de ciudadanía" (Wortman, 2003).

La novedad de esta investigación radica, entonces, en que se centra en la dimensión relacional del vínculo laboral entre grupos sociales contrastantes en un escenario como el hogar de los sectores medios de Buenos Aires. El espacio de intimidad que comparten cotidianamente las trabajadoras domésticas de sectores populares y sus empleadores/as constituye un ámbito privilegiado y, al mismo tiempo, poco explorado, desde donde analizar los procesos de demarcación social que grupos sociales heterogéneos realizan en torno a sus diferencias y desigualdades.

Como breve muestra de qué y cómo se trabajará a lo largo del libro, en el siguiente apartado se presentan tres historias de trabajadoras domésticas y sus empleadores/as que tienen en común cierto desborde de lo afectivo, como aspectos que no se pueden contener, pero tampoco explicar, únicamente desde cánones racionales y lógicos. Trabajadoras domésticas que deciden no iniciar acciones legales en virtud del vínculo afectivo, o que conceden trabajar los días feriados para recibir otras compensaciones, así como empleadores/as que consideran desubicados planteos de las trabajadoras que movilizan la legislación laboral porque entienden que se apartan de la trama relacional construida a lo largo del tiempo.

Estos casos exhiben la relevancia de la afectividad como una "válvula" que permite la generación de ciertos reclamos, derechos, solidaridades, acuerdos, contratos, al mismo tiempo que obtura otros, muy diferentes de los forjados en otras relaciones del mundo laboral. Más allá de los esfuerzos por querer regular, contener y circunscribir los distintos elementos que hacen a la dimensión afectiva, encontramos que en todos los casos tanto empleadores/as como trabajadoras deben convivir con este aspecto y combinarlo con instancias racionales y lógicas contractuales. Al mismo tiempo, el carácter dinámico del vínculo hace que la dimensión afectiva que había permitido un tipo de relación pueda operar en sentido contrario. En definitiva, el carácter cambiante de los lazos obedece a que la impronta afectiva entre ambos agentes persigue intereses, expectativas y realidades distintas y variables. No obstante, veremos en la siguiente historia que aquello que los protagonistas señalan como motivo de la separación es paradójicamente lo que los había unido.

Se termina como se empieza

Hace más de quince años que Natividad se desempeña como trabajadora en la casa de Irene. Le pide que la regularice, que la cambie de categoría en la Administración Federal de Ingresos Públicos (AFIP) y le pague las cargas sociales que corresponden, pero Irene no dice nada. Dilata la cuestión. Después le dice que, según sus averiguaciones, eso no es posible. En un rincón de la casa, Natividad se muerde los labios y finalmente calla. Tantos años de quererse y la engaña de esta manera. Ella ingresó al trabajo por recomendación de una hermana de su madre que trabajaba con los padres de Irene antes de volverse al Paraguay por un problema de salud. Su hermana trabaja con la prima de Irene, su sobrina limpia en lo de una amiga de Irene y su tía trabaja como niñera de los mellizos de la hija de Irene. ¿Y ella le paga así, mintiéndole? "¿Y si le hago juicio y la mando a la mierda?", se tentó muchas veces. Pero hubiera sido arruinar todo un modo de vida laboral y familiar basado en la confianza.

Aunque la conoce desde que llegó de Paraguay, a Irene la descolocó el planteo de Natividad, le pareció fuera de lugar teniendo en cuenta el tiempo que se conocen, las cosas que pasaron juntas, todo lo que ella la ayudó con su primer embarazo, sus hijas, la historia compartida. Sin embargo, la nota rara desde que le hizo el reclamo. Ya no hablan con la misma comodidad, con la misma confianza. Ahora hay un tema entre ellas que las tiene enfrentadas. Irene no considera que el planteo sea injusto en términos contractuales, pero sí en términos del vínculo que creía tener. Ya la confianza está rota.

Tres años después de "aguantar" y de no hacer un reclamo judicial, el tiempo le dio la razón a Natividad, que consiguió un mejor trabajo con las recomendaciones de Irene. "Hice bien en aguantarme la bronca", dirá después. Habría tirado tantos años a la basura. Y ni hablar de la amistad, el cariño. Se habría quedado sin referencias. Habría ensuciado el honor del resto de su familia. Era importante que la nueva patrona supiera qué clase de persona estaba metiendo en su casa.

Cuando comencé a trabajar sobre las relaciones en el servicio doméstico, encontré una constante: cuando se hablaba de una ruptura o de una manera de terminar un vínculo, se hacía una retrospectiva de la relación, de su historia, de sus intensidades y pliegues. Aparecía la necesidad de reconstruir la trama de relaciones, contactos, negociaciones y disputas que se habían construido a lo largo del tiempo. Parecía que una cosa explicaba la otra o se derivaba de ella.

Es interesante hacer notar una diferencia en el modo en que los/as empleadores/as y las trabajadoras elegían encarar el relato de su relación. Por un lado, los primeros se referían a la experiencia de ruptura con expresiones ligadas a una desilusión, traición o desencanto que ellos contrastaban con etapas previas menos conflictivas. Mientras que las trabajadoras domésticas, por su lado, tendían a focalizarse en la manera en que fueron construyendo el vínculo con sus empleadores/as. En su relato, la ecuación para lograr una buena relación sostenida en el tiempo había sido siempre la misma: ser confiables, no fallar y conocer las necesidades de los/as empleadores/as.

Esto no quiere decir que no percibieran cambios en quienes las empleaban, pero sí es notorio que el énfasis para ellas estaba puesto en mostrar los mecanismos persistentes en la configuración del vínculo.

En estos relatos pude descubrir que en la manera de contar las salidas podía encontrar aspectos significativos de la forma en que se construyó la relación. A la manera de una cinta de Moebius, uno podía descubrir en la forma de salida el modo de inicio de la relación. Es decir, podemos leer en el proceso de resolución de un conflicto aquellos pliegues que se fueron cosiendo a lo largo del tiempo y donde descansan los aspectos que aceleran o impiden la escalada de las tensiones cuando hay posibilidades de ruptura.

La dimensión afectiva y las redes de relaciones que se tejieron durante todo ese tiempo son dos componentes centrales y superpuestos en este proceso. Ambas cuestiones están conectadas. Cuando alguien busca una recomendación para contratar una trabajadora doméstica recurre a una persona conocida, a alguien que forma parte de una red de relaciones y de personas más o menos extendida en el tiempo y en el espacio. En este punto, las redes de contacto operan como el primer acercamiento de mundos sociales distantes.

A diferencia de otras latitudes, donde las búsquedas de personal doméstico están mediadas institucionalmente y, por tanto, se despersonalizan, en países como Argentina, el primer contacto entre las trabajadoras y sus empleadores/as se produce por intermedio de personas que uno conoce, reconoce, puede individualizar.

Para las trabajadoras domésticas, como han mostrado los estudios migratorios, es nodal el papel que juegan las redes sociales más próximas, no solo al momento de conseguir empleo, sino como sostén material y simbólico. Como veremos, las mujeres que recomiendan el primer trabajo funcionan como los "mediadores institucionales" que articulan la inserción del migrante en el lugar de destino (Benencia y Karasik, 1994).[11] Mientras que para las trabajadoras utilizar la red es movilizar ciertos recursos y atenerse al conjunto de obligaciones y límites de esas mismas tramas, para los/as empleadores/as las redes adquieren otro sentido. Operan como un catalizador de la persona que ingresará en sus ho-

---

[11] Estudios internacionales corroboran el papel de las redes sociales como fuente de recursos múltiples para nativos y migrantes. Tal es el caso de los chilenos respecto de las obligaciones recíprocas del compadrazgo en la clase media (Lomnitz, 1975), de los mexicanos como modo de ingreso en la industria de la construcción (Bueno Castellanos, 2009) y de los cubanos y mexicanos en los Estados Unidos, en el proceso de comprensión de la regulación migratoria, inserción laboral, supervivencia en el nuevo entorno y actualización acerca de las condiciones económicas del país de origen (Vargas, 2005: 27).

gares. De alguna manera, el mecanismo de selección de quien recomendará a la trabajadora implica un filtro moral en sí mismo. Al ser altamente personalizadas e identificables, estas redes de recomendación se sostienen en una creencia que asegura compartir criterios de clase, estéticos y de calidad comunes. En palabras de un empleador tomadas durante una entrevista: "Cuando pedís una recomendación, lo primero que mirás es la casa del que te da la recomendación, y después a la trabajadora".[12]

A la hora de evaluar quién ingresará en sus hogares para trabajar, los/as empleadores/as manifiestan que los aspectos cruciales que tienen en cuenta son la confianza, la discreción y la probidad, generalmente en ese orden. La red de recomendación para buscar a la persona indicada tiene una doble articulación. Por un lado, de manera directa con el empleador que recomienda y, por el otro, con la trabajadora o conocida que va a otorgar la recomendación.

Este sistema garantiza un doble criterio de confianza. Porque quien otorga la recomendación también debe evaluar quién es la mejor persona para ese tipo de hogar y ese tipo de necesidad. Para recomendar hay que conocer a quien pide la recomendación, evaluar mínimamente el tipo de casa, de requerimientos y de sueldo qué se pagará.

Todo esto se cumple siempre que no haya un nivel de desesperación y necesidad alto en quien busca una trabajadora, situación que impide que todo este sistema más o menos aceitado se active.

El tipo de tarea que desarrollará la trabajadora –que puede ir desde cuidar a uno o más niños todos los días de la semana hasta realizar tareas de limpieza por hora– define el modelo de red al que se apuntará. Cuando se trata de una búsqueda para tareas de cuidado, "la sangre pesa" y los/as empleadores/as agotan las sugerencias de familiares porque reconocen que la mayor certidumbre está en el tipo de flujo de quien recomienda. Queda todo en familia. Sin embargo, cuando se trata de encontrar trabajadoras de limpieza, la red que se moviliza implica a personas de menor confianza, ya que el tipo de trabajo tiene un menor nivel de responsabilidad y de implicancia afectiva.

Aunque con otros objetivos y necesidades, las trabajadoras domésticas utilizan un sistema de recomendaciones similar para buscar trabajo. El tipo de red garantiza la celeridad y la seguridad de que se está ingresando en un trabajo con ciertas características. El origen nacional o regional, así como los contactos per-

---

[12] El lugar ambiguo, dudoso y por tanto sospechoso de la trabajadora es lo que lleva a pensarla como portadora de elementos ajenos a la cultura burguesa: gérmenes infecciosos, supersticiones infundadas, deseos revolucionarios y sexualidades desatadas (Rossi y Campanella, 2018:15).

sonales y sanguíneos son los criterios que garantizan entrar en un hogar en donde no serán maltratadas, cobrarán en tiempo y forma y se garantizarán una continuidad en el trabajo. Los trabajos se heredan, pero en este patrimonio lo más importante será la confianza.

Cuando una trabajadora entra a un hogar no lo hace de manera solitaria ni individual, ingresa desde un colectivo en el que participan varias personas, desde quien otorgó la recomendación de manera directa hasta quien forma parte de manera indirecta y conoce a la persona por formar parte de una red extendida. Así, ellas saben (tanto de manera consciente como inconsciente) que deben responder a un colectivo. En el caso de Natividad, ella se insertó en la red por medio de una tía, pero luego fue recomendando a diversas colegas de su confianza para que trabajaran con conocidos de sus empleadores/as.

Todo lo antedicho apunta a postular la existencia de una "red de relaciones superpuestas" entre trabajadoras y empleadores/as, que se extiende en tiempo y espacio y que opera como un entramado de obligaciones, compromisos, pero también de prerrogativas y beneficios para ambas partes. Esta red está presente de manera más o menos consciente en las relaciones cotidianas, pero se tensa más en el momento en el que se pone en juego la posibilidad de finalización del vínculo laboral.

La red de obligaciones, reciprocidades y beneficios tiene consecuencias (positivas y negativas) en las formas de finalización que adopte el vínculo laboral. Las trabajadoras domésticas perciben que judicializar supondría traicionar a la propia red de personas que las recomendaron y traería consecuencias negativas para la reputación de esa red. Sería mancharla o, como dice el dicho, sería "morder la mano a quien te dio de comer".

Inhibirse en la realización de un reclamo vía judicial, así como esperar que el empleador reconozca aspectos que exceden al vínculo laboral, para preservar la red en la que se participa, lleva al malestar que se percibe en la historia de Natividad e Irene. Para una trabajadora doméstica, ingresar en el terreno legal nunca es la primera opción y siempre es producto de una evaluación en la que se superponen criterios. Dejando las lecturas maniqueas para autores con miradas normativas sobre estas relaciones, en sus relatos, ambas dejaban en claro que preferían que en el conflicto no interviniera un tercero, en este caso el Estado.

Retomando la metáfora de la cinta de Moebius, podríamos decir que los pliegues por donde se tejieron las relaciones entre Natividad y sus empleadores/as son los mismos por donde se transmiten y canalizan los conflictos. De esta manera, los límites o posibilidades que aceleran o impiden la escalada de conflictos y la manera en que se resuelven puede ser leída desde el origen de su configuración.

Cariños y profesión

Ester trabaja en el servicio doméstico desde hace 32 años. Conoce el oficio. Elige trabajos por hora, privilegia a personas sin hijos, preferentemente hombres: suelen no estar y, cuando están, "joden menos". Reivindica su profesionalización como agente de limpieza. "No es una cuestión personal. Un patrón, si está, te entorpece tu trabajo. Se ponen a mirar, y están ahí relojeando, es insoportable, podés perder el día", explicó en una ocasión.

A Ester le enseñaron a decirles "patrones" a sus empleadores/as cuando comenzó de chiquita a trabajar en Tucumán. Pero en Buenos Aires Ester llama a sus empleadores/as por su profesión o su estado civil. Trabaja en la casa de una psicóloga, un médico, una odontóloga, "un hombre solo", una pareja y un estudio de abogados, entre otras más esporádicas. Elige definirse como alguien que ha tenido que "ganar las casas", es decir, aprender el estilo de limpieza con los productos adecuados y las prioridades de cada empleador: la psicóloga prefiere encerar la mesa de madera cada semana, para la odontóloga con un trapo húmedo con detergente es suficiente; el baño del "hombre solo" se repasa a fondo con lavandina; por la alergia, el de los abogados solo con algún limpiador cremoso.

Lograr la confianza suficiente para ingresar al hogar con las llaves; limpiar en soledad; tomar su salario diario o semanal y comunicarse vía notas o mensaje de texto; establecer la ruta más efectiva para ir de un lado a otro de la ciudad y sus alrededores cumpliendo con los horarios pactados. Todo esto le permite trabajar "tranquila", organizar su itinerario laboral y ajustarlo a sus responsabilidades personales y familiares. Hace tiempo que decidió que no estaba dispuesta a perderse la vida de sus hijas "por cuidar la de otros". Por eso, prefiere agarrar trabajos que solamente requieran limpiar.

Pero no siempre fue así. Ni tampoco siempre trabajó por horas. Hubo un tiempo, en los comienzos, en que se desempeñó bajo la modalidad sin retiro, para luego pasar al trabajo con retiro cuidando niños y finalizar limpiando en distintas casas para varios empleadores bajo la modalidad por horas.[13] Tiene 47 años.

Limpiar y cuidar niños no implica la misma responsabilidad ni el mismo salario para las trabajadoras domésticas. Tampoco los mismos criterios de valora-

---

[13] Siguiendo la nomenclatura de la regulación laboral en el contrato de trabajo aprobado para el sector de trabajadoras de casas particulares en 2013, nos referiremos a trabajadoras sin retiro cuando realizan tareas en un solo hogar donde también pernoctan, y a trabajadoras con retiro cuando trabajan para un/a empleador/a, pero sin pernoctar en los hogares. Cuando hacemos mención al trabajo por horas es porque la trabajadora realiza tareas para más de un empleador en la semana laboral.

ción y exigencia de parte de los/as empleadores/as. Ambos trabajos suponen universos culturales con distintos sistemas de saberes, supuestos y prejuicios que se expresan en diversas negociaciones, acuerdos y conflictos.

Para entender los procesos que intentan promover el alejamiento de los criados del seno de la familia burguesa moderna, es necesario recordar el desarrollo de las creencias relacionadas con la higiene y pensar las nuevas sensibilidades que vinieron a orientar la vida de los hogares "modernos". Esa lógica, como sugieren los historiadores sociales, es fruto de un largo proceso en el cual las amas de casa de los sectores medios y altos fueron progresivamente imbuidas de ciertas nociones de limpieza.

Recién en el siglo XIX surgirá la palabra higiene asociada a la salud, como un conjunto de dispositivos y saberes que favorecen su manutención. Esa idea es deudora de la concretización de la visibilidad que los microorganismos ganan en el período de Pasteur. Por su parte, en Argentina, los cambios en las concepciones modernas sobre la "limpieza" comenzaron y tuvieron una fuerte presencia en la conformación del Estado Nacional (Salessi, 1995).

Este modelo encarnó un ideal de domesticidad que demarcaba el "deber ser" para mujeres y varones, pautaba la vida cotidiana, dibujaba los contornos del proyecto vital y las conductas apropiadas para las relaciones de pareja y entre padres e hijos, ajustando el orden familiar con el social. Además, reafirmaba una clara diferenciación en los roles dentro de la familia, entre varones y mujeres. A ellas les correspondía dedicarse a las tareas de la casa y el cuidado de los niños. En tal sentido, Isabella Cosse revela: "La domesticidad establecía, también, una clara diferenciación de roles al interior de la familia: la "mujer era la reina del hogar", dedicada a las tareas de la casa y el cuidado de los niños, lo que demostraba la capacidad del jefe de la familia, cuya autoridad debía ser indiscutida, de mantenerla por sí solo" (2006:31).

En la actualidad, las empleadoras que contratan a trabajadoras como Ester no suelen considerarse ni las "reinas del hogar" ni "amas de casa". Sin embargo, como veremos más adelante, en la práctica movilizan distintas estrategias para sostener un modelo de domesticidad a través de distintas prácticas de supervisión, gestión y control de las tareas de la casa.

Son las empleadoras quienes mayormente hablan del tema y movilizan un conjunto de medidas respecto de la mejor manera de organizar el espacio y donde la comunicación en torno a las apreciaciones estéticas, de orden y de limpieza son fundamentales para la mayor optimización de espacios, tiempos y el mantenimiento de criterios comunes. La búsqueda de que ciertas tareas se realicen de una determinada manera (y no de otra) conlleva tensiones y conflictos. El mayor temor de los/as empleadores/as es que las trabajadoras domésticas desempeñen las tareas ligadas a la limpieza desde sus propios saberes. Trabajadoras experimentadas como Ester destacan la importancia de conocer las "maneras" de realizar las tareas que pueden gustar a sus empleadores/as para lograr ser aceptadas y obtener la confianza que le permita obtener las llaves de la casa y lograr autonomía.

Aunque quizás no haya leído a los higienistas, Ester reconoce los prejuicios y las dificultades que tiene lidiar con empleadoras "engreídas", que exigen de más y utilizan criterios ajenos a los propios para imponer sus condiciones. Pero también admite que por su trayectoria y en este momento de su vida su objetivo es tener trabajos que le den flexibilidad de ingreso y salida, y para conseguirlo es fundamental realizar tareas de limpieza y no cuidar niños o niñas.

Pero si las tareas ligadas a la higiene implican un conjunto de procedimientos y mecanismos más o menos racionales e instrumentalizados para llegar a que se los realice de una determinada manera, las tareas ligadas al cuidado presentan una mayor indeterminación en relación a cómo se las mide, evalúa y pondera. ¿Qué peso tiene la implicancia afectiva para que el trabajo de cuidado se realice de una manera positiva? ¿Puede transformarse esta condición en un aspecto que condene a la trabajadora del cuidado? ¿Hay formas de medir esto o existen criterios objetivos desde donde mesurarlo? En el capítulo 4, encaramos estas preguntas, entre otras, desde las perspectivas de la trabajadora y la empleadora. Si realizáramos un corte generacional en el universo de las trabajadoras domésticas argentinas, utilizando como variables sus expectativas, contextos sociohistóricos y trayectorias laborales, encontraríamos dos grandes grupos. Por una parte, las mayores de 50, cuya movilidad social está dada por los beneficios que surgen de las relaciones afectivas entabladas con las dos o tres familias para las que han trabajado a lo largo de sus vidas; y, por otra parte, las más jóvenes, y también más desapegadas, en general con mayor nivel de instrucción y otras expectativas y que ven el oficio como algo transitorio.

A diferencia de sus otros empleadores/as, para Ester, Romina no es arquitecta, ni bióloga, ni veterinaria. Es Romina, a secas. En la casa de Romina siente que no se le exige saber limpiar ni conocer las necesidades de los miembros de la casa, pero sí estar en los momentos difíciles. Reconoce que cuando ella necesite algo, no serán los/as empleadores/as a los que les limpia la casa y llama por su profesión a los que recurrirá para pedirles un favor o una ayuda para ella y su familia (desde préstamos personales, contactos en la administración pública para el ingreso de sus hijos a un jardín maternal hasta consejos ante experiencias de violencia de género).

Si bien las tareas de limpieza le brindan a Ester mayor autonomía, veremos que las relaciones afectivas que se producen como resultado indefectible del trabajo de cuidado le permiten a Ester el acceso a un conjunto de beneficios, favores y derechos. En la amplia gama de gradaciones que se despliegan entre estas dos situaciones, analizaremos diferentes modos de encarar e intentar encontrar un equilibrio por parte de trabajadoras y empleadores/as.

La mirada "moderna" de Ester que la lleva a tratar de conseguir trabajos de limpieza no se condice con las relaciones "clientelares" que establece con Romina y que le permiten acceder a una ciudadanía en sus propios términos. En definitiva, Ester enuncia que es preferible tener trabajos con el mayor desapego y la mayor autonomía, aunque en la práctica, en el trabajo con Romina encuentra mayores retribuciones, pero más restricciones en su disponibilidad.

Jerárquicas y culposas

Hace 19 años, cuando Cecilia llegó para trabajar tres veces por semana en la casa de Patricia, a tres cuadras del Parque Lezama, no sabía cocinar ni limpiar. "Le enseñé cómo hacer una carne al horno, una manera de trabajar, le enseñé valores. Soy obsesiva y ahora ella es obsesiva y le sirve para el trabajo: la convertí en una mina casi perfecta como doméstica", dice Patricia, sentada en el living de su casa.

A los pocos meses, Cecilia quedó embarazada: Patricia le consiguió pediatra y un hospital donde atenderse. Luego, Cecilia se separó y tuvo problemas para pagar la pensión donde vivía. Entonces, Patricia, que le había tomado cariño, le ofreció que se fuera a vivir con ella. Cecilia se mudó con su hija. Y así se fue acercando a Alberto, el hijo mayor de Patricia, que atravesaba una serie de brotes psicóticos cada vez más graves. Alberto solo parecía animarse a salir de la casa con Cecilia y su beba. Los fines de semana, salían de paseo todos juntos.

"Se iba convirtiendo en alguien cada vez más parecida a mí. Alguien que yo podía dejar encargada de todo, cerrando los ojos, era como si yo estuviera en la casa", sintetiza Patricia. Lograr que una trabajadora realice las tareas domésticas "como si fuese" la propia empleadora constituye una garantía de la continuidad de un "modelo de domesticidad" en los hogares de sectores medios como el de Patricia. En las casas, puertas adentro, se difunden patrones culturales que promueven ciertos significados y representaciones entre grupos de clases sociales distintas.

Tres años después de vivir en la casa de Patricia, Cecilia conoció a su actual marido, un tapicero cordobés, ex alcohólico recuperado a partir de su ingreso a la Iglesia de los Testigos de Jehová. Al año, se casaron, y el hijo mayor de Patricia fue el padrino de la boda. Tuvieron un hijo. Y Cecilia siguió a su marido en los caminos de la fe. Patricia fue muy crítica de la afiliación y la militancia religiosa de Cecilia en los Testigos de Jehová. Afirma que la cambió para mal.

A principios del año 2000, Cecilia no pudo pagar más la casa donde vivía en el Conurbano y le consultó a Patricia si podía mudarse a la planta baja de la casa contigua, que estaba abandonada hacía años y le había causado a Patricia daños en la medianera. Como compensación, los herederos de la propiedad le habían cedido a Patricia un espacio para que guardara su auto. Finalmente, a principios de 2001, accedió al pedido de Cecilia. Como la puerta del frente estaba tapiada para evitar intrusiones, Cecilia y su marido entraban a su casa por el garaje de Patricia.

Un día, Cecilia pidió a Patricia que dejara el auto en la calle, en lugar de en el garaje, para que ella pudiera alquilar ese espacio, ya que se había quedado sin dos trabajos. Patricia no solo se lo negó, sino que la insultó, le dijo que no fuera más a trabajar a su casa y estuvo dos semanas tomando pastillas para la presión. Para Patricia, Cecilia no había reconocido las fronteras que las separaban.

El caso de Patricia y Cecilia, empleadora y trabajadora, es particularmente interesante para analizar cierta lógica igualitaria reivindicada por los sectores medios. En esta historia veremos que el empeño, el esfuerzo y el trabajo son valores culturales que Patricia resalta. Considerarse una "laburante" es producto de esa configuración heterogénea de los sectores medios vernáculos. Pero, ¿hay un límite que cruje o una barrera que limite el miedo de los sectores medios ante la posibilidad de que, peronismo mediante, las trabajadoras domésticas se sientan con los mismos derechos que los/as empleadores/as?

En las historias de Patricia y Cecilia encontramos un conjunto de reciprocidades e intercambios que se fueron dando a lo largo del tiempo y llevaron a una indiferenciación de roles, identidades y posicionamientos. Las necesidades, expectativas y posibilidades de ambas se van combinando y crean distintos modelos de relación (Elias, 1982) con diversos niveles de acuerdos y conflictos ¿Cómo ejercer autoridad sin quedar asociado con una práctica jerárquica o esclavista? La historia de Patricia con Cecilia exhibe los límites morales de clase, la dificultad para manejar las distancias y proximidades y el umbral de permeabilidad de las fronteras entre clases sociales (Grimson, 2002).

El umbral de tolerancia de la igualdad es uno de los aspectos que se actualiza en la historia con Cecilia. La particular forma que adquiere el encuentro de grupos sociales contrastantes en un espacio como el hogar contiene sus contornos específicos e históricamente situados. Desde fines del siglo XIX, distintos historiadores han explorado la idea de que la sociedad argentina había sido tempranamente más igualitaria que el resto de las sociedades latinoamericanas y han tratado de mostrar que ello, de algún modo, contribuyó "a dotar a la nación de rasgos más modernos" (Adamovsky, 2009: 95; Garguin, 2009).

Los debates generados en torno a los conflictos interclases forjados en la historia argentina produjeron distintas explicaciones para los científicos sociales que analizaban la realidad local. En este punto, se incorporan a la discusión elementos que tienen que ver con el modo en que se conformaron las clases sociales en Argentina, muy distinto al resto de los países latinoamericanos. En tal sentido, la integración socioeconómica de la clase trabajadora, realizada por el primer peronismo,[14] se constituye en un parte aguas en la historia argentina. Este proceso de incorporación de la clase trabajadora no fue solo socioeconómico, sino también simbólico. Las ideas de progreso y de movilidad social, una imagen de la sociedad argentina asociada históricamente a los sectores medios, se haría efectiva y extensiva a los sectores populares, concretamente a los principales destinatarios de los beneficios económicos y los derechos sociales (Svampa, 2005; Torre, 1998; Torre y Pastoriza, 2002; Pastoriza y Torre, 1999).

De esta manera, y en poco tiempo, el trabajador industrial empezó a ser asociado con la idea de progreso social, es decir, comenzó a practicar un estilo de vida y a aspirar al consumo como modelo cultural que hasta el momento estaba asociado al estilo de vida de los sectores medios. De allí que muchos autores afirmen que el encono de estos sectores sociales con el peronismo tenía que ver con la "aceleración de la lógica igualitaria", producto de la política económica y social del primer peronismo, que desembocaría en una reducción de las distancias económicas entre las clases medias y las clases populares. En suma, "el carácter plebeyo y la lógica igualitaria que el peronismo impulsó desde el Estado generaron en las clases medias la necesidad de producir y reforzar la distancia cultural y simbólica, por medio de nuevos mecanismos y estrategias de diferenciación social" (Svampa, 2005:136).

Así, frente a una representación de la sociedad argentina organizada en torno a sectores sociales con determinadas características y cualidades, las transformaciones de la última década del siglo XX y la primera del XXI parecen haber

---

[14] La aceleración y profundización de las tendencias a la "democratización del bienestar" que se produjeron durante la década de 1946 a 1955 ha sido desarrollada por una profusa historiografía (Rapoport, 2007; Adamovsky, 2009; James, 2010) y demuestran el trastocamiento de un orden de jerarquías que hasta ese momento, y visto desde las elites propietarias, debía ser inmutable (Schteingart, 2014).

complejizado y profundizado los principios de desigualdad social otrora considerados fundamentales, al tiempo que se disolvían los espacios que permitían reafirmar una diferencia e invocar un orden social más justo.

Distintos estudios de la historia social del peronismo han destacado que el avance de la "dignificación" de los trabajadores vía políticas públicas habría llevado a que los sectores medios sintieran que sus símbolos estaban siendo atacados y sus derechos sociales adquiridos puestos en duda (Cosse, 2007).

Asimismo, una bibliografía reciente sobre la estructura socioeconómica de la Argentina señala consistentemente la existencia de un proceso de fragmentación social creciente en entornos urbanos. Este proceso habría reemplazado un escenario de homogeneidad socioestructural relativa por un paisaje donde las condiciones de inserción estructural, los repertorios culturales concomitantes y las trayectorias biográficas que enhebran unos y otros experimentan una divergencia creciente a lo largo de las divisiones entre sectores sociales diversos (Beccaria y Vinocur, 1991; Murmis y Feldman, 2002; Svampa, 2000, 2005). Estos estudios han mostrado que tanto los numerosos sectores que veían deteriorar una situación de pobreza preexistente como los sectores medios que "caían" y los pocos que "subían" desarrollaron nuevas estrategias de distinción y diferenciación social.[15] Pero esta brecha social era también una brecha simbólica que producía nuevas formas de delimitación. Si, por un lado, existía una novedad entre los sectores populares urbanos que llamaron la atención de una etnografía preocupada por atribuir algún tipo de autonomía a sus experiencias de sectores populares,[16] ocurrían transformaciones entre los sectores medios que producían, por contraste, un otro interno relativamente próximo (Viotti, 2011).

Aun cuando todos los trabajos resultan sumamente fecundos a la hora de comprender las nuevas formas de sociabilidad y socialización que atraviesan la estructura social argentina, su foco analítico se construye, por lo general, sobre la base de una operación de relativa insularización (Noel, 2011). En esta insularización, un grupo, clase o fracción de clase es demarcado con mayor o menor nitidez para centrarse en sus representaciones, prácticas y trayectorias.

---

[15] Privilegiando un enfoque socio-estructural, aunque también registrando algunas experiencias que daban cuenta de la "perspectiva de los actores", Minujin y Kessler (1995) mostraban un proceso de "pauperización de los sectores medios" particularmente intenso y nuevo en un contexto caracterizado históricamente por la tendencia a la movilidad social y por las políticas igualitaristas de inclusión social.

[16] Una serie de trabajos se posicionan a partir de esta perspectiva, para analizar una nueva cultura popular urbana (Miguez y Semán, 2006). También se puede ver una extensa y relevante reseña de Balladares y Viotti (2010) donde se reflexiona sobre una nueva perspectiva en los estudios sobre sectores populares en el mundo urbano de Buenos Aires.

Como hice referencia anteriormente, cuando comencé a indagar sobre estos temas descubrí que, en general, los estudios actuales se focalizaban en mostrar las relaciones asimétricas y muchas veces de explotación entre trabajadoras domésticas y sus empleadores/as (Rollins, 1985; Romero, 1992). Aunque estos estudios resultaron importantes para mi investigación, también necesitaba poder encontrar análisis que pudieran tener una perspectiva no solamente condenable del fenómeno.[17]

Enfoque y recursos metodológicos

La elección de la terminología para referirnos a las actividades y a los fenómenos que analizamos ha sido compleja y no es imparcial. Las organizaciones internacionales han utilizado el término "trabajo doméstico remunerado" para destacar el carácter laboral de estas actividades y la condición de trabajadoras de quienes las ejercen, puesto que han sido históricamente poco reconocidas. En el mismo sentido, usaremos la expresión más sintética "trabajo doméstico" –que, en el marco de este texto, se deduce que se trata de un trabajo remunerado– y su derivado, "trabajadora doméstica". Estos términos, además, son los más usados entre los propios actores sociales que intervienen, así como en la bibliografía consultada.

No obstante, en la Argentina, a partir de la sanción en 2013 de la nueva ley que regula esta actividad, ha comenzado a utilizarse la expresión "trabajadoras de casas particulares". Con esta denominación, se intenta jerarquizar, también a nivel semántico, a estas trabajadoras. Compartimos la intención que subyace a este cambio, y reconocemos que desde el ámbito político y desde el activismo relacionado con el sector, se ha señalado que la expresión "trabajadora doméstica" puede ser interpretada como despectiva, dada su histórica asociación con un trabajo cuasi servil.

La ley anterior, que había regulado la actividad desde mediados de siglo, era el Estatuto del Servicio Doméstico. Aunque apoyamos la voluntad por modificar

---

[17] Los estudios de Elizabeth Jelín (1977) y Adriana Marshall (1983) sobre migración, mercado de trabajo y género, así como las pioneras investigaciones de Carlos Zurita (1981, 1983 y 2005) y Mónica Gogna (1993), constituyen aportes invaluables que sentaron las bases para un campo de estudios inexistente hasta ese momento. Ya entrado el siglo XXI comienzan a desarrollarse importantes investigaciones que indagan en las relaciones entre ambos actores sociales (Gorbán y Tizziani, 2019; Green, 2010; García, 2010, entre otros) así como investigaciones muy valiosas en torno a las repercusiones y consecuencias de la regulación estatal en el servicio doméstico (Jaramillo Fonnegra, 2013; Pereyra, 2017; Poblete, 2016).

la denominación coadyuvando a "redignificar" el trabajo (MTEYSS, Noticia del Ministerio, 9 de marzo de 2010), en este libro decidimos conservar el término "servicio doméstico", siguiendo una lógica *emic* en el trabajo de campo y en la propuesta teórico-metodológica, ya que refleja el punto de vista nativo de las trabajadoras. Las trabajadoras domésticas en las conversaciones describían que realizaban tareas de limpieza, de cuidado de niños o personas mayores, pero más frecuentemente manifestaban directamente "trabajar en el servicio doméstico". Siguiendo a Fraisse (2009), nos interesa mantener toda la ambigüedad de la palabra "servicio". Cuando se utiliza su denominación en plural, "los servicios" pueden remitir a la vida comunitaria o social, y al potencial para la generación de empleo. No obstante, esta lectura no anula la posibilidad de que se vincule a la actividad con la noción de "servir" o de "siervo" (según su acepción en latín) y a la condición de "servidumbre" con las que comparte el mismo origen. Entonces, tomando estos sentidos múltiples, heterogéneos y variables del término usaremos la expresión "servicio doméstico" a lo largo del texto.

Por otra parte, utilizaremos el género femenino para hablar de las trabajadoras domésticas porque son casi exclusivamente mujeres quienes se insertan en esta ocupación. Para el caso de los/as empleadores/as, durante el trabajo de campo fueron entrevistados tanto varones como mujeres que contrataban a trabajadoras domésticas.

Aunque reconocemos que la relación laboral que se establece a través del servicio doméstico es un vínculo "entre mujeres" (Rollins, 1985), también es muy importante el papel que ocupan los varones para que estos ocurran. Si, en general, los estudios han tendido a invisibilizarlos, nos parece importante no reproducir la idea de que no están. Si bien es cierto que en la mayoría de los relatos de trabajadoras domésticas la presencia de las empleadoras es central (comparada con la de los empleadores), también es verdad que cuando se produce una negociación, conflicto o enfrentamiento "entre mujeres" el rol de los varones es central.

En este sentido, también encontramos que a la división sexual del trabajo, que restringe la inserción de las mujeres a ocupaciones consideradas "típicamente femeninas" y que al mismo tiempo las compromete con la realización del trabajo reproductivo al interior de los hogares, le debemos agregar una división al interior del hogar y en la relación con quienes son empleados para que realicen dicha tarea.[18]

---

[18] Podríamos pensar en trabajadores de servicios (jardineros, electricistas, plomeros, mozos, planchadores, cocineros, caseros, encargados de edificio) y la organización de los hogares cuando se trata de gestionar el trabajo de estos, en función de roles legítimos, social y culturalmente construidos, de unas y otros.

En el mismo sentido de esta lógica divisoria, durante las entrevistas con empleadoras, el hecho que ser varón constituía para estas mujeres un sinónimo de desconocimiento de la problemática en cuestión. El lugar que me asignaban se relacionaba con un contexto más general, en donde se ubicaron también los varones cuando busqué entrevistarlos. Mis intentos (mayoritariamente infructuosos) por entrevistarlos seguían un guion bastante estandarizado. Si bien, por un lado, admitían que en su rol dentro del hogar ellos sentían que se ocupaban de las tareas domésticas y sobre todo de cuidado de las/os hijas/os (cuando hubiera), enfatizando que lo hacían mucho más que sus progenitores, cuando ahondaba en su rol como empleadores, la respuesta era marcar una distancia y un acentuado desentendimiento de la relación con la trabajadora doméstica.

Marcela Nari (2004) revela que la "invención de la mujer doméstica" produjo una reformulación de las relaciones familiares que pasaba del eje clásico de la familia patriarcal (padre-hijo) al inalienable binomio "natural" madreniño. Acerca de la delimitación de la tarea doméstica y de cuidado, Eleonor Faur agrega: "A lo largo de la historia el cuidado fue considerado una actividad predominantemente femenina y maternal. Al atribuir este hecho a un rasgo propio de las mujeres –su capacidad de procreación–, la división sexual en la responsabilidad del cuidado se extendió mucho más allá de los designios biológicos, y se tornó uno de los nudos críticos de la construcción social del género. Sustentado en el amor y en el mito del "instinto maternal", el cuidado de los niños quedó amparado por el trabajo cotidiano y silencioso de las madres, constituyéndose en el imaginario colectivo en un rasgo característico de la figura del "ama de casa", y confinado, junto con ellas, al espacio doméstico, privado" (Faur, 2014:15).

En este ordenamiento de roles, los varones quedan encargados de la provisión económica del hogar, de las decisiones políticas de la comunidad, del desarrollo de las artes y las ciencias, y de todo lo que forme parte de la esfera "pública". En otras palabras, el "jefe de hogar" trabajador tiempo completo. Así, el modelo con un "varón proveedor" y una "mujer ama de casa" no solo establece fronteras entre lo público para ellos y lo privado para ellas, sino también jerarquías, teniendo en cuenta que la valoración de la esfera pública es significativamente mayor.

Hasta bien entrado el siglo XX, la idea extendida es que las mujeres son concebidas ante todo como madres, y las madres como "las mejores cuidadoras posibles". Así, el ideal maternalista y la "maternalización de las mujeres" filtraron instituciones, prácticas y representaciones sociales durante largo tiempo, por medio de un conjunto de políticas públicas afines a esta ideología (Nari, 2004). Hoy, el modelo mujer y ama de casa de tiempo completo dejó de ser extendido, y aún deseable para buena parte de la población. El ingreso masivo de las mujeres al mercado de trabajo, su consecuente mayor autonomía y el nuevo modelo de mujer que se desempeña como mujer y ama de casa de tiempo completo dejó de ser extendido, y aún deseable para buena parte de la población. En ese sentido, los datos son elocuentes: el porcentaje de mujeres cónyuges cuya ocupación principal son los quehaceres domésticos descendió casi un 20% en menos de diez años en la región, donde pasó del 53% en 1994 al 44,3% en 2002 (Cepal, 2004a). A su vez, entre 1990 y 2007, la proporción de mujeres entre los 25 y los 54 años que trabajan o buscan hacerlo se incrementó un 20% (Cepal, 2009). Como bien lo resume Eleonor Faur para el caso de Argentina y para buena parte de América Latina:

> Las familias también cambiaron. Aumentaron los hogares encabezados por mujeres en casi todos los países y en los distintos estratos sociales, engrosando la proporción de aquellos en que las mujeres son las únicas perceptoras de ingresos. Crecieron globalmente las uniones consensuales y los divorcios, y en la Argentina se sancionaron las leyes de "matrimonio igualitario" y de "identidad de género", que garantizan derechos a homosexuales, travestis y transexuales. Asimismo, se incrementó la esperanza de vida, mientras que descendieron las tasas de fecundidad, lo que ha transformado –y puede hacerlo aún más, prospectivamente– la estructura etaria de la población (2014:17).

Pero, ya se sabe, las mujeres y los hombres son diversos, y las identidades y las relaciones de género están sujetas a cambios y conflictos. Porque tanto las personas como las familias desarrollan sus vidas en ciertos contextos histórico-sociales –que son dinámicos–, y en esa trama es inevitable que lleguen a revelar texturas lo suficientemente complejas como para superar ese ordenamiento estereotipado de individuos, grupos familiares y relaciones sociales de género.

Desde la lógica del ordenamiento estereotipado "varón proveedor" y "mujer ama de casa", a la hora de las entrevistas, mi condición de varón constituía para estas mujeres un sinónimo de desconocimiento de la problemática en cuestión, por considerarlo "un tema de mujeres". En tanto perteneciente al mundo público, racional y ajeno a las lides domésticas, no podría estar comprometido y menos ser un conocedor de los saberes, secretos y conflictos que allí acontecen. Una colega lo graficó con la siguiente frase: "es como que yo vaya a hacer trabajo de campo con los mecánicos, me van a mirar como una extraterrestre".

Con la vista afilada en el mismo sentido, comencé a encontrar que los comentarios, explicaciones y justificaciones de las empleadoras sobre sus actos y opiniones, en muchos casos se parecían a los que uno da cuando se enfrenta con un principiante en el tema y por tanto en alguien incapaz de criticarlas. Al interrogar sobre cuestiones que aparecían ajenas a mi mundo de varón, heterosexual, de clase media, muchas de las empleadoras realizaban grandes esfuerzos por explicar en detalle situaciones y exponer teorías respecto a las decisiones que habían tomado con tal o cual trabajadora doméstica. Debo admitir que el lugar en el que fui posicionado y que inicialmente podría leerse como una adversidad mutó a partir de que agudicé con intención mi desconocimiento del ámbito, sus actores y las tensiones en juego. Esta capacidad resiliente por modificar una situación adversa me permitió absorber con mayor detalle y sin prejuicios las evaluaciones, expectativas y posicionamientos morales que las empleadoras movilizaban cuando aparecía un conflicto. La empatía se correspondía con mi condición de género y, por tanto, con la supuesta distancia con ese mundo al que se referían.

Con esto no quiero decir que los varones no tienen nada para decir sobre lo doméstico, sino que se desempeñan en otro lugar. El rol de los varones dentro del espacio doméstico y en su relación con quienes trabajan como trabajadoras domésticas, guarda un libreto que muestra continuidad con etapas anteriores. El descubrimiento provino de un hecho azaroso: cuando reconstruía experiencias de conflicto en familias heterosexuales que convivían, la aparición del varón empleador estaba reducida a momentos en donde había algún tipo de negociación, tensión y conflicto. Lo interesante es que tanto trabajadoras como empleadoras revelaban su presencia en tales situaciones, en la mayoría de los casos reconociendo la relevancia de su figura. Aparecer en los momentos de tirantez, en las situaciones "calientes", de discusión y conflicto fue una constante que pude reconstruir en el trabajo de campo. Discusiones sobre salarios y condiciones de trabajo, negociaciones en torno a las fechas y cantidad de días de vacaciones, aguinaldos, ausencias con aviso, compensaciones y resarcimientos por días no trabajados, así como en asuntos vinculados con cuestiones monetarias, fueron situaciones en las que los empleadores tienen un rol preponderante.

El carácter casi inexistente de participación y valoración del conflicto era refrendado en que eran tanto las empleadoras como las trabajadoras domésticas quienes solicitaban su presencia. Al no estar embebidos del conflicto cotidiano, al no conocer los pormenores de las tensiones y rencillas entre ambas, son los empleadores quienes aparecen como agentes equitativos e imparciales al momento de zanjar una controversia. El lugar frío y distante del varón, que interviene en un conflicto que comprende al universo femenino entendido como natural, irracional, caldeado, constituye una imagen extendida.

Acercamiento al tema y desafíos metodológicos

Mi acercamiento al tema de estudio se produjo de un modo indirecto, a partir de una convergencia entre cuestiones académicas y experiencias personales. Cuando estaba realizando mi trabajo de campo para la tesis de maestría en Antropología Social, me encontraba entrevistando a mujeres de origen peruano. Mi interés estaba centrado en las historias y proyectos migratorios, y su relación con los hijos y grupos de jóvenes que concurrían a una organización.[19] Allí comencé a escuchar historias en referencia al vínculo con sus empleadores/as que resonaban en anécdotas y experiencias personales con trabajadoras domésticas, con quienes había interactuado como hijo de empleadores/as, tanto en Corrientes (mi ciudad natal) como en Buenos Aires. En las charlas con las mujeres peruanas se hacía referencia constante a las experiencias positivas y negativas con sus empleadores/as/as, así como también aparecían menciones recurrentes al prestigio de las trabajadoras de origen paraguayo en el servicio doméstico. A partir de viajes familiares a Corrientes comencé a conversar con amigas de quienes habían sido trabajadoras domésticas de familiares y amigos cuando vivía allí. Ellas me proveyeron de contactos clave de otras correntinas que trabajaban en Buenos Aires. También por intermedio del Sindicato de trabajadoras Domésticas conseguí algunos contactos para comenzar las entrevistas en Buenos Aires.

Por otra parte, y al mismo tiempo que realizaba mis primeros acercamientos mediante redes con distintos grupos de trabajadoras domésticas, también comencé a percibir una gran movilización y hasta apasionamiento, sobre todo de parte de las empleadoras, por querer contar sus historias. En ese sentido, gran parte del trabajo de campo que luego incorporaba en mis textos se desarrolló en espacios no convenidos formalmente como tales. En lugares y encuentros más informales encontré una mayor apertura al diálogo y más crudeza en los relatos. Así, en el contexto de cumpleaños, fiestas, encuentros, salidas, etcétera, eran las mujeres, en general, quienes elegían hablar y explayarse acerca de sus experiencias como empleadoras, de modo tal que poco tiempo después percibí que era importante incorporar sus opiniones y relatos. Entonces, comencé a realizar entrevistas en profundidad.

Algo singular acontecía cuando mencionaba que la propia relación era mi tema de estudio: me transformaba automáticamente en una especie de "psicólogo

---

¹⁹ Se trataba de la organización "Mujeres Peruanas Unidas Migrantes y Refugiadas".

social" o abogado al que saturaban con preguntas, consultas y pedidos de sugerencias respecto de las maneras de actuar en ciertas circunstancias. También era
frecuente que buscaran en mí una cierta aprobación de clase que les garantizara
justificar sus acciones. Luego de escuchar a las empleadoras, a las trabajadoras
domésticas en Corrientes y también en Buenos Aires, reconocí la importancia de
analizar una relación social de tanta complejidad, reponiendo e incorporando
los discursos y narrativas al material de investigación. En esta reposición se puede sustentar parte de la riqueza de un trabajo que supone la reconstrucción de los
relatos de ambas partes, con el objetivo de comprender la naturaleza de una relación que se construye de a dos.

Además de las conversaciones informales, utilicé para acercarme a los/as em-
pleadores/as la estrategia conocida como "bola de nieve", es decir, siguiendo las
redes de sociabilidad, amistad y parentesco de los/as empleadores/as. Una de las
redes se inició mediante una prima y una tía, dos amigas, y amigas de mi madre,
en general, de origen correntino, pero con residencia de varios años en Buenos
Aires. Las otras redes fueron cuatro y se centraron en barrios linderos a la aveni-
da Rivadavia (Caballito, Villa Crespo, Boedo, Balvanera, Flores, Paternal, Almagro, San Cristóbal, Parque Patricios, Barracas, San Telmo). Esta estrategia me ga-
rantizaba poder cubrir más o menos un mismo sector social. Para ello realicé un
mapa artesanal, donde ubiqué los barrios donde residían las entrevistadas para
garantizar cierta homogeneidad en la muestra. Pude, al mismo tiempo, participar de dos encuentros a los cuales concurrí junto con una empleadora considerada como informante clave para observar las charlas e interacciones que se daban en un encuentro entre empleadoras, en donde, entre otros temas, se charló
sobre cuestiones relacionadas a la experiencia con sus trabajadoras domésticas.

Otro de los espacios en los que realicé el trabajo de campo fue en el Tribunal
de Trabajo para el Personal de Casas Particulares (TTCP) de la Ciudad de Buenos
Aires perteneciente al Ministerio de Trabajo de la Nación, al que llegué a través de
una serie de comentarios que habían surgido en entrevistas relacionadas con la
"avalancha" de juicios que se habían abierto contra los/as empleadores/as en los
últimos años.[20] Mientras realizaba el trabajo de registro de los expedientes judi-

---

[20] En total hice un relevamiento de 43 expedientes judiciales dentro del TTCP. De ellos, 39 habían
sido juicios iniciados por la trabajadora doméstica. De esa cantidad 28 eran juicios que aún no tenían una sentencia del TTCP. Al mismo tiempo, dentro de esos 28 encontré que en alrededor de 17
juicios el promedio de tiempo del vínculo laboral denunciado por las trabajadoras domésticas era
mayor a cinco años. En la totalidad de los juicios consultados, las trabajadoras domésticas manifestaban como lugar de residencia el Gran Buenos Aires. En relación con el perfil de las demand-
dantes: cerca del 20% habían sido mujeres extranjeras (6 paraguayas y 2 peruanas), mientras que

ciales, en la Oficina de Atención a la Trabajadora Doméstica fui testigo de numerosas situaciones que se sucedían cuando trabajadoras domésticas y empleadores/as concurrían para informarse o para iniciar un juicio laboral. Llamados telefónicos, consultas *in situ* de unas y otros, conversaciones para definir o no el envío de una carta documento fueron algunas de ellas. Al tiempo, pude también participar como observador en las audiencias testimoniales, de testigos y de posiciones en las que participaban abogados, audiencistas, empleadores/as y trabajadoras.

Muchos/as de los/as empleadores/as y trabajadoras fueron reentrevistados/as hasta cuatro veces. En aquellos casos donde se volvía complicado tener la entrevista dentro de los propios hogares con las empleadoras, por ejemplo fueron utilizados distintos espacios públicos (bares, restaurantes, exposiciones, ferias), así como fue muy útil el hecho de presenciar distintos eventos y actividades (compras en shoppings, retiro de niños en la escuela).

En el caso de las trabajadoras domésticas, sobre todo aquellas que vivían en la provincia de Buenos Aires, en varios momentos resultó fructífero poder acompañarlas en los medios de transporte público en el camino al trabajo. Esta decisión se debió, por un lado, a la dificultad que encontré en combinar un horario fijo para conversar con ellas debido a los complejos y apretados itinerarios laborales. Asimismo, reconocí posteriormente que el hecho de ser varón se había transformado por ciertas experiencias en un riesgo para aquellas que se encontraban en pareja o casadas, por no poder explicar los motivos por los cuales aceptaban, por ejemplo, tomar un café con un desconocido o que fuera a la casa fuera del horario laboral.

Aunque esta dificultad inicial podía haber sido vista como un problema para la realización de las entrevistas, pude percibir que, en esos recorridos por la ciudad, se lograba generar un acercamiento y un tipo de complicidad que, paradójicamente, era mayor al que se podía generar en los lugares como el hogar de la trabajadora o el de la propia empleadora utilizando un formato de entrevista más formal. El hecho de no estar enfrentados mirándonos todo el tiempo a los ojos, tenía un efecto de relajación de la situación, y la trabajadora no sentía que estaba siendo interrogada. Por otra parte, en ningún caso se buscó realizar la entrevista a la trabajadora doméstica en el lugar de trabajo, por una cuestión tanto ética como metodológica.

---

el resto de las demandantes eran argentinas. Las edades eran heterogéneas, aunque, en la mayoría de los casos, tenían entre 25 y 58 años.

Además de las entrevistas en profundidad, las conversaciones informales y los acompañamientos y recorridos con las trabajadoras domésticas, también se realizaron observaciones con diferentes niveles de participación y con resultados bastante frustrantes. El hogar de los sectores medios constituye un escenario de difícil acceso para la realización de observaciones. Lo que ocurría cuando me autorizaban el ingreso era que se transformaban en verdaderos "escenarios" donde los actores se ponían en sus roles y montaban una escena. En muy pocas ocasiones se generó un ambiente relajado en donde las relaciones fluyeran lo más parecido posible a la "realidad". En otros casos, noté una visible incomodidad, tanto de los/as empleadores/as como de las trabajadoras, en relación con el rol que yo ocupaba en dicha interacción. Fue solamente en dos observaciones donde, sin esconder mis intenciones como investigador, pude indagar y visualizar las interacciones y dinámicas en las que estaba interesado. Esta cuestión, que durante un tiempo viví como una falencia para mi investigación, me ofreció la clave para repensar nuevas formas de investigación que tanto la antropología o la sociología deberán explorar para indagar en la esfera doméstica.[21]

En términos generales, el trabajo de campo lo hice entre el 2005 y el 2015, en la Ciudad de Buenos Aires, Argentina. Durante este tiempo realicé noventa y dos entrevistas entre empleadores/as, trabajadoras domésticas,[22] funcionarios del Ministerio de Trabajo, abogados y miembros de agencias de empleo de reclutamiento del personal del servicio doméstico. Al mismo tiempo, asistí de manera sistemática a distintas actividades organizadas por el Sindicato de Trabajadoras Domésticas, la Bolsa de Trabajo de Cáritas, el Tribunal del Servicio Doméstico y la Organización de selección de niñeras "Cuídame Mucho".

Finalmente, en el proceso de escritura de la tesis fue necesario el trabajo con fuentes escritas (diarios, revistas y libros especializados) para la consulta de diversos episodios y situaciones significativas en la relación. También el uso de

---

[21] En su estudio sobre el servicio doméstico en Río de Janeiro, Dominque Vidal (2007) sostiene que el material recabado a través de la observación de las relaciones entre trabajadoras y empleadores al interior de los hogares es muy difícil de utilizar, tanto cuando el empleador no sea advertido del objetivo de la presencia del investigador, o en caso contrario porque el empleador difícilmente tenga un comportamiento natural al recibir a un investigador que estudia la situación de la trabajadora doméstica que contrata.

[22] En el caso de las trabajadoras domésticas se buscó entrevistar una cantidad similar a las trabajadoras de otra nacionalidad. Del total de trabajadoras entrevistadas, 12 fueron de origen paraguayo, 11 de origen peruano y otras 12 que nacieron en Argentina. En el caso de las empleadoras, el criterio para la elección de las entrevistadas se refirió a poder lograr una representación geográfica de los llamados "sectores medios" de la Ciudad de Buenos Aires. Para ello se recurrió al armado de un mapa e intentar conseguir que las entrevistadas pudieran residir en tales barrios.

internet sirvió para analizar los requerimientos y las postulaciones que realizan empleadores/as y trabajadoras domésticas cuando unas deciden buscar trabajo y otros necesitan contratarlo. Por otra parte, el seguimiento de casos resonantes, como el envío del proyecto para una nueva ley para las trabajadoras del servicio doméstico en el año 2010 por parte del gobierno nacional, sirvió para reconstruir algunas ideas que estaba desarrollando en torno a la regularización y los derechos de las trabajadoras domésticas. Para el libro también se incluyó tanto la discusión, como las repercusiones que tuvo la sanción en 2013 de la ley 26.844 para trabajadoras de casas particulares. Para el análisis de las implicancias y repercusiones de la sanción de la nueva ley se trabajó con nuevas entrevistas a trabajadoras, empleadores/as, abogados y funcionarios del TTCP, así como con un corpus de fuentes secundarias vinculadas a medios de comunicación y material vinculado con políticas relacionadas con el sector del servicio doméstico.

Estructura del libro

Mi llegada al tema central de la tesis que estoy convirtiendo en libro fue el resultado de una articulación entre una investigación cualitativa y una indagación etnográfica en donde la retroalimentación entre teoría y trabajo de campo produjo una reformulación de los problemas y preguntas de investigación. Lejos de encontrar una posición homogénea de trabajadoras y empleadores/as en relación con los distintos temas tratados, encontré una realidad heterogénea. Así, pues, una de las cuestiones centrales que organizaba el modelo de relación era una lógica más o menos explícita relacionada con cierta forma de organización del espacio doméstico o a la forma en que se organiza el espacio doméstico.

A partir de los relatos nativos, comencé a visualizar un conjunto de líneas narrativas que se estructuraban en torno a tres grandes momentos o instancias significativas del vínculo: cómo juegan las redes al momento de iniciar la relación laboral; la forma que adquiere el vínculo laboral y la gestión diferencial de las tareas cuando se trata de cuidados o de limpieza; y la diversidad de modalidades que adoptan los conflictos y sus resoluciones cuando hay una carga afectiva en el vínculo. De aquí surge la estructura del libro en tres grandes escenas (a la manera de una obra teatral), que apunta a que se piensen como un espiral, donde descubrimos que la forma que adquiere la ruptura de la relación está estrechamente vinculada con la manera como había sido originalmente gestada y al tipo de relación que se había desarrollado a lo largo del tiempo. Es decir, que las redes, la gestión y las formas de ruptura están intrínsecamente relacionadas.

En la primera parte, titulada Ingreso analizamos las redes sociales que movilizan los/as empleadores/as para concretar su mayor objetivo, que consiste en conseguir una trabajadora "confiable". Los ejes de análisis son los siguientes: control y regulación de la información, prácticas de observación directa y manejo de criterios variables en el proceso de selección y contratación de las trabajadoras domésticas. Retrataremos la importancia de la condición de parentesco, de la dimensión generacional y de la socialización como empleadoras en el modo de organización del reclutamiento en cada uno de los hogares. También, expondremos modos de construcción de la fidelidad y la lealtad entre las empleadoras, para dar cuenta de la preeminencia de los lazos sanguíneos en la configuración de redes destinadas a cierto tipo de tareas como el cuidado de niños. Otro eje estará destinado a mostrar cómo son los arreglos y negociaciones que trabajadoras y empleadores/as realizan para definir los honorarios (en relación con las tareas).

Al mismo tiempo, exhibiremos los mecanismos y estrategias que utilizan las trabajadoras domésticas para conseguir empleo en el servicio doméstico. Revelaremos cómo la utilización de la red de relaciones sociales por parte de estas mujeres constituye un componente esencial para conseguir los primeros empleos. Mostraremos la importancia que adquieren las redes sociales étnico-nacionales y regionales en relación con la modalidad de trabajo de la que se trate. Asimismo, veremos la relevancia que tienen dichas redes tanto en la configuración del proceso de inserción como en las posibilidades de movilidad hacia otros trabajos dentro del servicio doméstico o hacia otras tareas.

La segunda parte del libro se ocupa de la gestión de las tareas domésticas, con la siguiente separación analítica: por un lado, aquellas vinculadas a la limpieza e higiene del hogar; y por otro, el cuidado de niños. Específicamente, mostraremos la relevancia que adquiere la organización, supervisión y control de las tareas que se asignan a las trabajadoras domésticas. Exhibiremos que en la cotidianidad de la gestión se produce un desajuste de expectativas sobre el qué y el cómo de la tarea, lo que genera conflictos y tensiones que deberán ser resueltos. De esta manera, reflexionaremos en torno al carácter relacional de la construcción de límites sociales y la capacidad de generar autoridad por parte de las empleadoras, en función del tipo de vínculo que construyan y de los márgenes de maniobra que tengan unas y otras en relación con las tareas que desempeñan. Distintas dimensiones como la generación, la experiencia de socialización en el servicio doméstico o los momentos en el ciclo de vida femenino serán consideradas variables que explican la configuración de ciertos "modelos de gestión" y de relación (y no de otros).

En la tercera y última parte, se indagará en la heterogeneidad de maneras de finalizar la relación laboral. En todos los casos, los vínculos que considero son aquellos en donde hubo una importante intensidad afectiva. Demostraremos que los vínculos sociales transitan por diversos estados y fases hasta llegar a un tipo de finalización de la relación laboral que está íntimamente relacionado al grado de afectividad (de confianza, de intimidad, de obligaciones y expectativas) y al entramado de relaciones que se fueron tejiendo a lo largo del vínculo. En la forma que adquiera la resolución del vínculo, estará implicado el grado de relación que se haya consolidado previamente. En una segunda sección del mismo capítulo, indagaremos en la manera como operan las configuraciones de la ideología moderna en situaciones en que se juega la jerarquización social.

Finalmente, en el capítulo sexto, analizaremos la relevancia que adquiere la dimensión jurídica en los procesos de finalización de una relación laboral. Dichas contestaciones serán comprendidas en términos de narrativas morales que, a su vez, nos permitirán indagar en dimensiones afectivas que se fueron construyendo durante la relación, así como en representaciones estigmatizantes. En una segunda sección del mismo capítulo, haremos una reconstrucción de las tensiones y los conflictos que se generan en distintos momentos de la relación, revelando cómo funcionan los delicados equilibrios entre las deudas morales y las deudas jurídicas, donde se ponen en juego los límites y las posibilidades de ruptura del vínculo.

El epílogo surge producto de la nueva realidad que supuso para el sector y las relaciones entre trabajadoras y empleadores/as la sanción de la nueva Ley N° 26.844 para el Personal de Casas Particulares en 2013. En una primera parte, analizaremos las implicancias, interpretaciones y apropiaciones que tiene el nuevo marco normativo en las relaciones cotidianas entre trabajadoras y empleadores/as, explorando en los límites y condicionamientos que los regímenes laborales tienen en espacios afectivizados como el hogar. En una segunda parte, elegimos el conflicto entre el entonces ministro de Trabajo de la Nación Jorge Triaca y Sandra Heredia, trabajadora doméstica, que nos permite graficar las principales dimensiones y temáticas desarrolladas a lo largo del libro.

PRIMERA PARTE

Ingreso

Tanto para las trabajadoras conseguir el primer trabajo como para los/as empleadores/as encontrar a una persona que cuide de sus hijos/as constituyen uno de los desafíos más complejos. Para estas búsquedas, ambos movilizan redes de relaciones y recomendaciones generizadas que operan con una lógica similar. Por un lado, las trabajadoras recurren a sus redes familiares o de adscripción nacional/regional para conseguir el primer trabajo. Por el otro, los/as empleadores/as buscan, a través de sus familiares, que les recomienden a una trabajadora cuando buscan a alguien que cuide de sus hijos/as. Las redes étnico-nacionales o regionales para el caso de las trabajadoras, así como las redes de parentesco de quiénes las contratan, operan como lazos "fuertes", en el sentido otorgado por Mark Granovetter,[1] y en la gran mayoría de los casos quienes proveen las recomendaciones son mujeres.

Como el trabajo sin retiro o de cuidados supone un mayor compromiso emocional y, por tanto, mayor confianza y proximidad entre las partes, ambos deciden recostarse en redes de proximidad, ya que les brindan mayor seguridad por movilizar un sistema de referencias más cercano y de confianza: las trabajadoras se apoyan en las redes étnico-nacionales y familiares, mientras que la condición de parentesco constituye el criterio de búsqueda preferible para los/as empleadores/as.

Posteriormente, cuando el tipo de trabajo es con retiro o por horas y supone menor proximidad física y emocional, veremos que para ambas (trabajadoras y empleadores/as) las redes que se utilizan son más distantes, elásticas y menos rígidas en su conformación.[2] Para las trabajadoras domésticas, pasar de la modalidad sin retiro a con retiro supone una reconfiguración de las redes de relaciones. Mientras que hasta ese momento estaban compuestas solamente por otras trabajadoras (connacionales, amigas o familiares), ahora se agregarán las redes de

---

[1] Mark Granovetter (1985) revela que la fuerza de una relación social está dada por el reconocimiento de relaciones recíprocas y no por el hecho de que los individuos estén físicamente próximos (contrariando el modelo epidemiológico acerca de cómo se transmite la información). La información no es, por tanto, la misma para todos los vecinos o coterráneos del pueblo, ni necesariamente se transmite de vecino a vecino, porque los canales a través de los que pasa son las relaciones sociales fuertes, que prescinden de la distancia y, por ende, de la frecuencia de los contactos.
[2] Siguiendo la terminología de Granovetter, serían los "lazos débiles" aquellos en los que se recuestan ambos cuando se trata del trabajo con retiro.

empleadores/as como referencistas que les permitirán conseguir nuevos traba-jos. Siguiendo el modelo ya citado de Granovetter, serán estos nuevos "lazos dé-biles" los que les permitirán a las trabajadoras establecer nuevas relaciones con los/as empleadores/as y con las propias redes. Desde el punto de vista de los/as empleadores/as, cuando buscan una trabajadora para tareas de limpieza y por horas la utilización de las redes resulta menos rígida en términos sobre todo de vínculo de parentesco y de confianza. Aunque es ideal que sea alguien de con-fianza quien recomienda, suelen recurrir sin problemas a personas con quienes tienen vínculos más distantes.

En ambos casos, el grado de flexibilidad en el uso las redes de relaciones se vinculará con las necesidades y las posibilidades que tengan de recurrir a un mo-delo más "puro"[3] de red. En otras palabras, la "necesidad" por conseguir trabajo (en el caso de las trabajadoras) y la "desesperación" por conseguir a una persona que trabaje en su hogar (en el caso de los/as empleadores/as) hará que las redes sean menos rígidas, más moldeables y abiertas a una heterogeneidad de usos en la práctica cotidiana.

Un elemento nodal que también comparten es la operatoria de género en la búsqueda. Si, por un lado, la figura de la "mujer migrante previa" (Courtis y Pac-ceca, 2006) es clave en las etapas de la migración de las mujeres que se emplean en el servicio doméstico, también en el caso de los/as empleadores/as son otras mujeres (en general madres, hermanas, abuelas, primas, tías o amigas) quienes ofician de garantes de la recomendación, según el tipo de trabajo del que se trate.

Por último, lo que hemos encontrado en el trabajo de campo es un sistema de interdependencias entre las redes sociales de trabajadoras y empleadores/as que excede las relaciones bilaterales, diádicas o interpersonales, y por las que se trans-mite información, obligaciones, precios, lealtades, criterios, secretos y repre-sentaciones, entre otros elementos. Como veremos en los dos capítulos que si-guen, las redes de trabajadoras y empleadores/as tienen sus propios nodos y tipos de relaciones. Esto vuelve a los actores tan interdependientes como asimétricos.

---

[3] Me refiero al modelo centrado en las relaciones de mayor proximidad y confianza (ya sea porque comparten el origen nacional, regional, étnico, de clase o de parentesco).

Capítulo 1
Encontrar una trabajadora doméstica

Los/as empleadores/as de Buenos Aires que han buscado en algún momento trabajadoras domésticas, en general no lo han hecho a través de agencias de empleo, anuncios publicitarios u otras modalidades de anuncio formal, ya que encuentran estos recursos en general caros y lentos, pero sobre todo poco confiables. La mayoría de los/as empleadores/as confía en sus propios compañeros de trabajo, vecinos, amigos o parientes al momento de buscar una trabajadora doméstica. Así, a diferencia de lo que ocurre en otros espacios laborales o en el mismo sector, pero en otros países, la forma más frecuente de contratación de trabajo doméstico entre los empleadores lo constituye la recomendación personal. Es significativo el hecho de que esta característica –ser de tipo personal o no mediada por ninguna institución formal– funciona para ambas partes de la relación, en tanto mecanismo usual e "informal" de colocación y de reclutamiento.

En tal sentido, según los/as empleadores/as, la mejor manera de conseguir trabajadoras domésticas "confiables", "honestas", "responsables" y "eficientes" se funda tanto en las propias cualidades de la trabajadora como en la garantía que otorga el sujeto que la recomienda.

El grado de confianza está subordinado al tipo de tarea (sea de cuidado o de limpieza) y a la red que se contacta. Ambas cuestiones aparecen entrelazadas y son centrales para dar cuenta del proceso de reclutamiento, donde la movilización de las redes de familiares, amigos y conocidos varía en función del tipo de trabajo del que se trate. Así, cuando el cuidado es lo que está en juego la contratación deviene en un asunto más complejo y la confianza se transforma en un elemento aún más importante.[1] Cuando los/as empleadores/as buscan trabajado-

---

[1] Hondagneu Sotelo (2001) demuestra que los empleadores se muestran más nerviosos y ansiosos cuando tienen que contratar a una trabajadora para cuidar de sus hijos que cuando tienen que limpiar, imaginando muchas veces lo peor. Los temores varían y van desde la posibilidad del maltrato hasta un posible secuestro, pasando por la posibilidad de que dejen languidecer a los niños frente a la televisión, les den comidas indebidas o los desatiendan provocando situaciones de riesgo.

ras domésticas para realizar estos trabajos, enfatizan en la necesidad de poder conocer y ser próximos a quienes brindan la referencia.[2] Así, veremos cómo la cercanía de parentesco[3] funciona brindando una seguridad inmediata en la persona que está siendo recomendada, mientras que se activan otros mecanismos de control cuando la referencia proviene de una persona alejada del núcleo de referencia de los empleadores.

En un primer momento del capítulo, describiremos la dinámica de funcionamiento de un tipo de reclutamiento que descansa en familiares cercanos a los/as empleadores/as que tienen el primer hijo. La figura de la madre como modelo y promotora en el reclutamiento nos permite graficar un modelo de contratación en el que la cercanía de parentesco y el funcionamiento de redes de parientes cercanos conforman un modelo "tradicional". En un segundo momento, mostraremos cómo las experiencias negativas de los/as empleadores/as operan en la consolidación de un sistema de referencias fundado en la confianza en la red de parentesco, marcando diferencias y temores en función de las posibilidades que encuentran para conseguir trabajadoras domésticas fuera de estas redes.

En un tercer momento, revelaremos la importancia de la red de conocidos en la contratación de una trabajadora doméstica, al tiempo que exhibiremos los recaudos y los dispositivos de evaluación que implementan los empleadores para lograr la seguridad requerida. En ese movimiento, encontraremos que prácticas tales como buscar por intermedio de una agencia de colocación de trabajadoras domésticas o en plazas públicas de la ciudad aparecen como una afrenta en la construcción de una red de recomendaciones confiables. Luego, veremos la importancia de ciertas técnicas y prácticas al momento de evaluar directamente a la trabajadora doméstica que ingresa al hogar, y exhibiremos los estereotipos, temores e inclinaciones que muestran los/as empleadores/as para unas trabajadoras y no para otras.

---

[2] Si bien tanto amigos, vecinos o familiares pueden compartir la misma trabajadora semanal (ya que puede limpiar para alguien un lunes y el martes para otro, por ejemplo), no pueden compartir una trabajadora tiempo completo, ya que por definición esta puede trabajar solamente para un empleador. Por este motivo, conseguir una trabajadora doméstica que realice tareas de cuidado supone una inversión mayor de tiempo y la aceptación de criterios de empleadores desconocidos funcionando como referencistas (Hondagneu Sotelo, 2001:67).

[3] El reconocimiento de la consanguinidad como una sustancia transmisora de cualidades físicas y morales, formando el cuerpo y el carácter de una persona nos permite, siguiendo a Abreu de Filho, pensar al individuo como parte de una totalidad que lo trasciende y lo construye: "Así, es claro que no existe un procedimiento neutro en la delimitación de un conjunto de parientes. Las relaciones de sangre que definen quién es pariente de quién, que diferencia familias, constituye "la naturaleza" de las familias. Se observa, de esta manera, una clasificación que distingue familias con atributos específicos" (mi traducción, 1982:98-99).

1.1. La sangre tira. Entre madres e hijas: los hijos

Esta unión estratégica funcionaba con nuestras abuelas y queremos pensar que así será con nosotras, pero los tiempos son diferentes y las distancias enormes, lo que hace que estas uniones no sean tan duraderas y tampoco cargadas de tanta fidelidad. En este duro mundo en donde cada cual termina por ser fiel a su conveniencia, vale la pena intentar que la alianza lo sea para ambas. (De Las Casas y De Las Casas, 2007)

El modo de contratación de personal de servicio doméstico ha asumido diversas formas a lo largo de la historia. La transformación de los espacios en donde se mueven las trabajadoras domésticas y sus empleadores y los cambios en los factores sociodemográficos (el número menor de hijos, el aumento de la esperanza de vida, el acceso más amplio a los servicios urbanos, y, en particular, los cambios en los patrones de consumo, la adquisición de aparatos domésticos, así como el creciente uso de alimentos industrializados) y culturales, ha traído como consecuencia un cambio en el trabajo doméstico.

En este sentido, contratar a una trabajadora doméstica en la actualidad no es igual ni tiene el mismo significado que en tiempos anteriores. Existe, en efecto, una diferencia generacional en relación con la experiencia de socialización que tienen las empleadoras en la actualidad. Así, mientras que la mayoría de las empleadoras mayores de cuarenta y cinco años con quienes conversé han tenido la experiencia de contar con una trabajadora doméstica sin retiro a partir de la llegada de su primer hijo, ello resulta casi inexistente entre las empleadoras entrevistadas menores de esa edad.

De acuerdo con Judith Rollins (1985), la instancia de mayor movilización para las empleadoras lo constituye el momento de tener el primer hijo. Es en ese momento cuando se definen como personas "necesitadas", "dependientes", "requeridas" de una trabajadora doméstica que pueda permitirles continuar con sus itinerarios profesionales y personales. El escenario que se conforma ante esta necesidad contiene un agente central, además de la trabajadora doméstica: la madre.[4]

Susana (56 años, casada, tres hijos, bióloga) es una mujer que se muestra muy segura y tranquila cuando habla:

------

[4] La misma Judith Rollins (1985) revela en su estudio el papel que ocupan las madres en la organización y selección de las trabajadoras domésticas que realizarán tareas de cuidado. Como modelos y promotoras de estos arreglos, estas mujeres participan de la decisión de contratar a una trabajadora doméstica en el momento en que las empleadoras se definen a sí mismas como personas que necesitan ayuda: cuando tienen a su primer hijo.

En general, hice la misma experiencia que van a hacer las chicas ahora [en referencia a sus dos hijas]. Van a seguir la misma historia que hice yo, o sea, yo trabajaba muchísimo y, aunque no quería, tuve que tener con cama.

Al igual que el grueso de las empleadoras mayores de cuarenta y cinco años, Susana revela que tanto la "desesperación" como el costo reducido del salario la habían llevado a tomar a una trabajadora sin retiro cuando tuvo a su segundo hijo: "Era más barato que tenerlas por hora o por día. Además de que me resolvía la limpieza y el cuidado de los chicos, yo llegaba del instituto y tenía a alguien que les había hecho la comida a los chicos y limpiaba la cocina". En ese momento, había sido su madre quien había propiciado el ingreso de la trabajadora doméstica: "Mamá siempre venía a vigilarla porque siempre fue así con las chicas que no conocía, muy desconfiada. Y bueno, yo la dejaba porque me servía".

De la misma manera, Ariadna (52 años, tres hijos, separada, funcionaria estatal), quien contrató por primera vez a una trabajadora doméstica cuando su primer hijo cumplió los tres meses, reconoce un modelo de reclutamiento que se consolidó en el tiempo:

Yo tuve una María que sentó generación, porque fue una madre para mis hijos. Yo estaba en cama por una hernia muy fuerte y ella hacía todo, me resolvió la vida. Eran chicas que estaban muy solas. Venían del campo o no conocían mucho la ciudad y encontraban en los hogares una familia. […] Después, cuando ella creció, vinieron las hijas a trabajar, una con mi hija, la otra con mi suegra.

Paula (53 años, dos hijas, casada, trabajadora administrativa) traza una separación entre períodos que resulta sugerente:

Era más precario, ¿qué sería? El año 77 o 78, principios de los ochenta, por ahí […] No conseguías como antes, hasta yo llegué a recurrir en un momento a una plaza donde se conseguía y no de mala calidad, pero también busqué por la línea más rápida, amigas […] Yo necesitaba cien por ciento y alguien me tenía que ayudar con mi hijo chico porque yo ya trabajaba en el banco y estaba en la desesperación total.

Desde otro clivaje generacional, Carina (35 años, dos hijas, casada, socióloga), hija de Susana, reconoce:

La primera [trabajadora doméstica] que tuve, empezó unos meses antes de que naciera mi primer hijo. Yo trabajaba mucho y necesitaba […] Venía una señora paraguaya que me había cuidado a mí, que la conocía mi vieja, que me avisó que no podía venir más y me recomendó a su sobrina, de 35 años. Para mí estaba bien porque quién mejor que alguien que era como de la familia, como Nora [trabajadora doméstica], que me diera la tranquilidad de ir al trabajo sin mirar para atrás. Qué se yo, después puede pasar cualquier cosa, pero esa seguridad la tenés.

En el caso de Carina, y al igual que en el caso de Ariadna, vemos un linaje en la continuidad de la confianza que provee una trabajadora doméstica a quien se la considera como "de la familia". La cercanía que Nora había sentido dentro de la familia de Carla hizo que la persona que recomendara para cuidar de su hija fuese tomada como si hubiera venido de alguien de su propia familia. La participación de las madres de ambas en el proceso de selección y en el seguimiento de las trabajadoras domésticas se vuelve nodal para otorgar la seguridad necesaria para continuar con sus itinerarios profesionales.

En casos como el de Sonia (39 años, un hijo, separada, diseñadora), el rol de las madres exhibe un matiz en el proceso de reclutamiento:

"El segundo día después de que volví del hospital, tocó el timbre una chica. Era una trabajadora, una niñera que me había mandado mi madre como un regalo, por los primeros meses del nene en casa. Después la pagué yo, pero al principio hacía cosas de limpieza […] Yo, la verdad que no había pensado, pero las madres viste como son. Además, ella me dijo que había sido algo que su madre había hecho como ella".

"Regalar", "mandar", "traer", "recibir" una trabajadora doméstica constituyen prácticas frecuentes entre madres, abuelas e hijas que son mencionadas por las empleadoras, cuando se trata de conseguir alguien que cuide de su hijo/a.

Si en algunos casos esta práctica puede contribuir a resolver un problema, también puede traer otros. Por ejemplo, en casos como el de Bárbara (33 años, una hija, casada, vendedora), el hecho de que su madre eligiera a la persona que cuidaría a su hija trajo complicaciones. Cuando la ascendieron en su trabajo de *telemarketing* a coordinadora de piso, Bárbara necesitó comenzar a trabajar más horas. En ese momento, fue la madre quien debía funcionar como relevo al finalizar el horario de la trabajadora doméstica que cuidaba de su hija hacía un año y medio. Dado que había sido su propia madre quien había seleccionado a la persona que cuidaba de su hija, fue a partir de percatarse de actitudes que no la conformaban que decidió despedir a esa niñera para contratar a una nueva, quien había trabajado con la tía de Bárbara.

Las complicaciones comenzaron a surgir por el tipo de comida que le hacía a su hija y pronto derivaron en una pelea con su propia madre cuando decidió despedirla. La madre de Bárbara, según comenta, le manifestó su disgusto por la decisión y le informó que ella no la "ayudaría" a gestionar la búsqueda de una nueva trabajadora doméstica. Bárbara decidió contratar a una recomendada por su suegra:

> Ahí me di cuenta de que no era lo mismo, porque la tipa se movía de otra manera... Cómo te puedo explicar, ella es un poco más... qué sé yo... bruta, torpe. Me desconectaba la computadora, tiraba todo, no sé cómo explicarlo... no tenía suavidad... Y ahí me acordé de Mercedes, que me la había recomendado mi vieja, que no era *guau*, pero me había tenido desde chiquita a mí... y es alguien más cuidadosa, tengo más confianza. Y bueno, como mi marido me dijo que lo decidiera yo...

Bárbara, decidió, entonces, contratar a Mercedes, quien había cuidado de ella y de sus hermanos cuando eran chicos. Mercedes aceptó a pesar de su edad porque su marido se había quedado sin trabajo. Para Bárbara "el aprendizaje es que no podés meter a cualquiera que no conozcas cuando tenés un pibe chico".

Independientemente de las dificultades que puede tener la participación de las madres en la selección de las trabajadoras domésticas que tienen que realizar trabajos de cuidado, la seguridad que brinda la cercanía de parentesco de quien recomienda constituye un componente que otorga seguridad.

No obstante, y como veremos a continuación, las expectativas y las necesidades de madres e hijas pueden comenzar a generar conflictos, siendo las instancias de contratación escenarios en los que se ponen en tensión valores y sentidos fundados en diferencias generacionales ligadas a las formas de contratación. De hecho, mostraremos cómo la legitimidad y la centralidad que presentan las redes de parentesco aumentan cuando se transita por una experiencia negativa con las trabajadoras domésticas. Del mismo modo, se acrecienta la relevancia de la red de conocidos para las empleadoras con trayectorias laborales y familiares de mayor dinamismo y vulnerabilidad. En tal sentido, las empleadoras movilizan distintas experiencias y reflexiones en función de la posibilidad que tienen de contar con una red de familiares o conocidos para conseguir una trabajadora doméstica.

1.2. Las desesperadas con red

Vanina (47 años, separada, dos hijos, médica) se reconoce como una mujer que en muchos momentos se sintió "desbordada" y que las "malas experiencias" la hicieron reflexionar mucho durante su vida. Habiendo comenzado una carrera académica y profesional importante dentro del Hospital de Clínicas de la Ciudad de Buenos Aires y con uno de los mejores promedios de su facultad, había ingresado en el horario nocturno del hospital, donde trabaja hace catorce años. Vanina reconoce que comenzó a tener problemas cuando tuvo a su primer hijo a los 37 años.

A diferencia de sus compañeras del hospital, contaba con referencias confiables de mujeres que habían trabajado durante mucho tiempo con su hermana y su madre. Sin embargo, cuando Vanina comenzó a trabajar más tiempo en su consultorio privado y su primer hijo cumplió los cuatro años, decidió contratar a una niñera para que lo cuidara tres veces por semana por la mañana. En ese momento, Vanina confiesa no haberse percatado de la importancia que reviste el proceso de "selección de la persona que, en definitiva, termina criando a tus hijos". La hermana de Vanina (Emilse, 56 años, casada, 4 hijos) es reconocida por haber criado a sus hijos con una "niñera de las de antes". Vanina reconoce, en este sentido, que su hermana maneja los mismos códigos para el reclutamiento que su madre.

Casada con un terrateniente de la provincia de Buenos Aires, Emilse nunca trabajó de manera formal, aunque siempre "ayudó a su marido" en temas ligados al campo. Por este motivo, estaba acostumbrada a tratar "con gente de campo que, después, a muchas se las traía a la capital para que trabajaran con ella". Así fue como "consiguió" a una trabajadora doméstica (Sandra) que fue una de las mejores que Vanina conoció: "Era una mina firme, bien plantada, muy formada, porque mi hermana siempre le dio todo para que estudiara… Crio a mis sobrinos como unos príncipes, como ella siempre dice. '¡Ahí vienen mis principitos!', y los trae a todos con el pelito peinado para atrás, vestidos, linditos [se ríe]… Una mina super recta… A mí eso nunca me pasó ni me va a pasar".

Vanina recalca que su hermana siguió los "pasos de lo que era mamá, en el sentido de formar a la empleada". Hasta que Vanina tuvo a su primera hija, nunca había tenido una trabajadora sin retiro, sino una persona que limpiaba en su casa de soltera una vez por semana. Unos meses antes del nacimiento de su primer hijo, Emilse le ofreció "llevarle a la hija de Sandra" para que trabajara en su casa bajo la modalidad "cama adentro". Vanina revela que la cantidad de tiempo que pasaba en el hospital sumado a las horas con una colega en el consultorio hicieron que pidiera referencias en su propia red de personas conocidas del trabajo y amigos. Aunque con el primer hijo no tuvo problemas, manifiesta su arrepentimiento por haber confiado en su momento en una compañera de trabajo, que era su amiga, "pero nunca es lo mismo como con tu hermana".

Aunque Vanina reconoce que su hermana es particular en la forma de manejarse con las trabajadoras domésticas, "más chapada a la antigua", señala que la experiencia traumática con una trabajadora doméstica que cuidó de sus hijos le pasó por no confiar en gente de su "misma cepa". En este sentido, reconoce que esta persona en quien había confiado era alguien muy "cercano" a ella, aunque recalca un aprendizaje: "Que esté cerca no significa que sea igual a vos". Si bien manifiesta algunas diferencias culturales e ideológicas con su hermana, se siente todavía apenada por la situación que debieron pasar sus hijos, algo que su hermana le recriminó en su momento.

Tanto en la historia de Vanina como en la de otras empleadoras entrevistados encontramos presente la idea de que la recomendación infalible pasa por la relación consanguínea con quien recomienda. En ese sentido, un estudio sobre el valor de la sangre en los sectores medios de Río de Janeiro, Abreu de Filho destaca: "Por la sangre no solo se transmiten genes, sino que más bien la persona nace, de cierto modo, moralmente constituida, representante de una familia, de una tradición" (mi traducción, 1982: 97-98).

1.3. Las desesperadas sin red

En el principio fue el caos. Y, claro, se nos fue María. El caos de no saber qué hacer con los chicos y el trabajo y la casa y la comida y las compras (Fainsod, 2008).
Yo me sentí como una loca. Creí que me iba a suicidar cuando vi el mensaje de que no venía (Carla, 2 hijas, separada, trabajadora administrativa).

Al igual que Vanina, Nora (59 años, dos hijos, casada, contadora) comparte la condición de asalariada en una institución bancaria. El horario de trabajo que cumplía hace veinte años hizo que siempre necesitara una trabajadora doméstica para continuar con su trayectoria profesional. Pero a diferencia de la historia de Vanina, Nora reconoce que cuando a los veintisiete años tuvo a su primer hijo en Buenos Aires y decidió tener una trabajadora doméstica sin retiro, se encontraba sin ningún contacto cercano que le recomendase una persona. Habiendo pasado una infancia "llena de "personal doméstico" en su hogar natal de Santa Fe, reconoce que en Buenos Aires sintió la "desesperación" por no conocer a nadie: "Yo estaba desesperada. Entré a hacer esas cosas de preguntar al portero, a la vecina 'por favor, si sabés de alguien'".

Fue en la propia portería donde le recomendaron a la hija de la persona que se desempeñaba como ayudante de limpieza en el edificio para que cuidara de su hijo pequeño. Al no contar con una dependencia de servicio, decidieron con su marido destinar el escritorio de la casa para que durmiera la trabajadora. La experiencia no fue buena, fue incluso "traumática". Mientras Nora trabajaba en el banco, dejaba un solo teléfono directo por cualquier emergencia. El hijo menor de Nora iba por la mañana al jardín y luego su marido lo retiraba para dejarlo en su casa con la trabajadora doméstica. Al mes de haber comenzado a trabajar esta persona, Nora recibió un llamado al directo y se imaginó lo peor:

> Era una vecina del edificio que me dice: "No te preocupes, está todo bien, pero tu trabajadora intentó suicidarse" [silencio]. Yo me acuerdo que salí como loca, una compañera me acompañó y me llevó el chofer del gerente. Había tomado pastillas y lo llevó a Juli [su hijo] y cayó redonda en el ascensor. El portero, desesperado, llamó a una ambulancia. Fue un shock traumático para Julián, muy traumático, porque dice que le golpeaba la mejilla y le decía "despertate, despertate, no te mueras".

Nora encontró una nota en el cuarto donde la trabajadora doméstica pedía perdón y anunciaba su muerte. Mientras cuenta la experiencia, realiza una serie de interrupciones donde se vislumbra el carácter emotivo que tiene la historia en su vida:

> Pero mirá la necesidad, ¿no? Nosotros, digamos, la mayoría de las mujeres no calificamos a la persona. Por eso, yo después siempre apunté a la guardería, porque con todo, es una institución. Te puede tocar una mala, pero está controlada aún en la precariedad de las instituciones, por muchas. Ahí (en el hogar) es terrible, porque si te aparecen cuestiones mentales es muy difícil, porque podés no verlo, si no estás. Por eso yo soy muy cauta de dejar a un niño, por más que me traigan la calificación más grande y me digan que le ha cuidado los hijos a la princesa Máxima Zorreguieta.

Nora asegura que esa experiencia la hizo sentir en un lugar de gran "vulnerabilidad" y de tener que "avivarse" en las posteriores búsquedas de personal para el servicio doméstico.

Nora también narra otra experiencia de cuando sus hijos ya eran más grandes. Como buscaba a una trabajadora que solamente debía recibirlos del colegio, darles la merienda y esperar hasta las ocho de la noche cuando llegaban con su marido, ella no sintió que la contratación pudiera originar dificultades. Entonces, decidió a contratar a una trabajadora que le había recomendado un conocido de un amigo de su provincia natal. Sin embargo, estando ella presente, una noche escuchó un ruido y se dio cuenta de que la trabajadora doméstica le había pegado a uno de sus hijos. Al otro día, cuando decidió despedirla, habló con el encargado de su edificio, quien manifestó haberla visto en la esquina de la casa cuando los viernes salía vestida con ropa muy provocativa. Esta confesión y algunas observaciones que Nora había percibido en ella hicieron que su opinión cambiara: "Era una chica llegada de Formosa, obnubiladísima con la ciudad. Con el tiempo, me di cuenta de todo lo que ellas conocían a través de la televisión de lo que es esta ciudad. Y las cosas que ven…tenía una agenda con más números de teléfono que la mía".

También reconoce que se la habían recomendado como alguien "tranquila, recién venida del interior". De esta experiencia, menciona que la ausencia de conocidos en Buenos Aires por parte de la trabajadora podía actuar como un factor que a ella le generaba mayor seguridad, si bien fue este mismo aspecto lo que terminó jugando en contra de sus intereses: "Desde el primer día, empezó a conocer gente, se iba a la plaza y no venía más, hablaba con el verdulero, con el carnicero. Después iba y se compraba más ropa que yo, que sé yo, estaba alucinada con todo". Cuando recuerda la experiencia con esta trabajadora doméstica, Nora lo contrasta con la experiencia que había tenido en la casa de su madre: "Porque viste cómo era antes, en la época de la casa de mi madre venían las chicas del interior, las traía una tía y no conocían a nadie en la ciudad, y te garantizaban que vivían todo el tiempo con vos […] No, ahora, las chicas que entran están re avivadas".

En síntesis, en los últimos dos relatos, tanto Vanina como Nora exhiben experiencias que no fueron positivas con las trabajadoras domésticas. Si por un lado Vanina lo atribuye a un descuido por no confiar en sus redes más cercanas, Nora lo explica por la propia ausencia de una red cercana en Buenos Aires capaz de proveer las trabajadoras domésticas en quienes ellas podrían confiar. En ambos casos, las experiencias aparecen reforzando un modelo ideal de reclutamiento en donde el conocimiento de las personas que son recomendadas proviene de quienes funcionan como referencistas, y donde la cercanía de parentesco y la relación generizada son aspectos que garantizan la lealtad y la honradez de las trabajadoras.

A continuación, exhibimos una práctica que apareció extendida entre los/as empleadores/as para lograr la confianza requerida de las trabajadoras domésticas.

1.4. Las redes de empleadores/as como referencistas: confianzas y desconfianzas

Si, como vimos, la movilización de una red de empleadores/as cercanos/as en términos de relaciones de parentesco constituye una garantía para contratar a una trabajadora "de confianza", en la cotidianeidad los/as empleadores/as que no disponen de estas redes más cercanas deben movilizar redes de contactos con quienes sus vínculos son menos regulares y más esporádicos. En ese sentido, movilizan distintos medios y recursos para garantizarse el mayor grado de confianza, ya no solo de la persona que trabajará en su casa, sino también de la persona que brinda la recomendación.

Inicialmente, quienes necesitan de una trabajadora doméstica lo manifiestan acercándose a sus amigos, vecinos, compañeros de trabajo o conocidos que también son empleadores. Llamados telefónicos, contactos en el barrio, en el trabajo y en las reuniones sociales son algunos de los escenarios en donde "se pregunta por alguien que sea buena, de confianza y esté disponible" (Virginia, 39 años). Según los/as empleadores/as, conseguir trabajadoras domésticas "confiables", "honestas", "responsables" y "eficientes" se sostiene en la legitimidad que tenga quien recomienda.

En general, los/as empleadores/as manifiestan quedar supeditados a lo que otros/as empleadores recomienden. Marta (51 años, una hija, separada, psicóloga) enfatiza: "La dependencia es total porque con esa recomendación vos armás tu vida, dejás lo más querido, imaginate que confiás en alguien para que te cuide tu hijo, tu casa, tus cosas… qué se yo… Si te lo ponés a pensar, no lo hacés". Al confiar en esa red dirigen su atención hacia los hogares de aquellos que han brindado la referencia, lo cual funciona como un indicador acerca del manejo que la trabajadora doméstica tiene en ese hogar: observando la apariencia de los hijos que cuida la trabajadora o prestando atención a alguna cuestión relativa al orden y organización del hogar, algunos empleadores pueden detectar ciertas cuestiones que les resultan útiles para analizar a la futura trabajadora (Hondagneu Sotelo, 2001:76)

En este sentido, una técnica para garantizarse la seguridad requerida la constituye una visita lo menos intrusiva posible a la casa de la persona que hizo la recomendación. Tal visita se transforma en una doble evaluación, ya que, por un lado, se analizan los comportamientos de la trabajadora doméstica que actualmente contrata el hogar referencista, y por otro, se observa el "tipo" de hogar desde donde parte la recomendación. Tal como lo revela Teresa (42 años, 2 hijos, separada, veterinaria):

Una amiga tenía a su hermana que festejaba el cumpleaños de su hijo. Entonces, como mi hijo tenía más o menos la misma edad, le pedí que me invitara […] Y ahí ves: la casa, las formas… Qué se yo, todos tenemos hábitos distintos, lo que nos gusta y no nos gusta […] Fue ahí [en el cumpleaños] donde conocí a Verónica [trabajadora doméstica], pude hablar, intercambiar con ella para conocerla nomás, pero sobre todo ver el tipo de casa de donde venía recomendada.

En estas visitas o encuentros "informales", quien contrata se muestra más interesado en aquellos eventuales comportamientos y apariencias. Al conocer la *performance* que tienen las trabajadoras por las referencias de otros/as empleadores/as, se concentran en aquellos momentos y situaciones donde se pueden captar otros sentidos y elementos que escapan a lo estrictamente laboral.

Graciela tiene 49 años y dos hijos. Recuerda que obtuvo las referencias de una trabajadora por parte de una "alemana" [empleadora] que conoció en el barrio, pero que ella conocía por otros vecinos, como una persona "muy demandante, fría, esas que son muy exigentes y que con la mirada están atrás de la trabajadora todo el día". Así, el razonamiento de su confianza irrestricta fue el siguiente: "Y mirá, si una chica puede aguantarse a una mina así, es porque es "de buena madera" como se dice, y a mí en ese momento me venía bien alguien ya probada, porque no había margen de error".

Inversamente, Graciela recuerda el choque que le provocó saber que existen buscan y contratan preguntando en la calle, "sin tomar ningún recaudo […] Imaginate que una vecina que vi dos veces en mi vida me dice si tenía alguien para recomendar. Le dije de una que conocía que, si bien era medio lenta, era muy cariñosa con los chicos. A los tres o cuatro días me la encuentro, me dice que ya la contrató y me agradeció. Muy raro, ¿no?, bah, no sé. Ella no conocía nada, ni mi casa, ni quién soy, no sabía cómo es mi vida".

El relato de Graciela, al igual que el de muchas otras empleadoras, demuestra cómo el contacto personal con un/a empleador/a conocido/a (aunque sea fugaz) actúa como certeza del rendimiento y probidad de la trabajadora doméstica. Al no conocer mucho de la vida de la trabajadora doméstica al momento de ser contratada, la confianza proporcionada por la red de referencistas "conocidos" en las trabajadoras domésticas transfieren la seguridad que se transforma en la base de la nueva relación entre trabajadora doméstica y empleadora. En especial, quienes requieren tareas de cuidado para sus hijos/as, que no están todo el día en sus hogares y han pasado por algún episodio de robo o de problemas con el servicio doméstico, enfatizan la necesidad que tienen de contar con una referencia reconocida que les brinde tranquilidad sobre su honestidad y responsabilidad: "Yo quiero que no me desaparezca nada, que hagan mínimamente el trabajo, digno, y nada más. Para eso pregunto entre mi gente, amigos, mi vieja y confío" (Rita, 39 años, soltera, una hija, trabajadora administrativa en un consultorio).

Como hemos visto, al momento inicial de la contratación y cuando el trabajo recién comienza, la confianza (mayormente necesaria cuando una trabajadora doméstica trabaja sin supervisión y de manera solitaria) proviene mayormente de la familiaridad y del conocimiento de los/as empleadores/as con la red de referencistas, antes que del propio conocimiento que pueda tener quien contrata sobre la trabajadora. Así, Maite (41 años, soltera, sin hijos), cuyo trabajo de actriz la obliga a vivir en giras por el interior del país y el extranjero, reconocía que durante cuatro años fue una persona a su casa para realizar las tareas de limpieza en su estudio/casa de Palermo que había sido recomendada por su expareja. Maite casi no tuvo relación durante los tres primeros años con su trabajadora, al punto que no conocía casi nada de su vida.

En el mismo sentido, Ricardo (47 años, maestro de grado, dos hijas, separado) admite : "Confié plenamente en el que me la recomendó [a la trabajadora] porque no soy de hablar mucho con la empleada […] Yo le tenía una confianza enorme, le di desde la primera semana la llave de mi casa, a las dos semanas ya cuidaba a mis chicos y, de verdad, hasta después de un tiempo ni supe su teléfono, ni su apellido, nada. Es que sabía que trabajaba en lo de un gran amigo y colega". Aunque en su relato emerge este tema como un posible conflicto para él, Ricardo admite que conoce a mucha gente que "se mueve de la misma manera y funciona, qué sé yo. Hasta ahora, todo salió bien".

En efecto, en el discurso de Ricardo se refleja la importancia que tiene este sistema de referencistas para empleadores/as que, en general, no establecen un vínculo cercano con las trabajadoras. Para empleadores como Ricardo, la trabajadora se vuelve alguien relativamente anónimo, inclusive pudiendo estar mucho tiempo sin conocer sus apellidos, historias y lugares donde habitan, desde el momento en que son personas que vienen recomendadas por alguien de su confianza.

1.5. Prácticas mal vistas: buscando afuera de la red

Los/as empleadores/as que han tenido experiencias negativas con trabajadoras domésticas que no fueron contratadas por intermedio de personas conocidas consideran que el funcionamiento de este sistema de referencias es lo que las protege de las posibles transgresiones de las trabajadoras. Las situaciones que se generan cuando los/as empleadores/as no consiguen una trabajadora recomendada dentro de su círculo de familiares, amigos o conocidos puede llevar a tomar la decisión de contratar a una persona por fuera de de estas redes.

La agencia de empleo doméstico, así como la contratación por vías menos personalizadas, como puede ser la búsqueda de manera directa en una plaza de la ciudad, constituyen formas de reclutamiento bastante extendidas a las que muchos/as mencionaron haber recurrido en algún momento, aunque son vistas con un alto grado de recelo. Como veremos, permitirse o no buscar por fuera de la red de conocidos depende del tipo de trabajo que se requiera contratar. Así, cuando tienen que buscar trabajadoras que cuiden a un tercero, movilizan criterios de búsquedas más estrictos, rígidos e inflexibles que cuando, por ejemplo, deben buscar a una persona que solo realice tareas de limpieza.

1.5.1. Desesperadas totales

"La desesperación te lleva" es la frase que elige Mara (50 años, ama de casa, tres hijos, casada) para comenzar a relatar sus experiencias de haber buscado trabajadoras domésticas en plazas públicas de la ciudad. Todas las empleadoras como Mara, que mencionaron haber recurrido a esta forma de búsqueda, manifestaron que la decisión se tomó como última opción y cuando la red de contactos había fracasado. Por ejemplo, Mara recuerda que en algunas ocasiones tuvo que salir a contratar "a la calle", en referencia a una práctica común –aunque mal vista entre las empleadoras mujeres– vinculada con la contratación en la Plaza Miserere de la ciudad de Buenos Aires. Aunque para Mara esta persona trabajaba bien. "También sentía que estaba un poquito 'tocada'. Algunos días se ponía a cantar fuerte, y otros días hacía, por ejemplo, dos tortas de chocolate y decía que eran para nosotros. Todo muy bien, creo, pero después empecé a desconfiar de que algunas cosas me faltaron, y como no tenía a nadie en quien confiar para preguntarle, decidí despedirla".[5]

Cuando en algún momento una amiga de Mara le preguntó por su trabajadora doméstica para que trabajara cuidando de sus hijos, ella tuvo que admitir dónde la había contratado: "Me preguntó dónde la había conseguido, quién me la había recomendado. Yo le dije, y a ella no le gustó mucho [...] Yo creo que tampoco confiaría". Luego de esa experiencia, Mara cuando contrata a una trabajadora utiliza solamente lo que llama "gente conocida que viene de primera mano, no de amigos de amigos", porque, como explica, "vos, de alguna manera, sabés que son honestas, que no te van a mandar a cualquiera".

En una primera entrevista, Mara aseguraba que por el hecho de "compartir trabajadoras, uno se asegura que al menos la otra persona está satisfecha con su trabajo y pone un poco de su confianza en juego, si no, no te la recomienda". Ac-

---

[5] En muchos relatos de trabajadoras pude encontrar que la desconfianza de quienes no ingresan por intermedio de redes de conocidos puede constituirse en una carga que llevan durante un tiempo considerable hasta lograr una mayor confianza.

tualmente, en la casa de Mara trabaja una "chica de Salta" para realizar tareas de limpieza, ya que los hijos son mayores de edad. Ingresó recomendada por alguien a quien conoció en reuniones de amigos en común. Mara admite que recién cuando conoció la casa de la empleadora que la referenció se dio cuenta de que "podía confiar". En tal sentido, en una charla más informal con Mara a la salida de una actividad cultural, ella misma relativizaría una afirmación previa: "*A priori* no podés determinar nada porque las costumbres son diferentes. Entonces, para unos no importa si les limpian bien o mal los vidrios, el horno, no les parece mal que los ventiladores tengan telarañas… y otra gente que es exigente en todo".

Esta desconfianza respecto a las cualidades quienes recomiendan apareció reflejada cuando se recurría a las agencias de servicio doméstico. En general, las experiencias con estos sistemas de reclutamiento se han dado cuando necesitaron una trabajadora doméstica para realizar tareas de limpieza. Para el cuidado de niños y ancianos, las agencias asoman como instituciones con pocas capacidades de lograr la cercanía y el conocimiento necesarios para el reclutamiento de una persona que desempeñará ese tipo de actividad.

En tal sentido, solamente pude encontrar una empleadora con esta experiencia. Gladis (52 años, 2 hijos, separada, abogada) se identifica como alguien que no confía en las referencias de conocidos "por malas experiencias, aunque vengan de parte de la virgen María". Ha tenido serios conflictos con la familia de su exmarido y se muestra como una persona independiente: "Nunca le pedí nada a nadie, sino que me hice mi camino sola, por eso confío en mi criterio, y eso siempre le digo a mis hijos".[6]

De allí que resultan interesantes tanto las estrategias como los recaudos tomados al momento de contratar a una trabajadora por esta vía:

"Yo era consciente de que no era la mejor manera porque las agencias no califican nada, no saben realmente de dónde viene la persona, y por eso hice todo lo que podía para quedarme tranquila. Saqué toda la información que pude, hasta le tomé una foto, ¡qué loca, ¿no?! [se ríe buscando complicidad, aunque luego recupera la seriedad]. No, bueno, igual les hacía entrevistas de dos horas, quería saber qué hace, qué no hace, qué le gusta, si tuvo hijos, aparte veía la interacción…, pero charlando… para saber cómo piensa, ¿viste?. Aunque sí, en la práctica… En el día a día lo ves".

---

[6] En la entrevista me comenta que al ser hija única y no teniendo a sus padres vivos siempre habían sido los familiares de su exmarido quienes le habían recomendado trabajadoras domésticas, y no obtuvo los resultados esperados.

Como hemos visto, tanto la contratación por intermedio de las agencias de empleo como la contratación directa en una plaza no constituyen modalidades bien vistas dentro de los procedimientos que utilizan las empleadoras para contratar a una trabajadora doméstica. Sin embargo, aparece como una práctica frecuente cuando no cuentan con la recomendación provista por otros empleadores. En tal sentido, a continuación, exhibimos un conjunto de técnicas y discursos que movilizan los/as empleadores/as para lograr la tranquilidad y la confianza esperadas.

Tapa del libro *Como conseguir una mucama y no perderla en siete días*, de Gloria De Las Casas y Mercedes De Las Casas, Buenos Aires, Editorial Planeta (2007).

1.6. La primera impresión

Saber si la persona que se tiene delante es confiable o adecuada no es nada fácil. Cuando las evidencias no están a la luz, hay que tener las herramientas para encontrar el pelo en el huevo. Las que saben hacerlo preguntan de arriba abajo. Y sobre lo preguntado, llueven más preguntas. En qué son buenas, en qué se destaca, etc. Y luego esas mismas preguntas se las repreguntan a sus anteriores empleadores. (De las Casas y De las Casas, 2007)

Aunque la utilización de la red de referencistas de los/as empleadores/as conocidos es la más usada y confiable, también existen y funcionan otros mecanismos que se activan en los primeros encuentros y entrevistas personales que tienen los empleadores/as con las posibles trabajadoras.

Algunos manuales que aparecieron en los últimos años apuntan a las lectoras empleadoras que deben tratar con las trabajadoras domésticas cotidianamente. En uno de los libros resultan sugerentes algunas de las recomendaciones que dan para el momento de la primera "entrevista" con la trabajadora y que lleva el sugestivo título "Encuentro de dos mundos":

El primer y más difícil paso es aceptar que entrará en nuestra casa una persona extraña. Difícil porque siempre trae una experiencia diferente a la nuestra". La idea de que el espacio del "hogar" representa un mundo de cosas, lugares y personas que se deja "en manos de una extraña reconoce la imperiosa necesidad de una tarea exhaustiva para elegir al personal doméstico, de la que se pretende que "se quede muchísimos años en nuestra casa, y nos quiera y respete. (De las Casas y De las Casas, 2007: 20)

Luego, en el mismo manual las autoras plantean la necesidad de que los/as empleadores/as sepan con quiénes se toparán:

Las personas que llegan a solicitar este tipo de trabajo son, por lo general, seres muy humildes y carentes de instrucción y si bien pueden desempeñarse con eficacia en las tareas que realizan, tienen muy poco entrenamiento para la comunicación y deben ser dirigidas en la conversación. (2007:23)

Estas representaciones e imágenes sobre quiénes son las personas que se presentan para buscar trabajo en el servicio doméstico también aparecen en los relatos de empleadores/as. En su gran mayoría, los/as empleadores/as las consideran personas que se desempeñan dentro de un lugar de trabajo "denigrado" y sin posibilidades de movilidad social. Asimismo, se vislumbra al empleo doméstico como un trabajo que las mujeres de sectores populares optan en última instancia: "Es como un trabajo que alguien agarra porque no le queda otra. Antes había cierta gente que dice 'yo sé hacer esto, que las cocineras y esas cosas, ahora es un trabajo degradado" (Mario, 62 años, casado, dos hijos, marido de Nora, director de una imprenta).

Otras empleadoras, como Cynthia (52 años, dos hijos, separada), ahondan en la transformación del servicio doméstico y en las imágenes en distintos momentos históricos:

> Ese sector social está en una cosa de mucha marginalidad. Antes no se la veía tanto como una amenaza, ahora no dejaría a nadie con las llaves de mi casa. No tengo a nadie que me inspire la confianza para dejarle las llaves. Los canales de confianza están muy rotos. Hay mucho temor, mucho miedo [...] Las de antes tenían más oficio, más pertenencia al trabajo, cierta afectividad, simpatía. Las de ahora, si se integran, es como un uso, cierta ventaja.

Si la sensación de inseguridad y de temor puede transformarse en una imagen más general sobre las trabajadoras domésticas, una de las sospechas específicas consiste en el carácter falso de la recomendación otorgada. En ese sentido, en el manual citado anteriormente se realiza la siguiente recomendación:

> Pedir referencias y saber que no son falsas constituye todo un tema. Primero y fundamental, nunca aceptar referencias escritas solamente. Hay que pedir los teléfonos y llamar. Podemos detectar cuándo son falsas ya en el análisis de las direcciones. Si la referencia vive cerca del domicilio de la postulante, deberíamos dudar de que no sea una amiga [...] Debe preguntarse no solo por su desempeño, sino por su carácter, su puntualidad, si es veraz, si no falta asiduamente por cualquier excusa, si es buena y dulce con los niños, si es limpia en su persona, si es ordenada. (De Las Casas y De las Casas, 2007: 31-32)

En el mismo sentido, Ernesto (50 años, comerciante, casado, una hija) que había tomado un rol activo en el proceso de selección de la trabajadora doméstica para que cuidara de su casa y de sus tres hijos, reconoce haber aprendido una lección: "Antes yo llamaba al teléfono que me daban como referencia y creía todo, pero después empecé a sospechar porque un amigo me avivó de no creer por adelantado lo que te dicen las referencias por teléfono". Muchas veces, como describe Ernesto, "uno llama y se da cuenta por la tonada que puede ser un familiar de la trabajadora. Yo solo acepto hablar con los patrones porque el cuento del tío no me lo hacen". Ernesto revela que en una oportunidad había entrado a trabajar en su casa una persona recomendada por una iglesia evangélica a la que concurría su esposa. Él comenzó a ver cosas que no le gustaban y empezó una "investigación" para reconocer las referencias que había dado esa trabajadora doméstica y que no lo convencían: "Cuando llamé, pregunté todo, parecía de la AFIP (Administración Federal de Ingresos Públicos), que cuánto tiempo trabajó, que dónde vivía, y así me di cuenta de que una de las referencias que dio era una amiga suya del barrio, por ejemplo".

En la misma línea, en otro de los manuales dirigidos a las empleadoras de Buenos Aires, la periodista Jessica Fainsod (2008) subraya la existencia de un "primer filtro": la manera de hablar por teléfono. "Tienen que mostrar cierta personalidad, responder con seriedad", aconsejan las amas de casas más baqueanas en estas artes de la detección adecuada, y continúa:

Superada la etapa oral, llega el momento de averiguar con precisión nombre, edad, nacionalidad, cuándo y cómo llegaron al país, el estado de sus documentos y papeles migratorios, cómo está compuesta su familia, si tienen hijos y quién los cuida, dónde viven o dónde pasan los fines de semana… después y recién después de este cuestionario, se puede pasar a la etapa siguiente: una cita de cuerpo presente. Y así, quizás, tras varias turbulentas semanas de insomnio y casa revuelta y nervios echando chispas, llega "el Día E". El día de la entrevista. La ocasión perfecta para observar en vivo y en directo su aspecto: cómo entran, cómo caminan, cómo están vestidas, qué cara ponen al ver al nene y, sobre todo, qué cara pone el nene al verlas. (2008: 15-16)

Tapa del libro *Se nos fue maría y mi vida es un caos*,
de Jessica Fainsod. Buenos Aires, Editorial Sudamericana, 2008.

Con el mismo objetivo que Jessica Fainsod, De Las Casas y De Las Casas proponen una serie de técnicas "goffmanianas" con el objetivo de descubrir las "verdaderas intenciones" en las primeras entrevistas, que recomiendan como fundamentales:

> Sentémonos, si es posible, frente a la entrevistada, para ver sus gestos y sus miradas con más precisión. Observemos el lenguaje del cuerpo, ya que este es el primero que nos transmitirá algo acerca de esa persona. La forma de presentarse, de sentarse, de mover las manos, su gestualidad nos hablarán un poco sobre su carácter; si es tímida o desenfadada, desganada o interesada, soberbia o humilde en su postura y muchas cosas que podremos inferir sin siquiera haber cruzado una palabra [...] La otra persona puede estar hablando en demasía o en voz muy alta, tomémonos el tiempo para saber si es por nervios frente a la entrevista o si es su costumbre; hecho que no será beneficioso para la convivencia futura. (De las Casas y De Las Casas, 2007:25)

De todos modos, tal como apunta Silvina (40 años, dos hijos, separada), precavida e incrédula: "Tampoco te garantiza nada la entrevista porque ellas pueden estar muy modositas y después, al tiempo, encontrarte con que tenés a una loca adentro o a una evangelista que le hacía decir 'gracias a Dios' antes de comer a mi hija". El conocimiento del "libreto" y de las pautas y comportamientos esperados en el encuentro también forma parte de las observaciones y precauciones que estos libros sostienen. Tal como lo describe la propia Fainsod:

> Las entrevistas suelen ser calcos surrealistas. A tal punto, que pareciera que las muchachas que acuden a la cita se hubiesen reunido antes en la Asociación de Mucamas. O en algún lugar donde le pasaron el dato de lo que tienen que decir y de lo que no, cómo caerle simpática a la probable patrona, cómo sonreírle a la abuela, donde acariciarle el lomo al perro y como hacerle morisquetas y mimitos al bebé sin ser mordidas y gruñidas. [...] La dueña del hogar confía en reconocer algún signo o pista que le demuestre que no va a contratar a una ladrona o engatusadora que pueda luego robarle dinero, ropa, joyas, perfumes, vajilla... o su mismísimo marido. (Fainsod, 2008:19)

Además de estas preguntas ligadas a sus preferencias y características como trabajadoras, existen elecciones ligadas a una estética que debe ser preservada. De las Casas y De las Casas utilizan una posición políticamente correcta al manifestar lo innecesario que puede ser discriminar, "pero sí fijarnos que la persona que entrará a nuestra casa debe ser agradable a la vista diaria, dado que conviviremos con la misma" (2007:22). Más precisa, Fainsod focaliza en uno de los rasgos que las "patronas" observan comúnmente:

Lo primero que miran las patronas con experiencia de patronas son los zapatos. Si están bien lustrados o tienen el taco gastado. Si usan sandalias con los dedos al aire y las uñas fosforescentes o si apoyan las piernas sobre un discreto cerrojo de cuerina en la punta de sus extremidades. [...] Después hay que observar las uñas. Si son largas y bien pintadas, no sirve: o no hacen nada o usan guantes para todo. (2008: 21)

De acuerdo con lo que pudimos observar, queda claro que en las entrevistas los/as empleadores/as intentan obtener la mayor cantidad de información posible, que puede provenir de lo que las trabajadoras les cuentan, así como de rasgos y señales fisonómicas y gestuales que, en definitiva, pareciera ayudarlos a predecir la conducta futura de la trabajadora doméstica en sus hogares. Veremos entonces, a continuación, el rol de la transmisión de la información en las redes de empleadores/as y la incidencia de ello en la configuración de las condiciones de trabajo y del salario.

1.7. Las redes en la conformación del salario

Si hasta el momento exhibimos la manera en que las redes operan como garantía de búsqueda de personal para el servicio doméstico, en el siguiente apartado nos centraremos en la información que se transmite y la que se oculta en las redes que se establecen entre los/as empleadores/as.

Mientras no necesiten de su "ayuda", los/as empleadores/as manifiestan no referirse a los temas que las vinculan con las trabajadoras domésticas. Afirman que dedican poco tiempo a discutir con sus amigos, parientes o vecinos sobre el monto que les pagan a sus trabajadoras o sobre el tipo de arreglos que hacen con las mujeres que trabajan en sus hogares.

El sistema de referencias entre los/as empleadores/as se activa en el momento en que alguno/a comunica la necesidad de reclutar y contratar a una trabajadora. En ese instante emergen temas que luego desaparecen de las charlas y discusiones, una vez contratadas las trabajadoras domésticas. No obstante, la circulación selectiva e instrumental de información entre quienes emplean no los/as exime de poder discutir en ciertos momentos sobre aquellos tópicos que consideran esenciales: el precio y la calidad del trabajo, y la confianza. Como explica Mirta (33 años, casada, vendedora de Avon), "Lo que te interesa saber son cuatro cosas, si es buena limpiando, sin son gente de confianza, si no faltan, y cuánto le están pagando".

En el mismo sentido, Virginia, 47 años, casada, tres hijos, comerciante, asegura con un tono de voz que busca sensatez y practicidad: "Todas las [empleadoras] que piden o que dan referencias te dicen cuánto le están pagando. Siempre. Es como la primera o la segunda cosa que va en la presentación personal que le hacés de la persona. Es buena, trabaja bien, es de confianza, hace esto, le pago tanto, cocina bien, limpia más o menos". Además, afirma que algunas empleadoras preguntan por la nacionalidad de la futura trabajadora: "si son paraguayas, que son las más buscadas, o las salteñas, o si son lieras[7] también". Otras empleadoras analizan las características ponderando todas las variables, y afirman que a veces pueden pesar unas y no otras, y viceversa. Susana, (56 años, casada, tres hijos, bióloga) en este sentido, comenta: "La verdad es que antes si alguien me decía, 'tal es perfecta', le preguntaba lo que cobraba, y pagaba lo que sea si fuera buena. Ahora, no; agarro la que no cobra mucho y después voy viendo. Igual siempre les pregunto cuánto le estaban pagando para saber qué margen tengo".

En este punto, encontramos cómo la transmisión de información entre los/as empleadores/as resulta vital en la estructuración del trabajo. En las decisiones individuales de contratación son guiados por la información que les proveen otros/as empleadores/as acerca de sus arreglos domésticos. Por su parte, quienes deciden contratar a trabajadoras sin retiro deben maniobrar otro tipo de arreglos y de información, diferente del que manejan aquellos que contratan trabajadoras por semana. Susana estableció un salario la primera vez que contrató a una trabajadora y para hacerlo comparó lo que le pagaban otros empleadores conocidos y estableció un promedio.

Otro elemento que actúa en la consolidación de los bajos salarios en los empleos de mayor cantidad de días para las trabajadoras está dado en que los/as empleadores/as asumen que quienes trabajan más tiempo, pueden aceptar menores salarios. Ignacio, un sociólogo de 44 años y con dos hijas, casado, comenta que cuando decidieron con su mujer que la trabajadora se desempeñara más días en la semana, también le advirtió que no iba a poder ser proporcional a lo que le estaba pagando hasta ese momento. Resulta interesante el relato de Ignacio, ya que incluye en la configuración de la tarifa una charla que tuvo con un amigo: "¿Pero va a hacer más cosas? Me preguntó mi amigo. Yo le dije que no, que inclusive menos porque solo le pedía un par de horas más por semana, pero no más tareas. Y ahí fue que me avivé y se lo planteé, diciéndole que para mí eso era lo más justo".

El caso de las trabajadoras sin retiro, así como las que llevan largo tiempo trabajando, resulta interesante cuando analizamos la paradoja que supone –a diferencia de lo que ocurre en el sector formal de la economía– que una ocupación de

---

[7] Problemáticas.

larga data no implique un mayor salario. Por el contrario, en el servicio doméstico, y a pesar de la existencia de un marco regulatorio que garantiza el acceso de derechos desde 2013, siguen prevaleciendo relaciones informales, haciendo que los bajos salarios prevalezcan (precisamente porque las trabajadoras continúan en los mismos trabajos). En definitiva, el proceso de contratación vía redes informales ayuda a mantener los ingresos bajos para las recién ingresadas al trabajo.[8]

Como lo muestra Hondagneu Sotelo para el caso de las trabajadoras domésticas en California, "una trabajadora doméstica que ingresó a trabajar en 1999 hereda a su ingreso un salario que se asemeja al de 1989. En efecto, aquellos/as empleadores/as que tienen trabajadoras hace tiempo pueden recibir un descuento por proporcionar un empleo fijo, así como el propio amigo de este empleador que recibe esta información acerca del salario de la trabajadora podrá disfrutar del mismo descuento" (2001: 84). Esto no implica que las escalas de los salarios sean las mismas, ya que siempre varían hacia arriba o hacia abajo, aunque lo que nunca varía es el hecho de que la trabajadora doméstica que ingresa a un trabajo que ha dejado otra no puede negociar el salario, sino que lo "hereda". Por este motivo, y como nos muestra Soraya Fleischer para el caso de las trabajadoras domésticas brasileñas en Boston, siempre resulta más atractivo para las trabajadoras ingresar en un hogar que no haya tenido experiencia anterior con una trabajadora, que hacerlo con alguien que ya está trabajando. De esta manera, la transferencia entre empleadores/as no solo tiene que ver con la confianza, el nivel de exigencia y el trato con la trabajadora, sino principalmente con el precio del salario que se pueda acordar (2006: 156).

Pude encontrar solamente un empleador y dos empleadoras que realizaban aumentos anuales en función de la inflación y de las consultas que hacían ante el Ministerio de Trabajo. Por su parte, los casos en donde los/as empleadores/as no siguen los consejos de la red de referencistas y realizan aumentos sin consultar pueden generar rispideces y hasta recibir sanciones. Un aumento puede llegar a provocar vergüenza, resentimiento o funcionar como un elemento que intime a otro empleador a tener que modificar el salario. En referencia a este tema, Héctor (56 años, un hijo, casado, empleado administrativo) mencionó los tres aumentos consecutivos que le otorgó su hermano a la trabajadora que él

---

[8] Todo el mecanismo de informalidad y de bajos salarios fue una constante hasta la sanción de la nueva ley para trabajadoras de casas particulares en 2013. A partir de este momento, y por vía de los aumentos semestrales y distintos mecanismos de política pública, comenzaron a mejorar paulatinamente las condiciones laborales de las trabajadoras en el sector.

mismo le había recomendado: "Cada vez que hablamos me dice, 'mirá que yo ahora le aumenté porque con esto del tren que aumentó, y que a veces le tiene que comprar medicamentos a su nietita…'". Sin embargo, Héctor considera que el aumento se debe al tipo de responsabilidad y el servicio que realiza en una y otra casa: "A la familia de mi hermano le cuidan al bebé y a mí solo me limpia la casa, y no es lo mismo. Aparte, su casa tiene tres dormitorios y la mía solo uno. Yo esto se lo dije así como en broma, pero en breve lo voy a hablar más en serio, aunque le dí el aumento".

Héctor también mencionó que quien trabajaba en su casa también lo hacía en lo de una amiga del trabajo. A raíz del aumento, su compañera le comentó "Che, me parece que le estás pagando más de lo que se paga, porque estás por encima de lo que dicen en el ministerio". Héctor afirma que, aunque se sintió intimidado, le manifestó que no iba a modificar su postura: "Nosotros pagamos bien, yo vengo de una familia donde mi padre tuvo pyme (Pequeña y Mediana Empresa), con 20 empleados, y sabemos lo que es tener gente a cargo, que tiene que parar el puchero con vos (….). Pero hay gente que le parece que es solo un gasto, no piensan en el bienestar, como esa amiga, que yo la quiero y todo, pero no piensa a la trabajadora como una trabajadora, que es lo que es, ¿o me equivoco?".

La información referida a la regularización del trabajo doméstico se volvió en los últimos años en un tema recurrente en las conversaciones de los/as empleadores/as, ya sea para exhibir u ocultar obligaciones y derechos de cada una de las partes. Una de las empleadoras entrevistadas mencionaba que a las trabajadoras "no les interesa mucho que les pagues en blanco porque están más preocupadas porque le des ese dinero en mano a ellas". Otras mencionaban este aspecto como una cuestión en la que sus maridos participaban y, en algunos casos, que habían incentivado: "Le dijo el contador a mi marido que era muy poco dinero y que lo deducían de tus aportes, así que lo hicimos".

Marcelo (53 años, 2 hijas, casado, físico) reconocía que su único vínculo con la persona que cuidaba desde hacía nueve años a sus dos hijos era pagar las cargas sociales por internet. Sonriendo, sintetizaba cómo había comenzado a hacerlo y las consecuencias que tenía según su mirada: "Como es por internet y mi mujer no usa casi nada, lo hago yo. Es supersencillo: pim, pum y ya está, te olvidás del tema. A lo sumo, le preguntás algo a la mujer que trabaja en tu casa, datos y esas cosas para no confundirte, pero es solo eso. Súper sencillo".

Por su parte, Diego (38 años, un hijo, casado, economista), quien regularizó a la trabajadora, se quejaba: "La chica que trabaja en casa y lo cuida a Tobías no quería tener obra social ni que la pusiéramos en blanco". En una charla posterior, Diego hizo referencia a su hermana y describió a la relación de ella con la trabajadora doméstica como "más patriarcal": "Qué sé yo, le daban muchas cosas. Le regalaron una bici, le daban comida siempre, ropa, cosa que nosotros nunca […] Qué sé yo, cada uno arma la relación que quiere, nosotros tratamos de transparentar".

La experiencia de Diego nos permite incorporar el tema de los regalos al universo de cuestiones que se ocultan y exhiben dentro de las redes de empleadores/as. En este punto, encontré mayor rechazo entre los/as empleadores/as jóvenes respecto de estas prácticas, puesto que aquellos/as mayores de cuarenta y cinco años lo veían como natural y como parte de la relación laboral que habían construido a lo largo del tiempo. En esa línea, Miguel (61 años, dos hijos, casado, empleado en una inmobiliaria) destaca: "En una relación de años donde te cuidó la casa como nadie, que lo vio a tu pibe crecer y que vos le diste siempre cosas, ropa, adelantos, lo que sea, eso es una rueda que ya se armó y no se corta así porque sí. Vos tenés que ver bien cuándo y cómo […], pero es un poco lo que yo ví con mis padres y el personal de ese entonces".

Sin embargo, estos arreglos con las trabajadoras domésticas deben mantenerse en el ámbito privado, sin transformarse en cuestiones de discusión abierta entre quienes contratan. Miguel reconoce pagar aguinaldo a la trabajadora doméstica de su hogar, aunque cuando lo consulto acerca de si este tema lo menciona o comenta entre sus amigos o conocidos responde categórico: "A ver, hay cosas que no se preguntan. En eso somos muy de que cada uno en su casa hace lo que se le canta, vamos a decir. No sé si está bien, ¿eh?, pero sé que hay gente muy amarreta y gente muy solidaria". Desde su interpretación, la decisión de pagar aguinaldo o realizar algún aumento tiene más que ver con las cualidades de las personas que con una práctica instituida. Víctor (49 años, separado, dos hijos), que trabaja en la misma inmobiliaria que Miguel, afirma que, si bien su empleada no está regularizada, siempre le dio aumentos y le pagó las vacaciones:

Yo no pregunto nada. Me parece que es un tema de lo privado de cada relación, del rancho de cada uno… Si el resto no lo hace, no me voy a meter, qué sé yo. Es del orden de lo que cada hogar puede, me parece. Ojo, así lo veo yo, porque en este mundo es así, muchas cosas no se ven y quedan entre dos, y me parece bien porque es parte de lo que se acuerda entre las partes y no tiene por qué venir nadie a cuestionar. No somos una empresa, en definitiva.

De la misma manera, Silvio (45 años, separado, tres hijos, funcionario administrativo en Tribunales) comenta que pagó todos los trámites para que la trabajadora de origen peruano y su hija tuvieran el documento nacional de identidad. Sin embargo, menciona que cuando la recomendó a otro empleador para que trabajara, no le mencionó ese pago, como tampoco que la ayudaba de vez en cuando con dinero extra porque considera que puede traducirse en una obligación o una presión para los/as nuevos/as empleadores/as.

Al mismo tiempo, encontré algunas excepciones entre empleadores/as que conseguían beneficios al pagar a las trabajadoras domésticas mejores sueldos o contratadas de forma regular. Marcos y Sonia son una pareja de jóvenes cientistas sociales que usualmente salen a comer con dos amigos, Zulma (psicóloga) y Ricardo (psiquiatra). Tanto Marcos, que trabaja en la Cancillería Argentina, como Ricardo, jefe de guardia en un conocido hospital de la Ciudad de Buenos Aires, reconocen haber averiguado para pagar los sueldos de quienes trabajan en sus hogares. La decisión partió de una discusión que se dio en una salida que compartieron ambas parejas. Sonia mencionaba que Ricardo había "planteado el tema, diciendo que el director del hospital le había dicho que había tenido un quilombo grande con su trabajadora, que le había hecho juicio y que eso después se dio a conocer [...] Ricardo lo dijo muy convencido, dijo que era fácil y averiguamos con el contador, que nos dijo que se podía hacer, sin problemas, así que lo hicimos".

Finalmente, y como hemos visto, el intercambio selectivo, así como la omisión de información entre los/as empleadores/as tienen efectos significativos en los acuerdos y negociaciones que se realizan para fijar las condiciones laborales y establecer los salarios que serán pagados a quienes trabajan en sus hogares. Independientemente de que sean varones o mujeres quienes emplean, el intercambio de información por las redes de relaciones adquiere un carácter social en la difusión, aunque para muchos sea más aconsejable obturar la posibilidad de que el acuerdo amplíe el marco bilateral y privado en el que se desarrolla el vínculo laboral.

Recapitulando

En este capítulo se expuso la importancia que revisten las referencias que brindan las redes de empleadores/as al momento de contratar a una trabajadora doméstica. Para los/as empleadores/as, conocer las características personales de quien brinda la recomendación es una de las fuentes nodales de la confianza. Así, vimos cómo la condición de parentesco y el rol de las madres, en particular, constituyen referencias ineludibles y de máxima confidencia en el proceso de reclutamiento.

El capítulo se organizó en un gradiente que parte de exhibir cómo la cercanía con la madre para las empleadoras en sus experiencias de socialización como mujeres ha funcionado como la principal forma de reclutamiento del personal doméstico. El parentesco y la condición de género se superponen para consolidar un modelo de reclutamiento más homogéneo en el pasado reciente. Así, la fidelidad, la lealtad o la propia confianza aparecen como valores morales que instauran un modelo de relación que parece en vías de extinción. En definitiva, queda claro que, a pesar de los cambios socioestructurales dentro del trabajo doméstico y en la sociedad en general, lo que persiste es una ponderación de la personalización de los vínculos entre empleadores/as y trabajadoras (Borgeuad-Garciaindía y Lautier, 2014). La manera para afrontar un contexto de incertidumbre, desconfianza e inseguridad (Guano, 2003) es a través del apoyo en los vínculos más cercanos y próximos posibles.

En el caso de los/as empleadores/as, el mecanismo de búsqueda de trabajo las/los lleva a que muchas veces tengan que evaluar las propias características y cualidades de quienes brindan las referencias. El supuesto se basa en que esa información podrá ayudarlos/as a predecir el comportamiento de la trabajadora doméstica. En tales indagaciones, los/as empleadores/as cuentan con lo que saben acerca de la "honradez", la "honestidad" y las características personales de las personas que brindan la referencia. De esta manera, en función del grado de cercanía y conocimiento de estos/as empleadores/as se activará (o no) un conjunto de prácticas y técnicas para garantizar el mayor grado de seguridad posible.

Sin embargo, la capacidad para evaluar el criterio de los referencistas estará relacionada con las posibilidades que tengan de prescindir de las trabajadoras domésticas para continuar con sus itinerarios profesionales. La utilización de las agencias y la búsqueda directa en plazas públicas resultan prácticas mal vistas, ya que no garantizan la confiabilidad que otorgan las redes de conocidos. Además, se trata de espacios en donde no es posible individualizar y singularizar a la persona que viene recomendada. Así, el temor a lo anónimo y a lo desconocido aumenta cuando estas modalidades son utilizadas. En el contexto de una sociedad en donde los miedos se encuentran difundidos hacia quienes aparecen en el imaginario como mayormente diferentes y desiguales, vimos cómo los/as empleadores/as movilizan un conjunto de dispositivos y prácticas para enfrentar tales sensaciones.

Finalmente, el intercambio de información entre las redes de empleadores/as puede tener consecuencias indirectas o negativas para quienes contratan. Ya sea por la completa exhibición o su ocultamiento, la información que circula de sus derechos y obligaciones puede tener varios usos y diversas consecuencias en las condiciones laborales dentro del servicio doméstico. Al tratarse de un trabajo que realizan las trabajadoras en el aislamiento de los hogares y al mantenerse fuera del alcance de las normas jurídicas (ante la imposibilidad de que se hagan fiscalizaciones), la información que se intercambia (como así también la que no se intercambia) constituye un poderoso medio para definir los términos sobre los cuales se estructuran las condiciones de trabajo y una manera de modelar las relaciones que se generan y modifican en el devenir del vínculo laboral.

CAPÍTULO 2
Buscar empleo como trabajadora doméstica

2.1. Conseguir el primer trabajo: redes, mujeres y círculos concéntricos

Históricamente en nuestro país, así como en el resto de América Latina, el servicio doméstico ha representado el principal lugar de inserción en el mercado de trabajo para las mujeres de sectores populares, especialmente migrantes del interior del país y de países limítrofes hacia los centros urbanos (Jelin, 1977; Marshall, 1983; Marshall y Orlansky, 1981). En el momento del ingreso al servicio doméstico, las trabajadoras de Buenos Aires recurren a varios medios: canales personales, agencias de colocación, avisos en el diario e incluso plazas de la ciudad en donde se dan cita para concertar el contrato públicamente y sin intermediarios (Gogna, 1993:85). En particular, entre las entrevistadas que ingresan al trabajo sin retiro, en su mayoría lo hacen recurriendo a las redes sociales más próximas. En este caso, lo hacen a través de mecanismos centrados en sus propias redes de relaciones sociales, sean estas amigas, conocidas o parientas, quienes proveen los primeros contactos para conseguir trabajo.[1]

En términos generales, el papel que juegan las redes sociales más próximas no solo al momento de conseguir empleo, sino como sostén material y simbólico fundamental para la recién llegada, ha sido ampliamente destacado por la sociología. En un estudio pionero Benencia y Karasik (1994) subrayan el papel que asumen paisanos y parientes como "mediadores institucionales" que articulan la inserción del migrante en el lugar de destino. Alojamiento, trabajo, gestión del permiso de residencia constituyen recursos disponibles, aun cuando no exista un conocimiento previo del compatriota, porque el reconocimiento de pertene-

---

[1] Numerosos estudios han demostrado que la existencia de nutridas redes sociales disminuye los costos asociados a la migración e incrementa los retornos esperados (Massey, 1999). Las redes sociales étnicas existentes en el lugar de destino funcionan como cadenas que posibilitan el acceso a la vivienda y el trabajo, y en muchos casos también como reaseguro frente a las crisis y situaciones económicas desfavorables.

cer al mismo lugar de origen y compartir raíces comunes conlleva ciertas obligaciones morales que pueden actualizarse en el nuevo contexto (Dandler y Medeiros, 1991). Este punto resulta aún más productivo si nos acercamos a la perspectiva desarrollada por Ramella cuando, al pensar la sociedad en términos de relaciones, destaca como esencial la necesidad de interrogarse acerca de los modos en que dichas relaciones crean solidaridades y alianzas, conformando finalmente los grupos sociales. En este sentido, para el autor el concepto de red se ha revelado "como un valioso instrumento para estudiar la acción social, tanto en términos del condicionamiento que ejerce sobre el comportamiento, como en términos del uso instrumental que cada actor realiza de dichas relaciones para conseguir sus propios fines" (1994: 14).[2]

En uno de los pocos estudios sobre migración contemporánea hacia el servicio doméstico, Courtis y Pacceca proponen pensar al género como categoría estructurante en el proceso migratorio de mujeres hacia el servicio doméstico en la Argentina, analizando su incidencia en las tres etapas ("de pre-migración, de migración y de postmigración"), observando la intervención de otras mujeres a lo largo de las trayectorias migratorias desde la decisión de migrar hasta la inserción como trabajadoras domésticas, pasando por la gestión, el financiamiento del viaje, la instalación en Buenos Aires, el envío de remesas y la reunificación familiar (2006: 491). Como bien lo destacan ambas autoras, la decisión de las mujeres de migrar suele estar estrechamente ligada a las decisiones familiares (del conjunto de la unidad doméstica), y es en el seno de la familia donde más se hace sentir la subordinación de género.

En tal sentido, los factores fundamentales al momento de decidir la migración de una mujer son su edad, el lugar de poder que ocupa en el seno de la familia y su etapa en el ciclo vital (si deja o no niños atrás), y la capacidad del hogar de prescindir de su trabajo en función de la existencia o no de otras mujeres en condiciones de reemplazarla en sus actividades domésticas: qué mujeres migran está vinculado con qué mujeres se quedan. En tal sentido, resulta interesante la conclusión a la que arriban las autoras: "En el caso de las trabajadoras domésticas, es posible vislumbrar una lógica similar en la trayectoria de aquellas mujeres que

---

[2] En tal sentido, Benencia y Geymonant realizan una importante consideración vinculada la racionalidad de los actores sociales: " según se conciba a los individuos como actores aislados o según se los conciba ubicados concretamente en el interior de redes de relaciones y, por tanto, interactuando con otros individuos, dentro de flujos recíprocos de comunicación y de intercambios" (2007: 5). Este punto refleja la ambigüedad que supone el ingreso en una red social que si bien permite el ingreso puede terminar restringiendo las posibilidades de mejoramiento de sus condiciones laborales a futuro.

deciden migrar respaldándose en otras mujeres y sabiendo que su inserción laboral más probable –al menos en el corto plazo– será en trabajo doméstico remunerado, haciendo trabajo "de mujeres" para otras familias. Tenemos, entonces, redes de mujeres en las que las migrantes se apoyan antes, durante y después de la migración: las que cuidarán de sus hijos en el lugar de origen, las que colaborarán en el viaje o las asistirán con la vivienda y el trabajo en el lugar de destino, y las que les darán empleo" (Courtis y Pacceca, 2006:493). Se destaca el rol fundamental que ocupa la "mujer migrante previa" en la organización y gestión de este proceso, por transformarse en un agente central en los momentos iniciales que hacen a la llegada y a la búsqueda en dos aspectos claves: la vivienda y el trabajo.

Estas personas no solo promueven, confirman y asisten a quien llega por primera vez a Buenos Aires, sino que también participan centralmente en la financiación necesaria para el traslado y la estadía durante la etapa de llegada. Constituyen un elemento de sostén emocional y material para la futura trabajadora y además proveen un bien escaso y muy requerido para el ingreso al servicio doméstico: la información necesaria para lograr el ingreso al primer trabajo.[3]

Generalmente, estas mujeres tienen apalabradas a las nuevas migrantes en sus lugares de origen. Por lo tanto, aquellas que deciden partir saben desde antes de dejar sus hogares que tienen buenas chances de conseguir trabajo en el servicio doméstico sin retiro una vez que arriban a destino. Al mismo tiempo, son muchas veces estas mujeres quienes negocian con sus empleadoras o amigos, conocidos o familiares de estos, la llegada y las condiciones de trabajo (cantidad de días y horas, salario, tipo de tarea, entre otras cuestiones) de las futuras trabajadoras. Esta figura resulta aún más central en la medida en que, como veremos más adelante, el ingreso a una casa bajo la modalidad sin retiro supone un conjunto de cuidados y conocimientos que la recién llegada deberá aprender rápidamente, siendo la "mujer migrante previa" quien garantiza la mayoría de las veces un "piso" de confianza necesario para el ingreso.

Si bien en muchos casos las trabajadoras son advertidas de evitar este tipo de trabajos por las malas condiciones laborales, en él encuentran una vía rápida donde emplearse y conseguir un salario. La participación de una primera mujer

---

[3] Benencia y Geymonat (2007), siguiendo la perspectiva de Mark Granovetter, observan que analizar el esquema por el cual la demanda y la oferta se encuentran en un mercado impersonal no permite afrontar el problema crucial de la conexión entre trabajo disponible e individuos que lo desarrollarán; "no logra integrar de manera conveniente el nivel macro y microanalítico" (Granovetter, 1985). El problema solo puede ser afrontado si se reconoce que la demanda y la oferta entran en contacto en el interior de una trama de relaciones a través de las cuales *la información sobre el trabajo disponible* es adquirida por los individuos.

como mediadora institucional resulta nodal, ya que será quien, además de ofrecer los servicios de la flamante trabajadora, deberá "responder" ante las acciones y omisiones de la persona que recomienda. Al mismo tiempo, la trabajadora doméstica recién llegada tampoco cuenta con otros contactos de empleadores/as. Por lo tanto, su principal referencia es quien la recomendó.

Por las características del trabajo –que en la mayoría de los casos implica un involucramiento afectivo y un esfuerzo físico continuo y agotador– y por las formas predominantes de contratación –que incluyen acuerdos no escritos e intercambios no estrictamente laborales–, las mujeres que recomiendan esperan que sus "paisanas" manifiesten conductas de fidelidad, cumplimiento de arreglos informales y pequeños sacrificios (Vargas, 2005: 28). Estas conductas solo pueden garantizarse a través de la posesión de atributos que vuelven "confiable" a la candidata, previamente a su incorporación al trabajo. Desde la perspectiva de las mujeres que recomiendan, la adscripción nacional construida como "paisanaje" ofrece esta garantía, mientras que desde la perspectiva de las mujeres que llegan buscando trabajo, ser "peruana", "paraguaya" o "argentina" (o, como veremos más adelante, misionera, correntina, formoseña, salteña, tucumana, etc.) opera como recurso que incrementa sus posibilidades de conseguir empleo a través de una mujer de su mismo origen.

2.2. Construyendo reputación: las paraguayas[4]

Luego de palmear en una puerta de madera, aparecieron un hombre fornido y dos nenes corriendo. Pedimos hablar con Lidia (42 años, dos hijos, casada, diecinueve años como trabajadora doméstica en Buenos Aires) y luego de un intercambio de señas a lo lejos, en un movimiento certero, el hombre corrió el pestillo y nos dejó pasar. A lo lejos, estaba Lidia, que se mantenía sentada. Tenía un vestido de color azul y unas sandalias. El cuerpo era muy flaco y en la cara se le notaban los huesos. Tenía un pañuelo en la mano, y en la otra, una matera, en señal de que nos estaba esperando. Cuando nos acercamos, sonrió amablemente y se levantó mínimamente para saludarnos. A cinco metros seguía el marido, esta vez arreglando un auto delante de la entrada de la casa. Lidia ofreció mate y comen-

---

[4] En la tesis doctoral fueron descriptos distintos tipos de redes de relaciones de las trabajadoras, en función de su origen nacional y regional cuando se trataba de conseguir trabajo sin retiro. Sin embargo, hemos optado dejar para el libro el caso más significativo por su amplitud y densidad, el de las redes de paraguayas en el servicio doméstico de Buenos Aires, puesto que constituye un modelo consolidado.

zamos a charlar del país y de las últimas novedades del barrio. Comentó los problemas que había tenido para inscribir a su hijo en la escuela, el estado de la salita de primeros auxilios y los problemas de conducta que había comenzado a tener el hijo de su hermana en la colegio. En el medio de esta charla, Lidia se dirige a mí por primera vez en forma directa y me pregunta sobre qué quería que habláramos. La pregunta me toma desprevenido, ante lo cual respondo si me podría contar su experiencia como trabajadora doméstica.

En la respuesta de Lidia aparece de manera implícita una referencia naturalizada a su trayectoria laboral en el servicio doméstico: "Fue cuando terminé la primaria, hasta ahí pudieron los padres… Con los varones iban a insistir un poquito más, pero con las mujeres no… Una tía le pidió a mi papá si podía vivir con ella en la ciudad y que por el trabajo ella me iba a mandar al colegio… Si es por mí, me hubiera gustado estudiar enfermería…, pero bueno, no pude".

Sin embargo, a los meses de llegar a la ciudad, dejó de ir al colegio y de trabajar con su tía. Empezó como trabajadora doméstica en el hogar de una familia conocida de los empleadores de su tía. Un año más tarde, se fue a trabajar a Asunción en la casa de una familia de paraguayos de alto poder adquisitivo como trabajadora sin retiro. Al tiempo, comenzó a sentirse mal por la cantidad de trabajo y ciertas actitudes de sus empleadores: "Eran muy despreciativos conmigo. Me levantaba a las cuatro de la mañana, lavaba todo, después despertaba a las hijas, tenían cinco perros y querían que todo estuviera limpio todo el tiempo […]. Además, pagan miserablemente. Es lo que tiene Paraguay… mucho maltrato. Si a una chica le das para elegir, elige acá [Buenos Aires] sin dudas porque sabe que acá siempre va a ser mejor".

Su prima le sugirió comenzar a trabajar en la casa de unos argentinos que se desempeñaban en una comisión técnica de la embajada de la República Argentina en Paraguay. En esa casa también estaban empleados dos primos suyos (uno como peluquero y otro como chofer), su prima y una parienta de su padre era la cocinera. Lidia ingresó como trabajadora con retiro para cuidar a los tres hijos que vivían en el hogar y siguió entregando el sueldo a su madre todos los meses. Luego de un tiempo, empezó a pernoctar de lunes a viernes y trabajó allí durante cuatro años. Los constantes viajes de la pareja hicieron que Lidia sintiera que sus empleadores la habían "adoptado" sin conocerla.

Producto del cansancio por la cantidad de trabajo y de algunos problemas con una de sus primas, a los veintitrés años Lidia decidió partir a Buenos Aires, donde vivía otra de sus tías. Llegó al barrio de Monte Grande, donde también vivían, mientras estaban empleadas en distintas casas, dos primas, la hermana mayor y una tía, además de la mujer de su hermano.

Lidia estableció un vínculo muy cercano en especial con una de sus tías, Rosario (cincuenta y dos años, casada, tres hijos, treinta y dos años de experiencia como trabajadora doméstica), quien le consiguió su primer trabajo como trabajadora sin retiro en Buenos Aires, en la casa de una pareja de profesionales con dos hijos de tres y seis años en la zona de Belgrano. Recuerda que cuando terminó su primera jornada de trabajo, su empleador le dijo: "¿Y, Lidia? ¿Cómo se sintió? ¿Está cansada? Cualquier cosa, nos avisa". Esta frase expresa el contraste en el trato entre Paraguay y Buenos Aires.

Los sábados, cuando Lidia salía del trabajo, tomaba un colectivo y el tren para luego tomar otro colectivo hasta la entrada del barrio donde vivía su tía Rosario, que ya trabajaba de lunes a viernes en la casa de dos familias, y la esperaba para compartir la tarde en el barrio y, en algunas ocasiones, para instruirla en algunas técnicas para el trabajo doméstico. Lidia recuerda los consejos de su tía para los primeros meses: "que fuera modosita, ¿viste?, con las cosas, que los llamados por teléfono prohibidos, que salir con hombres siempre fuera del trabajo y que no llamaran a la casa, porque uno está siempre con niños y las patronas después desconfían".

En una charla que pude tener con Rosario, reconocía que cuando llegó Lidia ella la veía "muy pichona [...] Era chica y no tenía experiencia acá en la ciudad, y yo con esos patrones diez puntos. Entonces, yo también, ¿viste?, le quiero recomendar alguien diez puntos".[5] Durante el primer año, Rosario organizó el ingreso a sus dos trabajos con el objetivo de asistir temprano en la mañana por la casa donde trabajaba Lidia para enseñarle algunos quehaceres domésticos y estar presente en los primeros contactos con esa familia. Rosario habló primero con la madre de la empleadora de Lidia, su "patrona", para consultarla sobre la posibilidad de concurrir al hogar para ayudar a su sobrina. Luego de unos dos meses, estas "visitas" comenzaron a espaciarse en el tiempo y solamente se realizaban para algún evento en especial, como un cumpleaños o una actividad nocturna que tuviera la familia.

La misma Lidia asegura que se fue "perfeccionando con el tiempo, aprendiendo a cocinar comidas más nuevas, qué sé yo, que no conocia, que mi tía me mostraba [...] y con los chicos me fui encariñando, con la familia, y después ya hacía todo sola". Aunque reconocía la mejora que había tenido en su labor al ha-

---

[5] Rosario había trabajado diecinueve años desde el año 1971 en la casa de "los Alzaga", cuando llegó a Buenos Aires. De aquellos empleadores destaca: "Yo siempre digo que es como mi primera familia, porque después yo tuve muchas, pero la primera es la primera". La hija menor de la familia (Paula), a quien consideraba como una hija, era quien necesitaba una trabajadora doméstica sin retiro que realizara las labores domésticas y cuidara de sus dos hijos. Fue así que Rosario pensó en Lidia.

ber aprendido algunas cuestiones en su primer trabajo, Lidia reconoce que fueron una prima y una vecina que trabajaban de lo mismo con quienes pudo comenzar a charlar sobre algunas complicaciones en su primer trabajo. El hecho de dormir en el mismo cuarto que los dos niños que cuidaba constituyó un tema recurrente en estas conversaciones. Levantarse a las tres de la mañana porque uno de los niños tosía, después de haberse acostado a la una porque los empleadores habían tenido una reunión en la que ella oficiaba de moza, sin poder volver a conciliar el sueño y teniendo que levantarse a las siete para comenzar la jornada laboral en la casa, era algo que había comenzado a incomodarla.

Lidia manifiesta haber mencionado esta dificultad de manera indirecta a Rosario, asegurando que su problema para dormir correctamente había comenzado a tener consecuencias en su trabajo.[6] Si bien su tía le aseguró que lo hablaría con su empleadora, durante los dos primeros años esta situación no se modificó, aunque se atenuó.[7] Así, tanto para Lidia como para la mayoría de las trabajadoras domésticas, la relación personalizada que establecen con la primera mujer que las recomienda se transforma en parte de su identidad, que se inscribe en una red de relaciones que trasciende las generaciones de trabajadoras domésticas.[8] De esta manera, Lidia considera que haber llegado "de parte de Rosarito" (como es conocida en la familia de "los Alzaga") supone una responsabilidad que forma parte del comportamiento dentro del trabajo. De allí que Lidia pusiera énfasis en las "charlas" con personas de su edad, como un espacio donde poder descargar y hablar de las incomodidades que estaba sufriendo. Asimismo, resulta interesante recalcar que estas mujeres con quienes Lidia compartía la intimidad del trabajo también formaban parte de manera más o menos indirecta de la red de empleadores/as en la que Lidia se encontraba inserta.[9] "Ellas me decían que los primeros momentos son así, pero que eso es el primer tiempo, que si después ven que trabajás bien, te acostumbrás y vas consiguiendo otras cosas". El hecho de sa-

---

[6] Accidentes por roturas de platos y utensilios de cocina, así como descuidos en la actividad de planchado y de lavado de ropa, constituían ejemplos que para Lidia se vinculaban a su dificultad para dormir correctamente.

[7] Uno de los hijos comenzó a dormir en una cuna en la habitación de sus padres.

[8] En ese sentido, manifiesta Vargas: "Cada trabajador es presentado al contratista y establece con él una relación personalizada que se transforma en parte de su identidad, ya que en la obra cada trabajador adopta el apellido del contratista: "los muchachos de Villalba", "la gente de Mamani" [...], lo que implica a la vez responsabilidad" (2005:67).

[9] Su prima estaba trabajando con la mejor amiga de una empleadora de Rosario, mientras que su amiga había conseguido trabajo en la casa de unas personas conocidas de una prima de la empleadora de Lidia.

ber sobrellevar los primeros tiempos en un hogar donde se trabaja como trabajadora sin retiro, aparece en su relato de Lidia como una condición de posibilidad tanto para acceder a los contactos de las propias empleadoras como para conseguir una red de empleadoras propia:

> Yo no me quejo, porque uno también tiene que pagar derecho de piso [...] Después ya quedás como de la familia de ellos. No me dejaban usar delantal, me hacían sentir como una de ellos, digamos como de la familia. Salíamos juntos, comíamos juntos. No hay… no me trataba como trabajadora… y después ahí, todo un círculo, porque ellos tienen muchas amistades y las conexiones. Generalmente, siempre lo mismo; o sea, son todos parecidos… porque casi la mayoría tiene el mismo sueldo, el mismo nivel, digamos. No hay más ni menos… Ya se conocen todos. Entonces, ves que los empleados están todos en blanco… Hay un listado de personas que se manejan más o menos así.

El haber soportado condiciones adversas en su primer trabajo en Buenos Aires aparece como un costo que debió pagar para luego ingresar en un ambiente mayormente próspero. Lidia relata que cuando ingresó a su primer trabajo en Buenos Aires fueron sus propias empleadoras quienes se ocuparon de gestionar el Documento Nacional de Identidad, para luego regularizar su situación y comenzar a recibir los aportes jubilatorios y la obra social correspondiente. Este hecho garantizó un mejoramiento constante en sus trabajos.

En el relato de Lidia resulta interesante la forma en que la regularización migratoria y la igualación en términos legales aparece en primer lugar como producto de la "caridad" de sus empleadoras para luego convertirse en un derecho. Lo interesante de su reflexión remite a la forma en que opera este derecho en la continuidad y el mejoramiento de las condiciones laborales dentro del servicio doméstico. Asimismo, encontramos en la lectura de Lidia un reconocimiento de la interdependencia en la recomendación entre unos y otras a partir de haber podido ingresar en un núcleo de empleadores/as similares.

Pero mientras que para Lidia haber podido lograr esa confianza le permitió ingresar en un "círculo" de empleadoras con las mismas características sociales y culturales –con las consecuentes condiciones laborales favorables para ella–, para mujeres como Rosario la idea de "círculo" significa el mutuo conocimiento existente entre empleadores/as y una red de trabajadoras domésticas en la cual ella misma cumplía un rol central. Rosario considera que el/a empleador/a contrata a una trabajadora si la conoce o si alguien la recomienda. En el trabajo sin retiro se contrata cuando el que recomienda puede "dar fe" sobre la calidad y la forma de trabajar. Es decir, cuando "hay confianza".

Rosario reconoce que los/as empleadores/as al momento de tomar a una trabajadora priorizan las recomendaciones y los lazos de amistad y parentesco con la persona que será recomendada en detrimento de patrones aparentemente más objetivos como podrían ser la tarifa por horas, la presentación de antecedentes o las posibles entrevistas laborales. Además del salario, las tareas a realizar y la calidad del trabajo, Rosario reconoce como muy importante "conocer la madera" de la aspirante. Con esta idea hace referencia explícitamente a las obligaciones familiares (cantidad de hijos, quién queda al cuidado, estado civil, etc.) que tienen las mujeres que ella recomienda para comenzar un trabajo de estas características. Saber si está de novia, en pareja o si tiene algún familiar en Buenos Aires que pueda cuidar de sus hijos constituyen datos que se encarga de conocer por intermedio de otras fuentes: "Pregunto a una prima o a alguien que la conoce si está interesada primero, y después, más importante, el tema de si está de novia, si está por tener un hijo, hace cuánto, esas cosas […] También si tiene gente acá [en Buenos Aires], porque eso permite que no se vaya de un día para el otro, eso es a lo que más miedo le tengo siempre".

Tanto para Rosario como para Miriam (cincuenta años, paraguaya, tres hijos, casada, veinticinco años en Buenos Aires como trabajadora doméstica), la diferencia que marca el carácter confiable que garantice que la misma red pueda seguir brindándoles trabajo está en lograr la continuidad de las trabajadoras domésticas en sus trabajos, algo que Rosario definía como una "tranquilidad para todas".[10] En este sentido, Miriam expresaba: "si ellas confían en vos, no las podés dejar tiradas, porque son personas bien, les conocemos desde siempre, no te vas sin avisar de un día para el otro […] Entonces, cuando le fallan, le fallás vos. Entonces, mejor siempre llevar alguien de confianza, que le va a cumplir, que no te va a fallar porque nosotros con esa gente no queremos quedar mal".

El contrapunto entre "fallar" y "cumplir" emerge como un eje altamente conflictivo como son las circunstancias de reemplazos entre trabajadoras domésticas dentro del empleo sin retiro. Aunque sienten que forma parte de su responsabilidad por haber recomendado a la mujer en cuestión, Miriam reconoce que el tema "de las salidas" constituye una cuestión que las propias trabajadoras domésticas deben hacer propia para ganarse la confianza de sus empleadores/as: "Yo les digo que si están por salir por cualquier motivo, avisen,

---

[10] El trabajo de Vargas sobre las redes sociales migrantes en la industria de la construcción resulta nodal, ya que la autora señala el contrapunto entre "tranquilidad" y "quilombos" como eje que marca el ritmo en la industria de la construcción y pone en evidencia la sucesión de jerarquías y control que va desde el dueño de la constructora hasta los trabajadores (2005: 65).

que se busca, se encuentra otra chica. Si no, ya quedás como alguien que se puede ir cualquier día, y no es así".

En este sentido, y aunque Miriam reconoce que es ella quien tendrá que "dar la cara" cuando se genere algún conflicto, manifiesta la necesidad de que las trabajadoras sean responsables de sus propios actos, ya que ellas mismas son quienes pueden recomendar cuando "alguna chica necesita".

Hemos visto cómo la red de relaciones sociales entre las trabajadoras de origen paraguayo se convierte en un recurso invaluable para ingresar en el trabajo doméstico sin retiro, para la reproducción de pautas de conducta asimiladas por el conjunto de las trabajadoras domésticas de origen paraguayo y como una forma de control de este espacio de trabajo. A continuación, daremos cuenta de la modalidad de trabajo más difundida dentro del servicio doméstico en Argentina, que es el llamado trabajo doméstico con retiro.

2.3. El trabajo con retiro

La literatura sociológica ha asociado frecuentemente el carácter transitorio del empleo doméstico con la fuerte desvalorización social que pesa sobre esta inserción laboral. Ya sea que se interprete como una de las ocupaciones típicas del llamado "empleo refugio" o como una "sala de espera" para trabajadoras que recién ingresan al mercado de trabajo con expectativas de acceder en un futuro cercano a otro empleo (Lautier, 2003), el trabajo doméstico remunerado no es concebido como fruto de una elección de las mujeres que lo ejercen. Betania Avila señala, para el caso de Brasil, que lejos de ser una opción voluntaria, las trabajadoras domésticas "son conducidas" a esa ocupación por los límites que imponen las estructuras de clase, patriarcales y étnicas de ese país. El empleo doméstico se sitúa como el más próximo en el horizonte de posibilidades de las mujeres provenientes de sectores pobres, presentándose como la oportunidad más concreta para aquellas que cuentan con escasa educación formal, que se trasladan del campo a la ciudad, o pueblan las periferias de las grandes ciudades. Este horizonte es pensado por las trabajadoras como una estrategia temporaria que corresponde a un momento del ciclo de vida, y es generalmente seguida por la búsqueda de otra condición de trabajo, a la que, sin embargo, no todas acceden (2008: 67).

En términos generales, las decisiones que llevan a las mujeres a adoptar estrategias diferentes para cambiar de trabajo se vinculan con el tipo de redes sociales en las que se encuentren insertas, sus propias expectativas, y las etapas en las que se encuentran en el ciclo de vida.[11] En tal sentido, diversos estudios en la región (Chaney y García Castro, 1993; Durin, De la O. Martínez y Bastos, 2014) destacan, en efecto, el cambio frecuente de puestos de trabajo por parte de las trabajadoras domésticas. Estos movimientos se efectúan tanto entre diferentes "casas de familia" como entre las diversas modalidades de trabajo (con retiro, sin retiro o por horas). En los casos en los que se constata una "salida" del servicio doméstico, esta respondería con más frecuencia a estrategias familiares o matrimoniales –y es seguida por la inactividad– que a una movilidad hacia a otras formas de empleo. En su análisis sobre la situación de las trabajadoras domésticas en la ciudad de Buenos Aires, Mónica Gogna sugiere que la carrera laboral que desarrollan consiste en una serie de cambios entre puestos del mismo tipo dentro de ese sector de actividad. Estos cambios no implican una movilidad ascendente, sino que se insertan en estrategias de búsqueda de una posición más satisfactoria, en lo que se refiere al nivel de remuneración, la jornada de trabajo y el trato personal (1993:93).

Históricamente, ha quedado demostrado que una de las mayores transformaciones que ha guiado el mejoramiento en las condiciones de trabajo ha sido el movimiento del trabajo sin retiro hacia uno con retiro. Este pasaje ha sido considerado por numerosos estudios como parte de un proceso de "modernización" del servicio doméstico, por acercarlo a las características de un trabajo asalariado (Romero, 1992; Glenn, 1994). Por otra parte, el trabajo con retiro otorga a las trabajadoras domésticas mayor autonomía por la posibilidad de contar con más de un un/a empleador/a al mismo tiempo. Al no ser dependientes de uno/a solo/a el horario y la cantidad de horas, y las condiciones del trabajo podrán ser ajustadas a las propias necesidades y responsabilidades. Asimismo, les permite abandonar un hogar y buscar uno nuevo que lo reemplace.

Los motivos que llevan a las trabajadoras domésticas a cambiar de trabajo son variados. Sin embargo, acordamos con Mary Romero (1992) en la necesidad de inscribir en este análisis el universo de oportunidades laborales que tienen estas trabajadoras domésticas cuando enfrentan los dilemas cotidianos buscando mejorar las ventajas que el servicio doméstico les ofrece. En tal sentido, analizar la selección del trabajo doméstico como una estrategia de mejoramiento de sus condiciones laborales no debe hacerse sin ponderar el contexto de la economía

---

[11] En general, el nacimiento de un hijo, el casamiento, así como el ingreso de un hijo a la escuela, constituyen circunstancias que determinan la decisión de las trabajadoras. Para un excelente análisis sobre la incidencia de las etapas del ciclo de vida en las estrategias laborales y familiares de mujeres de sectores populares, se recomienda el trabajo de Elizabeth Jelin y María del Carmen Feijóo (1989).

local en donde estas trabajadoras inscriben sus estrategias laborales. Solo prestando atención a las opciones entre las cuales estas trabajadoras tienen que elegir podremos comprender su complejidad (Romero, 1992: 173).[12]

2.3.1. "Mejor venir de parte de los patrones"

Nadia, nacida en Tucumán, treinta y tres años, con una hija y separada, revela en su discurso la dificultad que ha tenido para conseguir el primer trabajo como trabajadora con retiro, ya que en el hogar donde trabajó por más de ocho años de lunes a viernes de nueve de la mañana a seis de la tarde terminó en malos términos. Como habían sido sus primeros y únicos empleadores en Buenos Aires, resultó difícil para Nadia conseguir una cantidad de hogares suficientes que le permitieran una continuidad dentro del servicio doméstico. Estaba peleada con una de sus primas –que era la que siempre conseguía lugares para trabajar en su núcleo familiar–, por lo cual debió recurrir a dos trabajadoras domésticas conocidas para que dieran sus referencias en el nuevo trabajo. La fragilidad de las redes al momento de conseguir trabajo por horas puede llevar a elaborar estrategias menos éticas: "(a los empleadores) Les dije que eran de mi familia, pero no las conocía tanto. Una era una amiga de mi mamá, una señora más grande de Tucumán que me conocía; y otra, una chica de acá, porteña, que la había conocido en el locutorio de mi casa, que me veían y charlábamos siempre [...] Ellas fueron las que me recomendaron, y como yo soy tucumana, ellas [empleadoras] no van a dudar de que son de mi familia, entonces así entré".

A pesar de la buena disposición de estas trabajadoras domésticas, Nadia revela que no hay mejores referencistas que los/as empleadores/as: "Entrar recomendada por patrones es otra cosa, porque ellos dicen que te conocen y es más seguro. Llegás, tenés una charla para que te conozcan. Si todo va bien, te entregan la llave a la salida, todo porque vos trabajás con su amigo o su prima [...] Cuando venís por otra trabajadora, iempre alguna prueba te toman".

Utilizando un término caro a las ciencias sociales, Nadia manifiesta que, según pudo averiguar, la primera referencia de un/a empleador/a es aquella que funciona como una "puerta" o como una "bola de nieve" que permite empezar con un/a empleador/a y conseguir varios sucesivamente. Este tipo de referencias

---

[12] La mayoría de las trabajadoras domésticas que entrevisté se habían empleado en distintos trabajos a lo largo de sus vidas: cajeras de supermercado, modistas, vendedoras ambulantes, trabajadoras de comercio, trabajadoras en fábrica, cocineras, recepcionistas, lavacopas, entre otras labores.

también funcionan como la forma más eficiente de conseguir otros hogares. Por este motivo, cuando una trabajadora con retiro está buscando un trabajo o aumentando su cantidad de "casas", ella debe explicitar esta necesidad a su empleador/a. En tal sentido, Nadia afirma: "Cuantas más casas tenés, más casas conseguís". Cristina (cincuenta años, tres hijos, separada, veinte años como trabajadora doméstica) coincide en que cuanto más difunden sus necesidades de trabajo, más chances tienen de encontrarlo: "En todas las casas donde yo trabajé, cuando necesité cambiar o quería aumentar les decía 'mire, señora, que estoy necesitando trabajar más días. Si sabe de alguien, ¿me avisa?'. Ellos ayudan, ¿eh? 'Bueno, bueno' dicen. Te avisan cuando saben de algo".

No obstante, la misma Cristina comenta acerca de las consecuencias que puede tener para una trabajadora el hecho de mostrarse necesitada de más trabajo: "Algunas piensan que te querés ir y no te buscan, no piensan en vos, son egoístas, ¿viste? Hacen todo para que te quedes con ellos […] O también pueden decir que estás mal ahí, tenés que manejarlo, saber cuando pedir".

Cuando Cristina comenzó a trabajar en la casa de un bancario que había sido recomendado por una empleadora "egoísta", Cristina notó que su empleadora comenzó a aumentarle el sueldo más seguido y a darle muchos más beneficios: "Yo no sabía, pero tener un patrón que pagaba mejor, mejoró mi sueldo. Porque esa señora me empezó a pagar mucho más alto". En ese momento, Cristina recuerda que llegó a pensar en dejar el trabajo de la empleadora "egoísta" donde había trabajado más de veinte años para quedarse solamente con el trabajador bancario y otras dos casas. Aunque el primero le había ofrecido bastante más sueldo que su empleadora más antigua, Cristina dudó acerca de la continuidad que podía tener con ese empleador, ya que, al estar constantemente de viaje, no tener familia, ella lo veía como un trabajo poco seguro:

> El señor viajaba mucho. Me pagaba por adelantado todo, pero no sé, me daba cosa quedarme con él solo […] Aparte, con la señora Olga son muchos años, ya nos conocemos. Aunque es así, como medio codo, la señora fue como una madre para mí en un momento […] Me enseñó cosas, me ayudó, estuvo al lado mío en momentos difíciles. Y el otro, muy bueno todo, pero no iba a dejar a pata a la vuelta de la esquina.

La historia de Cristina exhibe la complejidad que encuentran algunas trabajadoras para obtener una movilidad dentro del trabajo cuando a construcción de la relación laboral y afectiva con el empleador brinda seguridad en el trabajo. Al mismo tiempo, y por las características del vínculo con esos empleadores y la ausencia de una necesidad económica apremiante, Cristina no muestra como en otras épocas deseos de aumentar la cantidad de hogares donde trabaja.

Esta característica resulta generalizada entre las trabajadoras que no desean o no precisan aumentar su itinerario. Asimismo, y como el recorrido es fluctuante e inestable para las trabajadoras por horas, muchas veces resulta mayormente recomendable continuar con la seguridad de un trabajo en donde las condiciones no son tan buenas, a perder un trabajo de mucho tiempo para pasar a uno nuevo en donde las condiciones de trabajo pueden resultar aún peores o la continuidad puede ser percibida como inestable.

Dejar un trabajo en donde ha construido su "carrera laboral" significa algo que no aparece como una decisión fácil. Tanto por las facilidades que otorga el hecho de trabajar en un hogar donde la afectividad recíproca ha garantizado algunos beneficios que se han generado por la confianza sostenida a lo largo de los años, como por la dificultad para conseguir a una persona con las cualidades necesarias para el reemplazo, encontramos en esta trabajadora una evaluación de la "movilidad", de la estabilidad, así como de la continuidad, muy distinta a la que podemos encontrar en Nadia.

Cristina destaca competencias profesionales y cualidades propias en tanto componentes que le han permitido acceder y conseguir nuevos trabajos. Así, guiada por una mayor necesidad económica y por una experiencia generacional más cercana de la movilidad inter-ocupacional, maneja una lógica en donde la consolidación en el trabajo está dada por ganar una "reputación" que le permita acceder a una mayor cantidad de trabajos.

Finalmente, subyace como un componente esencial la diferencia generacional entre ambos tipos de trabajadoras cuando pensamos en la discusión acerca de la estabilidad e inestabilidad, así como en la movilidad lograda tanto dentro como fuera del servicio doméstico.

Hemos descripto algunas de las características generales que se exhiben cuando las trabajadoras domésticas salen de la modalidad sin retiro para pasar al trabajo con retiro, observando no solo las características de la nueva modalidad de trabajo, sino también analizando el nuevo tipo de redes que se configuran, las nuevas expectativas y aspiraciones, así como la dimensión generacional y las etapas en el ciclo de vida en las que se encuentren. A continuación, nos focalizaremos en las estrategias y evaluaciones que realizan las trabajadoras cuando las redes cercanas son menos relevantes para construir sus itinerarios laborales.

2.3.2. Cantidad, calidad y afectos

La flexibilidad en los horarios de entrada y salida constituye una de las mayores ventajas que algunas de las trabajadoras domésticas destacan dentro de sus trayectorias laborales, aunque con algunas diferencias.

Melisa tiene treinta y siete, dos hijas, está casada y trabaja hace diecisiete años como trabajadora doméstica. Recuerda que cuando decidió retornar al trabajo doméstico una vez que su segunda hija había cumplido cinco años, la decisión estaba vinculada con la posibilidad de "entrar y salir" cuando quisiera. Habiendo ingresado a su primer trabajo sin retiro cuando tenía veinte años por intermedio de su tía, luego de nueve años comenzó a realizar distintas "changas" en el barrio y a cuidar de los hijos de sus amigas y vecinas mientras su marido trabajaba.

Trabajar en un mismo día en la casa de tres empleadores distintos es un fenómeno que Melisa reconoce como algo que la ayudó a sostener en los últimos años sus trabajos y las responsabilidades como madre de dos hijas. El dinero que recibía es mucho mayor al que ganaba semanalmente cuando trabajaba sin retiro.

Para algunas trabajadoras y en ciertos momentos de sus vidas tener varios empleadores les otorga la libertad de reemplazar un hogar por otro cuando encuentran que las condiciones laborales las están afectando. En tal sentido, Melisa revela que en un momento necesitó obtener mayores ingresos para pagar un crédito que había tomado con el marido.[13] Ello la llevó a optar por varias estrategias al mismo tiempo para conseguir mayor número de hogares donde trabajar. Decidió publicar sus datos personales (nombre, edad, nacionalidad y cantidad de años de experiencia como trabajadora doméstica) tanto en el diario local de su barrio como en el diario *Clarín* (en dos oportunidades) y en internet. Al mismo tiempo que recurrió a nuevos medios por fuera de los habituales ligados a las redes de familiares, conocidas y amigas, también le pidió a la hija de una de sus empleadoras, con quien tiene una muy buena relación, que la ayudase a imprimir doscientos volantes. Luego los repartió entre los empleadores de su marido, que es albañil, sus hermanas y amigos para que dejaran en distintos lugares. No obstante, estas mujeres reconocen que esta estrategia de divulgación en la búsqueda de mayor cantidad de casas contiene una respuesta lenta e imprevisible. En tal sentido, Melisa reconoce que fueron algunas de sus nuevas empleadoras quienes le consiguieron los nuevos trabajos donde pudo conseguir el dinero que necesitaba.

En este sentido, quienes anuncian su trabajo por este tipo de medios precisan tener referencias. Es decir, contactos de personas, preferentemente empleadores/as que estén dispuestas a confirmar la credibilidad y competencia de la trabajadora. Pero la posibilidad de contar con las referencias que les permitan

---

[13] Una amiga que volvió a Tucumán fue quien le "pasó" los dos primeros hogares donde ella comenzó a trabajar a partir de su nueva necesidad. "Pasar" los hogares donde se trabaja constituye una práctica común en las trabajadoras que dejan de trabajar en el servicio doméstico cuando tienen un hijo o deciden retornar a sus lugares de origen.

moverse entre un trabajo y otro no constituye un elemento del cual se valgan las trabajadoras con facilidad. Así, la dificultad para encontrar empleadores/as conocidos/as que brinden referencias para quienes recién comienzan en el trabajo doméstico hace que muchas veces utilicen los nombres de amigos o vecinos a tales fines.

2.4. Desconfiar para ser exitosa

Miranda tiene cuarenta y cinco años, cuatro hijos, está separada y convive con un hombre menor que ella. Llegó de Santiago del Estero cuando tenía dieciocho años, aunque ya había trabajado en el servicio doméstico en su provincia natal desde los dieciséis. Miranda es quien ha visto prosperar en sus veintinueve años como trabajadora doméstica lo que denominamos un "itinerario de casas" que le permitió consolidarse en el trabajo con retiro. Es una persona de tez morocha, baja de estatura y se viste en general con remeras y camisas de colores. Actualmente, trabaja en siete hogares de la Ciudad de Buenos Aires. Miranda se reconoce como alguien con la piel "curtida". Afirma: "este trabajo es complicado. Aunque parezca raro, a mí me fue mejor con los patrones que me recomendaron que con las chicas que me pasaron alguna casa".

Debido a la cantidad de empleadoras que conoce Miranda, afirma haber sido tentada por una amiga para organizar una agencia de reclutamiento que inicialmente partiera de sus amigas y conocidas más cercanas para luego hacerlo de manera más extendida. Charlando sobre esta posibilidad junto con su novio actual y con la amiga que lo sugirió, desistir de emprender tal negocio:

> Recomendar a una persona es difícil porque, la verdad, yo a esta altura de mi vida no pongo las manos en el fuego por nadie, solo por mis hijas. Para decir la verdad, yo tengo una imagen. Vamos a decir que no me voy a quemar por una chica que se enloqueció y yo quedo mal para siempre [...] Porque ellas [las trabajadoras] pueden tener la necesidad, pero yo no las voy a recomendar así nomás. Porque después si sale mal, se enteran todos muy rápido y yo quedo mal y pierdo la confianza que me tienen por otra.

Reconoce también que en algunos momentos le "sugirió" a una de sus empleadoras, que tenía una prima y a una amiga que estaban buscando trabajo, siempre advirtiendo que ella podía garantizar su capacidad como trabajadoras aunque no podía responder en torno a su honradez en el tiempo. Miranda enfatiza: "Yo acá no tengo amigas, tengo conocidas, y lo que los patrones quieren son trabajadoras que sepan laburar. Por eso, a lo mínimo yo digo que es honesta, pero nada más". En este sentido, expone un conocimiento acabado de las reglas recíprocas que estructuran la recomendación personalizada dentro del servicio doméstico como una manera de sostener su propio prestigio. La manera en que cultiva cotidianamente el prestigio dentro de sus trabajos incluye la dificultad para buscar reemplazante cuando tiene que faltar, ya que manifiesta cierta obsesión por el tipo de tareas que ella reconoce como reivindicadas por sus empleadoras. A diferencia de Cristina, Miranda destaca cualidades profesionales (que no encuentra en sus posibles reemplazantes), antes que el carácter de confiabilidad.

Un elemento que resulta esencial para la organización y el funcionamiento del recorrido cotidiano de hogares donde trabaja es la búsqueda de la realización de tareas de limpieza antes que de cuidados de niños. Para ello, Miranda ha venido desarrollando una serie de estrategias tendientes a mostrarse como una experta en los trabajos ligados a la cocina, a la organización de lo doméstico y a la limpieza en general. Presentarse como una "experta"[14] supone como resultado indirecto la eliminación de trabajo que incluya el cuidado de niños o ancianos, o tareas tales como el lavado de ropa o el planchado. Esta estrategia, al plantearse como una situación ideal para ella, también tendrá sus excepciones. Por ejemplo, reconoce que con dos de sus empleadoras con las que trabaja hace más de diez años resulta imposible decirles que ella no se dedica al planchado o al lavado a mano de cierta ropa. En cambio, a tres mujeres y jóvenes con las que trabaja hace unos dos años afirma haberles planteado desde el inicio de la relación su impedimento para realizar tales tareas.

Por su parte, Miranda distingue su trabajo de limpieza del de aquellas trabajadoras que, además de limpiar, cuidan chicos. Esta distinción es importante para la redefinición de las relaciones con sus empleadores/as. En ese sentido, comenta una dificultad que le ocurrió cuando hace unos años, y teniendo la necesidad de "agarrar cualquier cosa", comenzó a trabajar dos veces por semana en la casa de una familia donde además de limpiar cuidaba a unos mellizos: "Ellos me empezaron a recomendar, hasta ahí todo bien, pero ¡como niñera!, que era lo que no quería. Yo no le iba a decir que yo no quería hacer eso, pero no agarré ningún trabajo que me dieron porque todos eran con niños y cansa demasiado".

Al imponer las condiciones, los plazos y las tareas más importantes, las trabajadoras como Miranda buscan exponer su pericia y lograr la confianza de quienes las emplean, lo que redunda en una mayor autonomía en el trabajo y en la orga-

---

[14] Estoy siguiendo la idea que presenta Mary Romero (1992) para las trabajadoras domésticas chicanas en los Estados Unidos.

nización de sus itinerarios. Asimismo, les permite estructurar la cantidad de horas en función del tipo de trabajo y de tareas. El hecho de que la trabajadora proponga la agenda de tareas permite que sea modificada según sus propias necesidades. Si necesita irse más temprano, puede hacer el trabajo más rápido o no tomarse un descanso. En otras ocasiones, prefieren tomarse un tiempo mayor de descanso entre casa y casa.

En síntesis, como hemos visto en la trayectoria dentro del trabajo doméstico de Miranda, su "carrera laboral" revela aspectos de un proceso de profesionalización en donde el manejo de los contactos, la confianza y las recomendaciones por intermedio de redes de conocidos empleadores y trabajadoras supone un conocimiento aprendido y movilizado para lograr un mejoramiento en las condiciones laborales. Asimismo, la confianza en sus cualidades profesionales la conduce a tener una visión en la que estas aptitudes son las que definen los límites y posibilidades dentro de su trayectoria laboral.

Recapitulando

La llegada de las trabajadoras domésticas a los lugares donde consiguen su primer trabajo sin retiro constituye un momento de mucha soledad e inseguridad, ya que en general se trata no solo de ciudades donde no tienen contactos previos, sino que deben convivir con una familia que no es la propia. Las redes de relaciones personales como proveedoras del primer contacto en ese momento es lo que ayuda a reducir la sensación de incertidumbre. El ingreso en el trabajo sin retiro es una etapa ya no tan frecuente en los hogares de sectores medios en estos tiempos, aunque es un tipo de labor común y extendido en las generaciones previas de trabajadoras domésticas en las grandes ciudades como Buenos Aires.

El objetivo del capítulo estuvo centrado en analizar la relevancia que tienen las redes de relaciones nacionales y generizadas cuando se trata de conseguir trabajo sin retiro para las trabajadoras domésticas. Particular énfasis pusimos en las mujeres de origen paraguayo porque constituye un tipo de migración significativa en términos de la consistencia, densidad y continuidad a lo largo del tiempo, que se ha constituido como un "modelo" exitoso en el período (Cerruti, 2009; ONU, 2011).

La confianza necesaria para realizar un trabajo como el de cuidado de niños o ancianos bajo la modalidad sin retiro supone un conjunto de cuestiones que deben ser consideradas: desde contar con una recomendación personal para el ingreso, instituir un sistema que permita a la trabajadora que alguien cuide de los hijos en su lugar de origen, conseguir la primera vivienda y el dinero para sobrellevar los primeros períodos, entre otras.

La consistencia de las redes sociales de trabajadoras domésticas guarda una importante diferenciación en función de su origen nacional cuando se trata de la modalidad sin retiro. Podemos decir que en un extremo encontramos que las redes de mujeres paraguayas evidencian una densidad y cohesión que se refleja en las manifestaciones de lealtad y probidad garantizando la construcción de la "reputación".

Luego, cuando se pasa de la modalidad sin retiro a la con retiro el uso de las redes es más elástico, menos rígido y más moldeable. En este pasaje se produce muchas veces una redefinición de las estrategias de las trabajadoras, donde resultan de gran relevancia la dimensión generacional, el nivel de instrucción y la etapa en el ciclo vital.

La centralidad que habían tenido las redes de relaciones sociales en el ingreso al trabajo sin retiro, estructuradas según la adscripción nacional y regional de las trabajadoras domésticas, adquieren una nueva configuración conforme a las características de la nueva modalidad de trabajo y a las nuevas expectativas y aspiraciones. Las trabajadoras ya no dependen de sus redes más cercanas (en términos de parentesco y de adscripción nacional o étnica), sino que comienzan a pesar también sus propias cualidades para construir redes de referencistas, que son más esporádicas, situacionales, pero no por ello menos utilizadas.

En esta nueva forma de construir movilidad social y consolidar estabilidad en el servicio doméstico, un elemento central es que los empleadores pueden transformarse en parte de la red de referencistas necesaria para conseguir mayor cantidad de trabajo. La mayoría de las trabajadoras complementan la red de conocidos y familiares provista por quienes las emplean con la propia red de relaciones sociales de familiares, vecinos y amigos.

La diferencia en la forma en que se organiza el trabajo con retiro impacta en las trayectorias y estrategias que puedan consolidar las trabajadoras domésticas. La limitada extensión de la jornada de trabajo, así como una mayor flexibilidad en las tareas y los horarios se presentan como las principales ventajas frente al trabajo sin retiro. Asimismo, la necesidad de buscar nuevos trabajos y la condición de constante incertidumbre ante un posible despido hacen que esta modalidad de trabajo sea la más dinámica e incierta dentro del servicio doméstico. En muchos casos, a la inestabilidad se le agrega una condición de vulnerabilidad que se vio en muchas de las trabajadoras, por lo que la utilización de canales menos prestigiados, como los avisos clasificados o las agencias de empleo se vuelven opciones más expeditivas, aunque menos confiables ante situaciones de urgencia y necesidad.

SEGUNDA PARTE

GESTIÓN

Los siguientes dos capítulos analizan la *gestión*[1] del trabajo en el hogar explorando en las disputas, negociaciones y acuerdos que se producen entre empleadoras[2] y trabajadoras cuando lo que está en juego es la organización de las áreas de limpieza y de cuidado de niños.

Quienes se ocupan de la negociación y de la organización de los espacios y relaciones dentro del hogar son mayoritariamente las mujeres. A lo largo de la historia, el cuidado fue considerado una actividad predominantemente femenina y maternal. Al atribuir este hecho a un rasgo propio de las mujeres –su capacidad de procreación–, la división sexual en la responsabilidad del cuidado se extendió mucho más allá de los designios biológicos, y se tornó uno de los nudos críticos de la construcción social del género. Sustentado en el amor y en el mito del "instinto maternal", el cuidado de los niños quedó amparado por el trabajo cotidiano y silencioso de las madres, constituyéndose en el imaginario colectivo en un rasgo característico de la figura del "ama de casa", y confinado, junto con ellas, al espacio doméstico, privado (Faur, 2014).

El término *management* (en castellano, 'gestión') suele emplearse en un sentido amplio para aludir al conjunto de saberes vinculados con el quehacer empresarial. Por *gestión* entendemos la capacidad de supervisión, control y organización de las tareas que las empleadoras asignan a las trabajadoras domésticas. Así entendido, el concepto de gestión se acerca a la noción de "estrategia" de De Certeau (1996), al tratarse de una práctica de control realizada por los poderosos; mientras que la noción de "táctica" funciona como herramienta analítica para pensar a las trabajadoras domésticas y sus capacidades de resistir y movilizar las propias prácticas o modos de trabajar, tanto en tareas de limpieza como de cuidado. Las tácticas, entendidas como microrresistencias culturales, son menos

---

[1] Aunque proviene de las teorías modernas del manejo de personal, tiene una amplitud conceptual que involucra aspectos vinculados con la dirección, el control, la organización y la toma de decisiones. Supone relaciones de poder, puesto que la capacidad de administrar se deriva de las posibilidades que tienen los agentes sociales para organizar, disponer y administrar conocimientos y recursos. No se trata de suponer que en la esfera doméstica se generan relaciones similares a las que se dan en una relación laboral "clásica", sino, más bien, hacer el ejercicio de pensar cómo algunas herramientas pueden funcionar en diferentes espacios.

[2] En este apartado se hace referencia únicamente a las empleadoras porque han sido quienes más quejas y opiniones manifestaron en torno a la gestión de las tareas de limpieza y cuidados.

planeadas de lo que se supone y es donde se despliega la incertidumbre y la perspicacia de los sujetos.

En este punto, veremos que la capacidad de gestionar, así como la posibilidad de movilizar tácticas, se ven favorecidas o limitadas por diferentes dimensiones, como el tipo de tarea involucrada (limpieza o cuidado), la etapa en el ciclo de vida o la dimensión generacional de trabajadoras y empleadoras. Específicamente para estas últimas, también el hecho de trabajar dentro o fuera del hogar, y la posibilidad o no de contar con una red de relaciones que contribuya a la organización de sus vidas para poder continuar con la trayectoria profesional. Para el caso de las trabajadoras, si comparten (o no) el espacio y el tiempo del trabajo con la empleadora o la experiencia de socialización en el servicio doméstico, el nivel de instrucción y la experiencia de socialización como trabajadora en el servicio doméstico operan como patrones de organización de los vínculos que establecen con las empleadoras. De ellos también dependerá la capacidad de las trabajadoras de expresar sus propias necesidades, diferencias y demandas. Muchas veces, la intensidad del contacto y la proximidad con los niños que cuidan lleva a que evalúen la relación laboral en términos de un vínculo que se vive y se expresa en términos de familia y parentesco.

Desde la interacción y convivencia cotidianas, las trabajadoras domésticas y sus empleadoras construyen, intercambian y remodelan saberes domésticos vinculados a la limpieza y a los cuidados, en un ambiente donde la complicidad, la ambivalencia y el antagonismo se ensamblan constantemente y donde entran en tensión nociones tales como capacidad de mando/obediencia, tolerancia/intolerancia, saber/no saber, presencia/ausencia.

En esta dinámica de la interacción ligada a la gestión de lo doméstico está claro que los objetivos que persigue cada una son distintos. Por un lado, las empleadoras tienen como meta lograr que el trabajo sea realizado de una manera particular, y en ese camino movilizan capacidades de dar órdenes y estrategias de supervisión y control. Por el otro, las trabajadoras domésticas tienen que obedecer las órdenes de las empleadoras, aunque siempre actuando desde sus propios saberes y conocimientos. En tal sentido, las trabajadoras saben que deben aceptar un conjunto de instrucciones y disposiciones generales sobre el trabajo que deben realizar, aunque muchas de ellas perciben que cada hogar guarda sus propias particularidades y matices que son necesarios conocer y respetar.

La gestión del cuidado y la limpieza supone en un primer momento un conjunto de acuerdos entre trabajadoras y empleadoras: arreglo salarial, horario, tareas que desarrollar, entre otros. Sin embargo, en la cotidianidad del vínculo surgen tensiones y conflictos que se generan no solo por un desajuste de expectativas sobre el *qué* y el *cómo* de la tarea, sino también por los diversos modos de resolver las tensiones y las maneras de producir y reproducir la distancia social. En tal sentido, los desacuerdos entre trabajadoras domésticas y empleadoras sobrevienen de diferentes significados sobre las formas de organizar un hogar y se expresan como "saberes" que permiten sostener o legitimar la distancia social a partir de concepciones que dan cuenta de las fronteras culturales que las separan.

La decisión de separar las tareas de limpieza de las de cuidados, que se replica en los siguientes dos capítulos, se debe a una inferencia producto de observaciones en el trabajo de campo. En los comentarios y charlas con empleadoras y trabajadoras comencé a percibir que los desacuerdos y quejas mostraban una diferencia sustantiva en referencia a una u otra tarea.

Mientras las empleadoras marcan una importante distancia en términos de saberes "culturales" en relación a la limpieza, no sucede lo mismo cuando se trata del cuidado de niños y otras personas. Más bien, lo que aparece es una representación extendida de que, en tanto mujeres, el cuidado es una tarea "naturalmente" aprehendida por las trabajadoras domésticas desde pequeñas. Dicha naturalización de la tarea a partir del hecho de compartir una condición de género se constituye en la garantía de confianza inicial para las empleadoras. En síntesis, desde el punto de vista de las empleadoras existe una "naturalización" de la cultura maternal en el caso de las tareas de cuidado que se contrapone con una necesidad de "culturizar" a las trabajadoras en la realización de las tareas de limpieza.

Todo esto no significa que las actividades vinculadas con el cuidado no contengan sus propios criterios y estándares o que no sea necesario controlarlas. En tal sentido, aunque en un primer momento las empleadoras manejan un grado de confianza mayor hacia las tareas de cuidado, ello no impide que movilicen distintas estrategias para que las tareas se acerquen lo más posible a sus expectativas y aspiraciones.[3]

Sin embargo, algo interesante surgió en las entrevistas con las trabajadoras domésticas (sobre todo las más jóvenes) porque son ellas quienes revelan mayo-

---

[3] Sin dudas, este punto es un eje clave para comenzar a pensar en quién define y aplica los criterios y estándares para el "buen" cuidado y en qué consiste. A pesar de los cambios de valores e ideologías en los últimos tiempos, acordamos con Jelin, Esquivel y y Faur en que hoy en día "el cuidado familiar es mejor para los niños/as que otras formas de cuidado, con la jerarquía correspondiente entre mujeres de la familia (…) Las alternativas –cuidadoras pagas en el hogar, instituciones como guarderías– no son, en la mayoría de los casos, vistas como preferibles, sino como inevitables para suplir la ausencia de la familia. Parecería que el cuidado basado en el amor es especial, único, diferente de los que implican un intercambio monetario" (2012: 26).

res desacuerdos en torno a las concepciones vinculadas al cuidado.[4] Si bien la mayoría de las trabajadoras que realizan tareas de cuidado admiten seguir las sugerencias de sus empleadoras porque es su trabajo, una importante proporción reconoce no estar de acuerdo con la metodología y las concepciones que guían las orientaciones de quienes las contratan, sobre todo cuando impactan en sus estrategias laborales.

A diferencia de lo que ocurre con las tareas de limpieza e higiene, veremos cómo en el cuidado de niños se ponen en juego otro tipo de controles, disputas, grados de supervisión y criterios de eficiencia y eficacia, en donde el clivaje afectivo hace que cada decisión tenga consecuencias para ambas partes de la relación. Este tipo de trabajo supone un mayor involucramiento afectivo por lo que, como veremos más adelante, en su gestión asoman componentes emocionales y afectivos que imprimen una dinámica particular al vínculo.[5]

Numerosos estudios han diferenciado el trabajo de cuidados del de la limpieza e higiene dentro del trabajo doméstico remunerado. Cristina Vega Solís destaca dos componentes inseparables en la "naturaleza" del cuidado: uno instrumental, que tiene que ver con un tipo de actividad, con una serie de tareas y protocolos, y el emocional o relacional, es decir, la clase de conexión que se establece entre los sujetos. Asimismo, define a este tipo de trabajo como "una actividad que incorpora tanto tareas instrumentales como relaciones afectivas […] se espera que las personas que cuidan proporcionen amor, así como esfuerzo; que además de encargarse de los demás, se preocupen por ellos" (2006:22-23).[6]

Por último, nos interesa pensar al cuidado de los niños como una arena de disputa y al modelo de gestión de este tipo de tareas como un proceso tenso, variable e inestable. Asimismo, veremos el modo en que los afectos ayudan a configurar los límites, posibilidades y contornos dentro de los cuales se enmarcan los vínculos laborales. En concordancia con esta perspectiva, y a partir de las observaciones en el trabajo de campo, dedicaremos un capítulo a las tareas de limpieza y otro a las de cuidado.

---

[4] Para mostrar un análisis pormenorizado de las concepciones diferentes según la generación en torno al cuidado y la crianza de los niños de las trabajadoras domésticas, se puede consultar el estudio de Dominique Vidal en Brasil (2007: 208).

[5] No obstante, como veremos con mayor profundidad en el capítulo 4, quienes trabajan en cuidado niños/as en general también realizan tareas de limpieza y cumplen con las expectativas de sus empleadores/as.

[6] En cuanto a las tensiones que se generan en las labores de cuidado cuando son realizadas por mujeres, se recomienda el clásico trabajo de Badgett y Folbre (1999).

Capítulo 3
Orden y limpieza

La suciedad, evitada obsesivamente y a menudo mal entendida, es paradójicamente también un indicador de "civilización", a través de la escala y variedad de nuestros desechos. Despierta respuestas viscerales como el asco y la ansiedad, y ha impulsado el ingenio y la tecnología para derrotarlo […] Nuestra relación con la suciedad es compleja y ambivalente. La suciedad es desperdicio, excremento, basura, bacterias, pero ¿qué es entonces el suelo, donde crecen los cultivos y al cual nuestros propios cuerpos finalmente regresan? La suciedad puede presentar riesgos significativos para nuestra salud, pero también es vital para nuestra existencia. ¿Está la limpieza junto a la piedad, o la esterilidad? Y en una sociedad de descarte, ¿la batalla interminable contra la suciedad depende de una subclase de limpiadoras explotadas y poco visibilizadas? (mi traducción, Cox et al. 2011:1)

Cuando sostengo que la reacción ante la suciedad está en continuidad con otras reacciones ante la ambigüedad o la anomalía, no estoy resucitando bajo otro disfraz la hipótesis decimonónica del miedo […] El reconocimiento inicial de la anomalía induce a la angustia y de allí a la supresión o a la evasión, nadie lo niega. Pero debemos buscar un principio de organización más enérgico para ser justos con las complicadas cosmologías que revelan los símbolos de contaminación. (Douglas, 1966:23)

Acordamos con Encarnación Gutierrez Rodríguez (2013) en que el trabajo doméstico está intrínsecamente ligado al cuidado del bienestar personal, incluso cuando la tarea que se lleve a cabo sea algo tan simple como limpiar las escaleras. En tal sentido, el valor atribuible al trabajo de limpiar las escaleras de un edificio no se restringe al hecho de mantener el espacio físico común cuidadosamente aseado, sino que también incluye la creación de un entorno agradable para la convivencia, valor del que disfrutan todos aquellos que hacen uso de dicho espacio. En este sentido, todo trabajo doméstico, en cuanto trabajo afectivo, implica siempre producir bienestar, habitabilidad, afabilidad y confort. Esto es siempre así, incluso cuando no se demanda explícitamente como una finalidad del empleo.

En este capítulo analizamos las estrategias de las empleadoras para lograr que las trabajadoras se acerquen de la mejor manera posible a sus expectativas y aspiraciones en relación con la organización y realización de las tareas de limpieza. Los esfuerzos irán desde el control del tiempo, el registro y la vigilancia, hasta la evaluación del "producto" como prácticas tendientes a lograr tales objetivos. La capacidad para cumplir sus expectativas estará vinculada tanto con la posibilidad de compartir el espacio doméstico como por los propios límites morales que encuentren para imponer la supervisión y el control de las trabajadoras.

En segundo lugar, analizaremos las estrategias de las trabajadoras domésticas, focalizando en las distintas experiencias. Este recorrido nos permitirá revelar la diversidad de arreglos que se vinculan con el tipo de tareas, los tiempos, instrucciones, exigencias e implicancias afectivas que se ponen en juego. Asimismo, veremos la relevancia que tienen las propias concepciones de las trabajadoras domésticas en la realización de las tareas de limpieza, así como en la organización de sus itinerarios laborales.

3.1. Limpiar bien: de la indicación a la evaluación

Cuando las empleadoras reflexionan sobre el trabajo de limpieza que realizan las trabajadoras domésticas suelen detenerse en las quejas y dificultades que estas tienen para "limpiar bien". La limpieza en este escenario es central, pues, alrededor de ella se construye la organización del trabajo doméstico. Las distintas tareas que les son encomendadas a las trabajadoras domésticas, tales como el orden de objetos que se encuentran fuera de lugar, la desinfección de un baño, la cocción de alimentos, entre otras, implican siempre llevar a cabo distintas acciones de limpieza.

Los lamentos y cuestionamientos de las empleadoras van desde la incomprensión de las trabajadoras de los criterios más "básicos" para mantener el orden en un hogar, pasando por intolerables e indiscriminados usos del jabón en polvo, detergente, así como la manera de limpiar lugares como la cocina, el baño, entre otros espacios considerados "críticos".

Velando por el desempeño que les fue históricamente delegado, las empleadoras encuentran en el discurso de la patología médica el soporte para sus creencias. Limpiar para evitar gérmenes, contaminaciones y dolencias. La necesidad de utilizar desinfectantes, de limpiar los rincones, de lavar de manera separada la ropa de cocina del resto, entre otras cosas, demuestra un vínculo entre las nociones de limpieza con el campo médico, arquitectónico y administrativo (Brites, 2001: 87).[1]

Estas discordancias en las concepciones sobre la limpieza y el orden son leídas por las empleadoras como diferencias sobre lo que significa limpiar y ordenar una casa. Tales diferencias se expresan en la importancia que, por ejemplo, le otorgan al planeamiento, organización y decoración de las áreas de la cocina.

Pero para lograr que las tareas sean desempeñadas de una determinada manera, son las empleadoras quienes deben comunicar sus necesidades respecto al trabajo solicitado.[2] En tal sentido, deben "saber" para así poder brindar las indicaciones precisas. En una interesante investigación sobre la relación entre las trabajadoras domésticas y sus empleadoras en San Pablo, Suley Kofes revela en este sentido que es el "saber hacer" aquello que expresa el universo doméstico común que comparten trabajadoras y empleadoras, pero con objetivos muy distintos: unas para hacer y otras para mandar (1982: 181). La misma autora sugiere que la díada "mandar/obedecer" se encuentra inscripta en la socialización diferenciada en cuanto a clase social. Encuentra, al igual que en mi trabajo de campo, cómo todas las trabajadoras entrevistadas son hijas de otras trabajadoras domésticas y comenzaron a desempeñarse en el rubro entre los 12 y 18 años; mientras que las empleadoras afirmaron haber tenido alguna trabajadora en su familia de origen o han tenido una propia en sus hogares. De esta manera, Kofes destaca que la frase "mi trabajadora" se incorpora temprano y cotidianamente en la socialización de la mujer-patrona, así como la palabra "obediencia" se vuelve recurrente en los relatos de las trabajadoras. Y concluye: "Ser patrona es principalmente dirigir. Ser trabajadora es sobre todo hacer y obedecer. Ambas dirigiendo y haciendo dentro del espacio doméstico que es femenino" (mi traducción, 1982: 190).

Bourdieu y Passeron (1971) consideran que, a través de la transmisión del saber, se inculcan ciertas predisposiciones a percibir, sentir, valorar, pensar y ac-

---

[1] Para un análisis sobre las nociones de domesticidad moderna relacionadas con la higiene y la visibilidad o no de la suciedad, se recomienda el trabajo de Vigarello (1996).

[2] Inés Pérez destaca la importancia que, a partir de la segunda mitad del siglo XX, tuvo para la mujer de clase media el conocimiento de las tareas del hogar. Así, si hasta mediados de siglo XX la figura de la "mujer doméstica" estaba centrada en un discurso que la ubicaba en un rol de responsable de las tareas domésticas, al mismo tiempo que debía vigilar que sus sirvientes cumplieran adecuadamente con las tareas, este rol se verá trastocado a partir de ese momento. "El ama de casa propuesta como modelo para unas clases medias cada vez más amplias [...] debe realizar las tareas de la casa por sí misma. En una cocina "amable y acogedora", debe a un tiempo resolver las tareas domésticas y compartir un momento con su marido y su hijo (2012:12). Este modelo de la mujer doméstica es reflejado en el estudio de Marcela Nari (2004).

tuar en la realidad, que se inscriben en el cuerpo de los sujetos y se instalan de una manera duradera y exhaustiva, más o menos naturalizada. Siguiendo la línea de pensamiento que plantean estos autores, podríamos pensar que la "socialización doméstica" consiste en la transmisión e internalización de un conjunto de saberes que se inscriben como parte del "sentido práctico" y que vuelven significativos, razonables, legítimos y aceptables los mandatos morales, los modos correctos de limpiar y de ordenar, y el reconocimiento de ciertos enunciados como verdaderos.

En función de comprender el funcionamiento de estas enseñanzas, nos apoyaremos en la perspectiva de análisis abierta por Mary Douglas (1966). En ese estudio, la autora argumenta que la suciedad y la limpieza son valores relativos dependientes de sistemas de clasificación de una sociedad que permiten develar aspectos profundos del orden social y moral. En tal sentido, tanto las actitudes como los comportamientos de las empleadoras para lograr el mejor cuidado del hogar, evitando la presencia de suciedad, se analizarán como formas de significar y simbolizar modos de clasificar a los otros. Al mismo tiempo, estos sistemas de clasificación tienen la particularidad de activarse en un espacio como el hogar, que como manifiesta Roberto Da Matta (1977) es siempre algo más que un espacio geográfico o un objeto físico conmensurable, siendo sobre todo una entidad moral, una provincia ética dotada de positividad, una esfera de acción social, un dominio cultural institucionalizado. Asimismo, resulta interesante poder referir a la importancia del espacio doméstico como lugar de construcción y definición de la mujer y de los papeles femeninos, desarrollado a partir de la trama de empleadora y trabajadora

Por tanto, el punto de partida es pensar que los desacuerdos y conflictos que se producen entre ambas partes sobrevienen de concepciones diferentes en relación al significado y la "forma" de limpiar y ordenar una casa. Esta búsqueda de cierta similitud en la forma de ejecución de las tareas de limpieza y organización de un hogar serán entendidas como *maneras de hacer* (De Certeau, 1996). De allí que, como veremos, los métodos de persuasión y de gestión del vínculo laboral con la trabajadora guarde características singulares, siendo las situaciones incómodas las instancias donde se condensa y se expresa la variabilidad de resoluciones adoptadas. A continuación, situamos a las empleadoras en distintas circunstancias para analizar desde estos escenarios algunos aspectos que se ponen en juego en la gestión de la limpieza.

3.2. Empleadoras que no están en los hogares mientras las trabajadoras limpian

Mientras espero en el palier de la casa de Rosa, treinta y nueve años, soltera, instructora de yoga, en el barrio de Caballito, luego de tocar dos veces el timbre, observo en el hall una planta que yace casi como un objeto disecado. Al instante llega Rosa, a quien veo acercarse desde media cuadra antes a un paso veloz. Lleva una blusa beige, un pantalón pinzado negro y una cartera gris. Cuando se acerca, me pide disculpas, me da una serie de explicaciones por su tardanza y me invita a pasar a la casa. Cuando subimos al ascensor, me advierte: "No te vayas a asustar por el desorden. Es que, bueno, quizás te va a servir, porque hace dos semanas que Marta no viene". Ni bien entramos, Rosa comienza a ordenar distintos objetos. Todos los días llega a su casa después de trabajar nueve horas y media en el centro de la ciudad. Cuando logramos sentarnos en el living, enuncia la siguiente frase:

> Bueno, como verás, con la vida que tengo, lo último en lo que pienso es en ver que si está la almohada bien puesta o la cama bien hecha. Le digo "gracias, Marta, que es la empleada que viene dos veces por semana. Le pregunto cómo estuvo el día y listo […] Yo confío en que me va a resolver lo mínimo, me va a dejar las cosas más o menos limpias.

Al igual que Rosa, muchas empleadoras que trabajan fuera del hogar manifiestan dificultades para dirigir, así como para organizar y monitorear las tareas domésticas que deben realizar las trabajadoras que contratan. Entre las empleadoras que trabajan también fuera del hogar y que, en general, tienen menos de cuarenta años, es frecuente que las cuestiones de la limpieza constituyan un tema del cual parecieran no querer ahondar cuando se las consulta específicamente.

El tiempo con el que cuenta Rosa para hablar con su trabajadora es mínimo. En general, tiene muy poco tiempo para verla y para comunicarle acerca de sus necesidades y expectativas. Sin embargo, Rosa destaca una cualidad central para ella: "Conoce todas mis cosas. Si tuve un día malo, lo ve […] Yo siempre le digo que ella es vidente, porque sabe lo que me gusta, y cómo me gustan las cosas, y son años".

Para aquellas que se encuentran la mayor parte del tiempo fuera de sus hogares la elección de contratar a una persona supone que pueda hacerse cargo de las distintas tareas domésticas, liberándolas de la responsabilidad de tener que observar no solo si el trabajo se realiza, sino también de pensar en él. Aunque puedan darles algunas indicaciones verbales o reprenderlas solamente cuando encuentran que el trabajo realizado no se ajusta a sus expectativas, en una gran cantidad de casos sus itinerarios laborales no les permiten contar con el tiempo necesario para tener contactos extensos con las trabajadoras, en los cuales cuales presentarles sus reclamos y sugerencias.

A esta capacidad de las trabajadoras de adoptar criterios similares a los de las empleadoras se le agrega una necesidad que tienen las últimas en torno a la posibilidad de reconocer rápidamente las necesidades esenciales. Poder "adelantarse" y leer aquellas necesidades y estados de ánimo constituyen habilidades que se vuelven esenciales en la vida cotidiana de las empleadoras que trabajan fuera de sus hogares. El carácter resolutivo y la capacidad de iniciativa emergen como atributos importantes, en donde cuanto menor y más efectiva sea la interacción con la trabajadora, mayor será la velocidad en el trabajo y, por tanto, superior el beneficio.

Por su parte, Denisse (treinta y siete años, soltera, trabajadora administrativa) trabaja más de diez horas por día y señala que el reconocimiento que ella tiene como "cualquier trabajadora" hace que considere a las trabajadoras domésticas como "personas que quieren hacer su trabajo bien, rápido y de forma eficiente". Entonces, agrega: "¿Yo qué les voy a explicar? Les digo 'esto es lo que tienen que limpiar, es lo mínimo de limpieza que pido' y me voy". Para Denisse, son "chicas que saben hacer su trabajo", considera que no tiene que explicarles nada y admite: "son las mejores porque te liberan de todo".

Sin embargo, en una de las entrevistas, Denisse reconocerá un conflicto a partir de la actitud de una trabajadora que había trabajado en la casa de su madre por más de diez años. Ella reconoce en Luz "una manera de trabajar que nunca vi, superpulcra, ordenada". Si bien en los primeros tiempos para ella la presencia de Luz había sido fundamental debido a su ausencia por trabajo durante semanas y hasta meses en su hogar, posteriormente su presencia comenzó a generarle dificultades: "Es que la verdad que ordenaba demasiado, era muy detallista. Entonces, después, ni yo ni mi marido sabíamos dónde estaban las cosas". Denisse comenzó a pensar en despedirla, aunque se aseguró de conseguirle trabajo en la casa de una amiga. La nueva trabajadora que ingresó en su reemplazo, Griselda, era menor que Luz y tenía menos experiencia. Con el antecedente del conflicto muy cercano, Denisse llamó a su madre para que se ocupara de brindarle algunas indicaciones respecto al trabajo que debía realizar. Reconoce que prontamente encontró en el trabajo de Griselda una tranquilidad: "Me di cuenta de que me gustaba que me ordenaran, pero no *tanto* [...] Luz tiraba todo y no dejaba nada. Te pasaba por encima más o menos [risas] con la aspiradora y no dejaba nada. Se perdían cosas, a veces, y como a mí no me parece importante la pulcritud, Griselda está muy bien".

En términos generales, podríamos interpretar que estas empleadoras, profesionales, con una reducida presencia en sus hogares, esperan que las tareas estén resueltas cuando vuelven después de una jornada laboral extenuante. De este modo, no tienen que destinar tiempo a ello ni a la propia gestión que supone el vínculo con la trabajadora. El carácter pragmático y la distancia con la que observan las tareas y la gestión de la limpieza no las llevan a reducir sus expectativas respecto a los patrones de limpieza mínimos que esperan de las trabajadoras. Sin embargo, el principal obstáculo para estas empleadoras son aquellas trabajadoras que exhiben el conocimiento y los criterios que aplican en sus tareas y actividades. En definitiva, el desempeño profesional de estas trabajadoras es leído por las empleadoras como un comportamiento que algunos casos puede terminar entorpeciendo sus itinerarios profesionales y familiares.

3.3. Límites y limitaciones

El hecho de que no estén presentes durante el tiempo que la trabajadora limpia no indica que las empleadoras dejen las cosas libradas al azar, ni que no guarden altas expectativas de calidad y eficiencia en el trabajo de limpieza. Entre las empleadoras mayores de cuarenta y cinco años, hemos podido encontrar una particularidad que se distingue de las empleadoras menores de esa edad. La mayoría se preocupa por brindar, aunque sean mínimas, instrucciones y orientaciones específicas sobre cuestiones domésticas que consideran esenciales, como la limpieza de los baños, cocinas, cuartos y ropa, así como los productos que deben usar para cada tarea.

Entre estas empleadoras, fueron recurrentes las quejas en torno al desconocimiento o a la "falta de criterio" con relación a tareas ligadas a la limpieza y a la organización de lo doméstico. Este hecho lleva a que todas las empleadoras deban dedicar un tiempo a "explicar" la manera en que les interesa que se realice el trabajo. La historia de Viviana es un ejemplo representativo de ello.

Viviana tiene cincuenta y dos años, está separada, es contadora y tiene dos hijos. Aunque trabaja en una institución de crédito bancario, hace cuatro años realiza cursos de los más variados (inglés, flamenco, psicología, literatura, teatro) en diversas instituciones públicas y privadas de la ciudad. Cuando nos encontramos en un bar del barrio de Almagro y llega casi media hora tarde, me comenta que "justamente" las dificultades que tuvo se debieron a las "limitaciones" que encuentra en una trabajadora que comenzó a trabajar hace menos de un mes. Así, enumera algunas de ellas:

> Yo le digo siempre lo mismo con el horno, que no lo rasquetee, porque ella le da como si fuese un auto. ¡Lo mismo con las sartenes de Teflón! ¡Con la virulana directo! Pero bueno, a veces lo limpia como le mostré y a veces no. Lo mismo con las toallas. A mí me gustan las cosas apiladas y limpitas, y soy medio obsesiva con que dejen las cosas dobladas. Por ejemplo, la ropa, que muchas veces la mete en el armario, pero todo así nomás, y después tengo que andar terminando el trabajo yo. Hoy llegó y le tuve que dar como una charla nuevamente de todo lo que no está haciendo bien. Espero que pueda entender porque no tengo el tiempo para perder en charlar de éstas cosas..

La retórica de estas empleadoras puede leerse en clave de lo que Gabriel Noel describió como la visión de los "pragmáticos", en donde "las prácticas deben siempre primar sobre las normas, y allí donde entren en conflicto, son estas las que deben flexibilizarse, tanto como sea posible para restablecer el acuerdo" (2007: 91). En tal sentido, las empleadoras jerarquizan la consecución del trabajo ajustando críticas respecto a cómo fue realizado con el fin de no generar un conflicto que pueda derivar en su partida.

Al estar mucho menos tiempo en sus hogares, las empleadoras que trabajan fuera de ellos indefectiblemente otorgan mayor autonomía a las trabajadoras. En una charla informal con tres empleadoras, Viviana relataba en plural: "Nosotras pensamos cincuenta veces antes de despedir a una chica porque no te use bien el Blem". De este modo, la tolerancia con ciertas prácticas y estilos relacionados con los métodos y la manera de limpiar es mayor porque siempre es menos costoso que pensar en salir a buscar una nueva trabajadora.

Para empleadoras como Viviana, uno de los temas donde aparecían mayores complicaciones era en el momento en que la trabajadora se retiraba de la casa. Muchas empleadoras manifiestan preferir estar presentes cuando se retiran. Viviana afirma: "Al dejarla sin control sobre lo que hacía y a qué hora se iba, tampoco sabía bien por qué no hacía lo que yo quería". En este sentido, relata la experiencia que le tocó vivir a su exmarido, que un día llegó tres horas antes y descubrió que la trabajadora se había retirado. Al describir el hecho, lo hace de una manera bastante particular, mostrando una gran desazón porque una "empleada" que ella consideraba su "preferida" le había mentido. Esta situación le generó la ambigüedad de tener que incorporar alguna estrategia que le permitiera controlar el trabajo que realizaba. Así fue que empezó llamar por teléfono media hora antes de que finalizara el horario laboral de su trabajadora. A pesar de reconocerlo como "medio policial, aunque está instituido", admite que le dio resultado: "Sí, te pondrá cara de culo, pero no la ves [risas], y eso es lo importante". Viviana reconoce que sus amigas y parientes le comentaron de otras formas utilizadas para el mismo objetivo, como pedirles a las propias trabajadoras que las llamaran a sus trabajos o celulares cuando terminaran o consultar al portero o alguna vecina sobre los horarios de salida.

Cuaderno de notas de una empleadora. Gentileza: Olga (empleadora).

Como hemos visto, a aquellas empleadoras que se encuentran mucho tiempo fuera del hogar les resulta más difícil compartir el espacio y administrar las demandas y reclamos de forma personalizada, para lo cual desarrollan diversas estrategias y técnicas buscando que la tarea sea realizada con el resultado esperado. En tal sentido, pudimos analizar cómo ciertos medios de comunicación son utilizados con el objetivo de resolver y sortear conflictos o evitar enfrentamientos directos. A continuación, veremos que la presencia en el hogar puede traer otro tipo de dificultades, para lo cual las empleadoras maniobran otras estrategias y recursos en función de sus intereses y expectativas.

3.4. De Juanita a doña Petrona. Las patronas jóvenes y el choque de saberes

Cuando llego a la casa, convocado por un amigo en común, María, de treinta y seis años, casada, profesora de inglés, tres hijos, me comenta que me estaba esperando y que tenía ganas de hablar conmigo. Sobre la mesa hay unas facturas, el mate preparado y muchos papeles y lápices para niños. Al instante, ingresan sus tres hijos y su marido desde otro cuarto. Ella, de una forma terminante, le pide a su marido que se lleve a los hijos y les ponga una película. Nuevamente, la situación en la que me ubico es en la de "psicólogo social" de muchas de las empleadoras que necesitan "descargarse" y "hablar" de lo que les pasa con las trabajadoras. Al aparecer, como un estudioso del tema, puede ser que aparezca al mismo tiempo como alguien "externo" al conflicto entre las mujeres, y alguien "frío" con quien se puede conversar sin interferir en el tema.

Una vez que se retiran, María asegura que me tiene que hablar de un "caso" que la tuvo mucho tiempo "sin poder reaccionar". A continuación, aclara—"Por suerte, me lo saqué de encima y, feliz de las felicidades, ascendí de ser Juanita y lavar las papas y los vegetales, a ser doña Petrona. Ahora le hago limpiar los vegetales a la señora que aprendió a limpiar muy rápido".

María dejó de trabajar cuando tuvo un embarazo de mellizos y no podía hacer esfuerzos físicos. Negrita, la trabajadora que contrató, llegó recomendada por una vecina, quien le había hablado de la confianza que le tenía porque era una persona del barrio, aunque no tenía experiencia en el servicio doméstico. Negrita había asegurado en la entrevista laboral que conocía todas las cuestiones domésticas que María no podía hacer. Para María, la experiencia de estar en su casa durante el tiempo que la trabajadora realizaría sus tareas era inédita. Admite que lo que menos quería era "estar detrás" y agrega: "Porque para eso le pago, y yo no estoy yendo a trabajar".

María detalla una serie de ejemplos que la llevaron a considerar que comenzaban a diferenciarse dos "universos culturales" entre ambas, produciendo un "choque de saberes". Sin embargo, resulta interesante cómo la primera vez que María hace referencia al "choque de saberes", lo hace poniéndolo en relación con las relaciones de poder en juego: "Le costaba ponerse en el lugar de quien obedece, acatar las órdenes que le daba […] Ella tenía que decidir. Entonces, era al revés, ella tenía el saber y yo tenía que obedecer".

Desde el primer momento, María reconoció no solo que la trabajadora no había dicho la verdad, sino que "no tenía ganas de aprender". Un tema de discusión familiar cotidiano y motivo de charlas nocturnas con su marido fue el del "lavado de manos" después de haber maniobrado carne cruda:

Yo tengo un problema porque soy completamente obsesiva. Si tocás carne cruda, acá te lavás las manos, porque tengo criaturas de menos de cinco años y el síndrome urémico hemolítico. Entonces, si uno cocina carne cruda, va y se lava las manos, no abre la heladera con las manos sucias. ¡Pero por dios! Se lo dije desde el primer día, nunca jamás lo entendió… A ella la irritaba sobremanera, porque, me salía con malas contestaciones… Ella, una persona de sesenta y pico de años contra una de treinta y seis. Ella supuestamente todo el saber, porque yo acá tenía que hacer de Juanita… Cuando no es así, porque yo tengo otros saberes que quería inculcarle, pero era completamente necia e incapaz de escuchar.

Esta incapacidad de la trabajadora comenzó a verse reflejada en otras cuestiones, como el lavado de la olla de Teflón, la manera de lavar las papas y las verduras y el modo de planchar. Respecto a la olla de Teflón, resulta interesante el relato de María, ya que, en un primer momento, reconoce una diferencia en términos de nivel económico entre ambas y, por lo tanto, de la ausencia de un saber específico: "Ella no tenía Teflón en su casa y puede no saber que se usa con una espátula". Lo que emerge como interesante es la justificación que dio Negrita ante la negativa de seguir las instrucciones, y la interpretación de María sobre el futuro de la relación:

Después de tener que reteflonar la olla, le dije: "te pido ahora, que esta reteflonada, que prestes atención, porque acá me duró seis años". ¿Qué me dijo? "No, yo prefiero cocinar con otros materiales porque yo sé que no me voy a acordar" […] Entonces, con eso admitía que no podía cambiar y que todos nos debíamos adaptar a sus saberes. Entonces, ¿qué hacíamos? El día antes poníamos la olla de Teflón arriba de la heladera. Se lavaba para que no quedara sucia y no la lavara ella, porque tampoco se acordaba de hacerlo con una esponja y no con otra, y así con varias cosas.

En efecto, desde ese episodio hasta la salida de Negrita, María y su marido lavaron la olla de Teflón todas las noches antes de la llegada de Negrita para que no la utilizara ni la lavara con Virulana. Otro ámbito donde aparecía reflejado el "choque de saberes" era el planchado y el doblado de ropa. Desde el primer día, María reconoce haber pasado horas enteras volviendo a planchar casi todas las mismas prendas que Negrita ya había planchado.

En el relato de María, Negrita aparece como alguien que no maneja ciertos patrones de domesticidad básicos para desarrollarse como trabajadora en su hogar. De esta manera, el saber como expresión de una distancia cultural permite profundizar las fronteras de clase. Al mismo tiempo, María muestra cómo las contestaciones de su trabajadora confirman la distancia entre ambos universos culturales cuando niegan el saber científico por un "conocimiento práctico" (Bourdieu, 1991), algo que busca comprobar con otro ejemplo: "Un día, la encontré dándole a mi hijo un huevo crudo. Y yo, mis pelos se ponían así [gesticula]. No quiero que mis nenes coman huevo crudo. ¿Y qué me contestó ella? 'Pero yo siempre comí huevo crudo y acá estoy'". María, ante esta respuesta, encontró una explicación: "Seguramente, a los hijos les da huevo crudo y no se murieron. Mi argumento, entonces, fue decirle 'mire, Negrita, que no te agarre, no quiere decir que no exista'". Una semana más tarde, María recuerda que fue Negrita quien decidió expresarle su postura al respecto: "Me dijo que ella en las bacterias no creía…y mi respuesta fue, 'pero que las hay, las hay' [se ríe]", puntualizando que en ese momento se acabó la conversación, ya que ella "negaba un saber de la ciencia y ahí no hay tu tía".

En su relato, María reconoce que este episodio le hizo pensar en una "distancia cultural" con Negrita, expresada en costumbres y creencias que ella consideraba normales y naturales, y su trabajadora no. El mundo racional y científico frente al mundo natural y de la práctica concreta eclosionaban en cada conflicto o en cada tema que las acercaba. Esta diferencia de concepciones, según María, la llevó a ocuparse de realizar todas las tareas del hogar que consideraba que Negrita no hacía a su manera.

A partir de determinado momento, las noches previas a la llegada de Negrita se convirtieron en momentos en los que María se sentía nerviosa y junto a su esposo debían "dejar preparado el terreno" para la llegada de Negrita. Lavar y poner encima de la heladera la olla de Teflón, limpiar íntegramente la heladera o esconder algunas prendas de planchado eran algunas de las tareas necesarias para que Negrita no llevara a cabo prácticas que afectaran a la familia. A pesar de todo ello, el buen trato y la muy buena relación que Negrita tenía con el hijo mayor de María, así como la confianza "a una persona que podía dejar con mis tres hijos y mi casa", hacían que no pensara en prescindir de sus servicios. A pesar de que el marido no encontraba lógica en esa decisión, María reconocía la dificultad que tenía para encontrar otra trabajadora.

Si, hasta el momento, María había optado por eludir las discusiones y enfrentamientos directos en torno a los saberes domésticos, y realizaba tareas complementarias para lograr la realización adecuada de las labores dentro de su hogar, la presencia física y las expectativas de Negrita con relación a otras cuestiones comenzaron a perturbarla:

> Cuando yo me despertaba, ella se sentaba y me comenzaba a charlar, y a preguntarme y a opinar [...], pero, gracias a dios, yo tengo amigas, mamá, tía. Ella pretendía convertirse en... qué se yo, en una amiga. Ella quería evitar que yo fuese ama y ella subordinada. Yo quería que fuera la trabajadora, que ocupara el lugar, y eso era lo que yo quería... porque básicamente yo le pagaba para que me obedeciese [...]. Pero como no podía, lo que hacía era que, cuando llegaba, la mandaba a hacer las compras. Entonces, mientras ella iba, yo desayunaba rápido y después lavaba y tenía que lavar y esconder todo... La estrategia era evitación y acomodación.

El cierre del vínculo con Negrita se produjo cuando María decidió inventar una excusa. Esta comunicación fue conversada con su marido. En su reemplazo, se incorporó una mujer recomendada por la madre de María, en las antípodas de Negrita: "Primero [porque] no te habla. No quiere hacer lo que ella quiere, es calladita. Es genial porque obedece, entiende lo que querés y, si no, pregunta. No la tenés como moscardón en la oreja, lo cual me parece maravilloso. Viene, hace su trabajo y se va... Yo había llegado a un límite".

Finalmente, la experiencia de la historia de María con Negrita nos permite analizar varias cuestiones. Por un lado, encontramos que en el desarrollo de la relación con Negrita, María se enfrentó con distintos niveles de dificultad para gestionar la relación con su trabajadora. En un primer momento, fue el "choque cultural", de saberes, conocimientos y creencias aquello que representó el principal obstáculo para María. Sin embargo, lo interesante surge en torno a las actitudes que adopta ante las cuestiones que la incomodan o molestan. Si, por un lado, la primera actitud es la de buscar argumentos "culturalistas" (Noel, 2007), por el otro, encontramos una enorme dificultad para enfrentar el conflicto e imponer la autoridad y exigir la obediencia. Luego, en el transcurso de la relación, María encuentra que la cercanía física y emocional con Negrita es indefectible y comienza a transformarse en una nueva dificultad para continuar con el vínculo.

Esta cercanía, expresada en la búsqueda de una mayor familiaridad por parte de Negrita, se transforma en un problema mayor cuando la proximidad física es cotidiana y manifiesta. En este punto, percibimos los niveles de tolerancia a la intromisión en la intimidad. Así, vimos cómo al final del vínculo con Negrita, María retrataba haber llegado a un nivel de disconformidad que se vinculaba con la intromisión de la trabajadora en su hogar, y por las decisiones que tomaba de manera autónoma, dos componentes que la incomodaron mucho. En tal sentido, ambos aspectos comenzaron a dificultarle la posibilidad de ejercer un principio de autoridad que le permitiese ubicarse en una posición como "patrona".

Pero mientras que encontramos en la historia de María una dificultad para establecer límites claros en los roles y en la participación de las trabajadoras en las actividades y tareas encomendadas, a continuación, exhibimos ejemplos de algunas empleadoras mayores de cuarenta y cinco años que, también estando dentro del hogar, presentan otros estilos para manejar la distancia y el control para que las tareas se hagan de una determinada manera.

3.5. Eficacia y autoridad

A diferencia de lo que le pasaba a María, el hecho de estar presentes mientras las trabajadoras desarrollan sus tareas no significa un problema para algunas empleadoras de más de cuarenta y cinco años que fueron entrevistadas.

Es más, estas mujeres no tienen problemas en llevar a cabo una observación puntillosa y detallada de las tareas, horarios y maneras en que las trabajadoras desarrollan sus actividades. Su presencia muchas veces es incluso buscada, para lograr que la tarea sea desarrollada con éxito. Este rol las lleva a dar constantemente directivas y orientaciones precisas sobre las mejores "maneras de hacer" (De Certeau, 1996) las tareas ligadas a la limpieza. Este hecho las lleva a que, indefectiblemente, tengan que establecer una mayor interacción con las trabajadoras, lo cual redunda en que deben lidiar con las "distancias personales y sociales" a las que hace referencia Edward Hall (1986:139).

Sonia, de cincuenta y cinco años, está separada, tiene tres hijos y vive en una casa de Parque Chacabuco. Resulta una de las empleadoras representativas de un tipo de *patrona* que busca a una trabajadora doméstica que realice las tareas siguiendo los requerimientos y criterios solicitados, y que no tenga una tendencia a la autonomía en la realización de las tareas y a la confrontación con la autoridad:

> Es importante que ellas sepan lo que vos querés, cómo lo querés, y eso solamente lo lográs diciéndole cómo te gustan que hagan las cosas, estando ahí atrás. Inculcarle lo que quiero es lo más importante. Por eso, no puedo pensar que ella va a saber cómo yo quiero las cosas si no le muestro. Entonces, le tenés que dedicar un tiempo, porque que el trabajo esté bien hecho es importante.

Encontramos que estas empleadoras maniobran un sentido de la "eficacia"[3] en el trabajo, ponderando que para que quede "bien hecho", es necesario que las trabajadoras sigan las órdenes e indicaciones que ellas imparten, como fundamental para lograr el resultado esperado. La tarea de brindar el ejemplo desde la propia destreza para luego supervisar que la ejecución se haga de la manera más cercana a la pauta brindada, constituye un quehacer que para muchas empleadoras que no trabajan mejora su posición, puesto que convierte el rol que podría ser percibido como pasivo y aislado, en uno activo y con autoridad. Empleadoras como Sonia afirman que estar "cerca" de la trabajadora, "no perderle pisada", equivale a la "mitad del trabajo". "Si te ven que te viene bien cualquier cosa, se relajan o te dicen, '¡Ah! No, no sabía. Por eso, no se lo hice'. Pero saben, ¿eh?, bien que saben", resalta.

En este sentido, ninguna de las empleadoras como Sonia renegaron de exhibir las "maneras de hacer" las tareas requeridas porque les resulta muy efectivo. Inclusive, algunas afirman que existen estrategias para "lograr que hagan lo que vos querés y poder estar tranquila de que no te van a hacer un desastre".

Aunque esta modalidad resulta extendida, dentro del mismo grupo de empleadoras hay algunas que, si bien comparten los mismos objetivos, optan por otros mecanismos.

Adriana, de sesenta y dos años, tiene tres hijos. Trabaja hace más de quince años "ayudando" a su marido en el manejo del personal de una empresa de venta de servicios informáticos para empresas y afirma que cuando venía la trabajadora doméstica ella adoptaba una posición activa: "Yo no podía estar sentada leyendo un libro o moviéndome de pieza en pieza. A esa chica, si estoy en la casa, quiero decirle que haga las cosas como a mí y a mi familia nos gusta. ¿Por qué no se lo podría decir? Yo le pago bien y ella está encantada en mi casa". Luego de hacer una referencia a casos de robos y hurtos variados, así como formas de limpieza que después terminaban afectándola cuando su marido llegaba a su casa, concluye: "Es también mi rol como patrona vigilar que todo se haga bien. Como una fábrica, donde las cosas que no se hacen bien, se tiran a la basura; y las que se hacen bien, quedan así". Asimismo, reconoce una forma que encontró para poder "vigilarla a la chica", pero sin molestarla: "Me pongo a la par y cuando veo algo que no está bien hecho, lo hago deshacer junto con ella y le muestro cómo me gusta a mí que se haga".

---

[3] Quienes anhelan realizar una acción con *eficacia* buscan que se haga siguiendo determinados cánones y procedimientos. Por el contrario, las empleadoras que no están en los hogares junto a la trabajadora doméstica se muestran más interesadas en la *eficiencia*, persiguiendo el mejor uso de los recursos disponibles en función del objetivo que se desea llevar a cabo.

En definitiva, la búsqueda de eficacia en el trabajo de limpieza requiere de una supervisión minuciosa y de una regulación cotidiana de las tareas y criterios exigidos. De esta manera, si hasta el momento hemos analizado la importancia que ocupa la presencia o no de las empleadoras en el hogar durante la jornada laboral de la trabajadora –tanto en relación con la organización del trabajo como en las posibilidades de comunicar órdenes, negociar tareas y establecer acuerdos en función de sus propias necesidades y expectativas–, a continuación, presentaremos algunas características del trabajo de limpieza, para luego centrarnos en las diversas historias y trayectorias laborales de trabajadoras domésticas.

3.6. Las trabajadoras domésticas y el trabajo de la limpieza

La realización de tareas de limpieza en un hogar supone una menor carga emocional que la de las tareas de cuidado.[4] En este sentido, es corriente que para las trabajadoras que se dedican a la limpieza las interacciones cara a cara con sus empleadoras sean más breves o menos frecuentes. Así, en la mayoría de los casos, realizan las tareas de limpieza semanalmente (ya sea de una a cuatro veces por semana) y con distintos grados de contacto con quienes las contratan. La variedad de arreglos con relación a los horarios de ingreso, el tipo de tareas y la calidad requerida son ampliamente variables, según los casos.

Sin embargo, en líneas generales, hemos podido rescatar que quienes tienen varios trabajos buscan lograr la confianza suficiente de sus empleadoras que les permita ingresar al hogar donde trabajan con las llaves, limpiar en soledad, tomar su salario y ver esporádicamente a sus empleadoras. En este sentido, veremos que el "saber" doméstico opera para las trabajadoras como una garantía para construir movilidad dentro del trabajo de limpieza.

Asimismo, observamos cómo otras trabajadoras realizan la limpieza en presencia de algún empleador/a, aunque incluso en estos casos suelen encontrarlas una vez por semana o dos veces por mes, pero nunca diariamente. De este modo, y a diferencia de aquellas que trabajan sin retiro, las trabajadoras que realizan tareas de limpieza con retiro tienen distintos tipos de empleadores/as, pudiendo

---

[4] Como dijimos en la introducción con el trabajo de Gutierrez Rodríguez (2013), ello no supone que no se generen relaciones afectivas o de cercanía con las empleadoras, y por tanto con el hogar, sino que a diferencia del trabajo de cuidados, al menos en términos teóricos, puede implicar tareas instrumentales que no supongan vínculos afectivos. En síntesis, para realizar tareas de limpieza no es una condición *sine qua non* construir un vínculo afectivo con quienes las emplean como sí ocurre en el caso de los cuidados.

limpiar una o dos casas en días distintos y hasta posiblemente manteniendo otros trabajos de tiempo parcial en los días que tienen libres.

Como hemos visto en los primeros capítulos, la consolidación en el sector del empleo doméstico lleva su tiempo y tiene diversas temporalidades en función del tipo de red en la que se inserta la trabajadora, de la confianza que logre y de las garantías que pueda ir obteniendo en cada uno de los hogares. A continuación, y para el caso de las trabajadoras domésticas que realizan tareas de limpieza, veremos que cuanto mayor sea la confianza que logren con sus empleadoras, menores serán las observaciones y controles sobre el trabajo que realizan. Al mismo tiempo, podrán ser mayores las obligaciones y expectativas. De allí que el afianzamiento también implique grados de confianza y de apegos que se van construyendo y dispensando mutuamente, aunque no siempre estas cercanías terminan favoreciendo a las trabajadoras.

En los hogares de Buenos Aires existen ciertos patrones de requerimiento de limpieza en los que se incluyen barrer y lavar pisos, pasar la aspiradora, quitarles el polvo a los muebles y limpiar de manera minuciosa baño y cocina. En varias conversaciones con trabajadoras que trabajan en limpieza han aparecido como críticas a las empleadoras que agreguen tareas tales como el lavado de ropa, el planchado, el cambio de sábanas y la limpieza del horno, de la heladera y de los vidrios, algo que puede ir a contramano de sus agendas laborales. Algunas no reconocen como parte del trabajo la limpieza de garajes, patios o muebles, como tampoco sacar a pasear o bañar a las mascotas de la casa. "Hacer los vidrios", actividad que lleva tiempo, esfuerzo y hasta cierto riesgo físico en algunas ocasiones, es raramente requerida, aunque en algunos casos realizada. Ante esta heterogeneidad de criterios y prioridades, encontramos que las trabajadoras deben manejar creativamente todas estas actividades para responder a los requerimientos de las empleadoras y a sus propias agendas semanales. Además de la importante exigencia física que implican recorridos más o menos largos desde zonas de la provincia de Buenos Aires hacia la Ciudad de Buenos Aires y dentro de ella, a veces pasando por cuatro hogares en un mismo día, la realización de tareas "pesadas" de limpieza puede jugar en contra y generar situaciones de tensión con las empleadoras. Asimismo, veremos que cuando el trabajo de limpieza deben realizarlo trabajadoras que se encuentran sin retiro, tanto las estrategias, las dificultades como los márgenes de acción estarán en consonancia con dificultades vinculadas con el manejo del tiempo y con la duración de las jornadas laborales.

A continuación, presentamos tres trayectorias laborales de trabajadoras domésticas que, aunque no pretenden ser representativas del conjunto, cada una de ellas, en su singularidad, nos permiten avanzar en los aspectos que hacen a la experiencia de trabajo en el sector.

3.6.1. Las pragmáticas

Hoy toca la casa de Linda.
(Mujeres de la limpieza: como norma general no trabajen para las amigas. Tarde o temprano se molestan con vos porque sabes demasiado de su vida. O dejan de caerte bien, por lo mismo). (Berlín, 2016)

Cuando entrevisté a Ester en el año 2009, tenía cuarenta y dos años, estaba separada, tenía dos hijas y vivía en la pieza de una pensión en el barrio de San Telmo. Ester nació en Tucumán y trabajó desde los quince años sin retiro para una familia de altos ingresos en su provincia. Actualmente, se desempeña realizando tareas de limpieza en siete hogares de la Ciudad de Buenos Aires.

Su itinerario comienza tres veces por semana a las seis de la mañana, cuando viaja hasta la casa de dos de sus empleadoras en una zona alejada de la ciudad. Desde allí, dos veces a la semana se toma el colectivo para ir a la casa de una pareja de abogados en donde trabaja desde la una hasta las cuatro, cuando sale "corriendo" para llegar a buscar a sus hijas al colegio. El tercero de esos días toma un colectivo hacia otra zona de la ciudad para trabajar de dos a seis de la tarde. Los dos días restantes de la semana lleva a sus dos hijas al colegio a la mañana y entra a las ocho en la casa de un "hombre solo" para luego pasar por la casa de una "psicóloga" en donde realiza tareas de limpieza, y también prepara comidas para la semana. Además, dos días tiene que ir a un estudio de abogados. También tres veces por semana y sábados de por medio realiza tareas de limpieza en la casa de la empleadora que le consiguió la pieza de la pensión donde vive, que queda a unas diez cuadras.

Ester vivía en un terreno en la localidad de Morón (provincia de Buenos Aires) que le había facilitado su hermano para vivir con sus hijas. Reconoce que mudarse a la capital por recomendación de una de sus empleadoras implicó una mejora en su calidad de vida. Viajaba menos tiempo, tenía más trabajo y era mejor pago pago. También menciona que es mejor el colegio de capital al que cambió a sus hijas.

Sin embargo, también reconoce que los aumentos de precio que debe pagar en la pieza que alquila es algo que la ha tenido angustiada, ya que tiene que buscar un nuevo hogar donde emplearse. Manifiesta no haberse quejado nunca de los trabajos que consigue, aunque hayan tenido como consecuencia el poco tiempo para dedicarles a sus hijas en los últimos cuatro años.

Comenta haber tenido varios problemas de columna y dos fisuras en una muñeca y en una pierna. Cuando le pregunto sobre las causas de los dolores, sintetiza: "Y… no trabajamos de azafatas". Luego de hacer el comentario desde una ironía un tanto aguda y sin dejarme espacio para seguir preguntando, Ester elige definirse como alguien que ha tenido que "ganar las casas" para hoy poder trabajar "tranquila". Al brindar detalles respecto a esta sensación, puntualiza el hecho de realizar su trabajo la mayor cantidad de tiempo en soledad y sin la presencia de sus empleadores/as; contar con la llave de casi todos los hogares donde trabaja; y manejarse por intermedio de mensajes y notas escritas, que sirven como maneras de comunicar pedidos, reclamos y sugerencias. Este esquema le permite a Ester organizar su itinerario laboral y ajustarlo a sus responsabilidades y obligaciones personales y familiares.

La mayoría de las trabajadoras domésticas entrevistadas que ingresan para realizar tareas de limpieza en un hogar reciben una serie de indicaciones y recomendaciones sobre las tareas que deben realizar y la forma en que quieren que se realicen. La principal competencia que se requiere consiste en lograr el resultado esperado por los/as empleadores/a. Aquellas que trabajan en muchos hogares, como es el caso de Ester, y que están acostumbradas a diferentes lugares de trabajo, productos de limpieza y "estilos" diferentes de aseo, deben también manejar saberes específicos para cada hogar. Conocer las distintas "maneras de hacer" supone un trabajo desde el cual se movilizan distintos recursos para manejar mejor las distancias y las temporalidades con respecto a los requerimientos y exigencias de quien contrata. En tal sentido, deben conocer que para un hogar es necesario tener un gran cuidado en la utilización de ciertos productos y herramientas, así como de ciertos gestos y actitudes, que en algunos hogares pueden resultar propicios, mientras que en otros alguien puede llegar a disgustarse. Así, limpiar el horno con cierto producto y no con otro, limpiar tal mueble o pasar el trapo con mucha lavandina y de cierta manera, pueden ser prácticas requeridas en una casa, pero no en otra.

Por tanto, la capacidad de adaptación a los requerimientos no solo tiene que ver con las expectativas de las empleadoras, sino que se inscriben en la necesidad de lograr la mayor autonomía dentro de esta modalidad de trabajo. En efecto, la competencia para ajustarse al universo de requerimientos de los distintos hogares constituye un elemento fundamental en la conformación de un itinerario laboral con cierta autonomía y elasticidad.

En este sentido, para Ester, que su empleador/a se entrometa en las tareas que realiza tiene efectos negativos en el armado de su recorrido cotidiano de casas.

Reconoce tener problemas con este tipo de empleadores/as, no por las características personales, sino por los efectos en su itinerario: "Yo no tengo problema en que te digan las cosas, pero después cuando se ponen a mirar, y están ahí relojeando todo el día, es insoportable. Podés perder el día".

En su relato, Ester manifiesta que en sus inicios no contaba con el conocimiento que actualmente posee para manejarse realizando tareas de limpieza: "Yo era muy pichona, recién estaba empezando y ahí aceptás todo, te quedás dos horas más, no sabés lo que podés decirle". La dificultad para encontrar trabajo la había llevado a tener que soportar a algunas empleadoras por la necesidad de conseguir el dinero: "Se me ponían ahí, ¿viste? Como que te prueban, y si no les gusta cómo les lavas, cómo trabajas… chau, no me servís, no sabés trabajar". Reconoce haber tenido que "aguantar" ya que se encontraba viviendo sola junto a su hija y había dejado el trabajo sin retiro siendo su único sostén el trabajo con retiro.

En los primeros momentos, luego de dejar el trabajo sin retiro, Ester reconoce algunos de los aprendizajes por los que debió pasar dentro de ese trabajo: "Tenés que mostrar lo que sabés hacer. Decirle 'yo lo hago de esta manera, ¿qué le parece?', Sin faltarle el respeto, ¿no?, pero con lo tuyo. Porque yo veo que hay muchos patrones que piensan que vos no sabés nada, piensan que venís del campo […] Me pasaba que entraba y me explicaban cosas de lo más obvias, que cualquier persona sabe. Con qué se limpia una cocina, un baño… que le rasquetee acá, allá". Para explicar tales desentendimientos, utiliza una metáfora: "Lleva tiempo conocerte. Por eso, yo digo de que [*sic*] es como una pareja. Bueno, acá es lo mismo, entender las cosas como les gusta que se las hagan porque, para decirte la verdad, vos estás entrando en su casa, en sus cosas, en su familia. ¡Qué sé yo!, somos distintos".

Así, Ester reconoce que, por un lado, el desacuerdo proviene de un desconocimiento y de una consecuente desconsideración hacia la trabajadora; por el otro, comprende que la desconfianza viene de haber contratado a una persona que no conocen para desempeñarse dentro de su hogar. Al mismo tiempo que generaliza la diferencia, afirma la elasticidad que deben tener las trabajadoras para interpretar los criterios de las empleadoras: "Todas quieren algo distinto, aunque siempre lo más importante es la confianza que les das. Tenés que conocerlas y saber lo que quieren […] Las dos cosas llevan su tiempo". En la frase pueden verse amalgamados tanto el conocimiento de los saberes particulares sobre la limpieza como la confianza de la cual se desprende el vínculo cotidiano. Si en un primer momento, la capacidad para conocer y, sobre todo, reconocer las demandas resulta importante para lograr la confianza, también es la propia temporalidad que se construye en la gestión cotidiana de la relación lo que facilita acuerdos y ajusta las necesidades.

En este sentido, a continuación, exponemos algunas de las técnicas que son utilizadas por trabajadoras como Ester y que varían en relación con la propia agenda o con cada hogar.

3.6.2. Etapas de la limpieza: limpiar, conservar y mantener

Ester establece una diferencia relevante entre una casa que necesita ser limpiada y otra que necesita ser "mantenida". Para ella resulta imprescindible que la trabajadora en las primeras "pasadas" logre quitar aquella suciedad más arraigada. Luego de este proceso, que puede llevar varias semanas, la trabajadora podrá comenzar a "mantener" ese hogar. Cuando ello ocurre, la trabajadora ha "ganado una casa".[5]

Sin embargo, la tarea de mantener también es una acción que debe ser reconocida. En ese sentido, Betty, de treinta y siete años, separada, dos hijos, quince años como trabajadora doméstica con retiro, reconoce: "La gente, en general, mantiene limpio para que no se llegue a ensuciar del todo". En ese sentido, para que se conserve la limpieza de las trabajadoras resulta necesario que los/as empleadores/as retiren la basura pequeña para que no se acumule la suciedad. Aquellas que no logran mantener este nivel de limpieza son vistas por las trabajadoras como "desconsideradas", ya que su actitud equivale a que tendrán que realizar una limpieza profunda cada vez que concurran a esos hogares.

Pero mantener no significa no limpiar. Así, si una semana una trabajadora cepilla la mesada de la cocina con un producto de alta consistencia, la próxima semana podrá limpiarlo con un producto menos potente. En la siguiente semana, el tiempo que se ahorra en limpiar la mesada lo ocupa en otras actividades: atender cuestiones extras, ordenar y adornar alguna habitación o sala dentro de la casa, acomodar un armario, etc. Este sistema permite que las tareas que no habían sido acordadas inicialmente como parte del trabajo de la trabajadora se vuelvan

---

[5] Como bien lo muestra Soraya Fleisher para la experiencia de las trabajadoras domésticas brasileñas en Boston, "Limpiar es domesticar la suciedad: es la victoria de la cultura sobre la naturaleza. [Por eso] cuando una trabajadora realiza la primera limpieza, es el momento principal de esa domesticación. Así, cuanto más esa trabajadora limpie el hogar, más fácil se vuelve su trabajo porque, después de domesticar la suciedad, solo basta conservar ese estado" (mi traducción, 2006: 144).

"extras". Por ejemplo, Betty comenta que limpia partes que aparecen como obvias de la heladera, siempre que encuentra algún resto de comida: "Lo importante es que no se acumule. Y por eso le tenés que estar siempre con un ojo encima, para que entonces no te tengan que decir que tenés que hacer la heladera". La diferencia entre saber si una parte de la casa debe limpiarse o mantenerse está dada por el conocimiento que se tenga de quienes las emplean y de su movimiento. Ester explica cómo esta evaluación es hecha:

> Vos te das cuenta. Yo empecé con una chica ahora, y voy todas las semanas. Y me di cuenta de que el cuarto, la cocina y el baño es lo que más usa, porque el living parece igual siempre. A ese lo mantengo, porque no voy a perder tiempo en el living. Vos vas donde ves más mugre y lo mantenés limpio.

El hecho de mantener puede dejar la casa no tan limpia como se espera, según lo acordado, pero lo suficientemente limpia como para que no se acumule suciedad. En ese sentido, algunas partes de la casa permiten mayor o menor capacidad de manutención. Tanto el baño como la cocina son espacios a los que siempre se dedica un tiempo para dejarlos limpios, mientras que la limpieza de un aparador o una repisa puede ser mantenida sin que el empleador se muestre insatisfecho. Asimismo, una casa que se limpia una vez por semana, de forma quincenal o una vez por mes constituye una fuente de diferenciación. Tanto el hogar al que acuden cada quince días o de manera mensual necesitan ser limpiados como si fuese la primera vez que se concurre, ya que, en general la suciedad se encuentra acumulada. En ambos casos se vuelve difícil poder mantenerlas, ya que al ser más espaciada la limpieza, mayor es la probabilidad de que la casa retorne a un estado inicial de suciedad y mayor será el esfuerzo que se precisará para que vuelva a estar limpia.

La capacidad para mantener está fundamentalmente vinculada con el nivel de confianza y de cercanía que se tenga con el empleador. Al comienzo, la confianza deriva de la competencia de la trabajadora y, con el tiempo, quien la contrata confiará en el trabajo que realiza y dejará de verificarlo. Así, la trabajadora podrá expandir la posibilidad de mantener antes que limpiar cotidianamente. Ante los casos en que la trabajadora muestre alguna dolencia física o presente algún cansancio que le impida realizar alguna tarea o concurrir al trabajo, la posibilidad de realizar la tarea de una manera menos profunda que de costumbre garantiza el sostenimiento de su agenda laboral.

En ese sentido, Ester expresa la cercanía afectiva en un ejemplo vinculado con su independencia para concurrir a realizar la tarea de limpieza:

El otro lunes, por ejemplo, no llegué a planchar todo y ella sabe que yo lo hago en la semana. O si no puedo venir y de las doce horas en la semana puedo hacer seis esa semana, después recupero dos horas, o voy un sábado […] El otro día tuve que faltar porque mi hija tenía que actuar… o porque se te enferma no podés ir, y le digo, y te entienden, no son malas personas […] Yo me arreglo sola y ella no mira a qué hora entro o salgo. A veces pasamos semanas sin vernos.

Así, la confianza en la probidad para la tarea y el conocimiento eluden la posibilidad del control férreo de los horarios de ingreso y de salida de las trabajadoras, algo que redunda en una mayor autonomía para organizar sus itinerarios laborales. En efecto, tanto para Ester como para muchas trabajadoras, lograr este conocimiento implica una mayor libertad tanto en lo cotidiano, como en la organización de sus recorridos.

Una vez que esta etapa es superada y se logra la confianza necesaria, Ester menciona que ya es una "casa ganada" que solamente "hay que mantener, siempre haciendo lo que ellos quieren [y] les gusta, pero vos estás ya tranquila". En tal sentido, uno de los efectos positivos que tiene para ella haber podido establecer relaciones de larga data con algunos de sus empleadores/as es poder tener actualmente la libertad de manejar tiempos y tareas en función de su propio itinerario de casas.

Ester reconoce que en los últimos años se ha expandido un sentimiento de inseguridad que las ha perjudicado. Menciona haber encontrado a una empleadora guardando sus perfumes y ropas en cajas de cartón unos minutos antes de dejar su hogar. Estos temores de las empleadoras son motivo de charlas entre las trabajadoras: "Y pasa, ¿viste? Porque está la patrona que te deja trabajar sola, tranquila, y la que piensa que la soledad es para robarle". Aunque Ester reconoce que las sospechas pueden estar fundadas en algunos casos, también admite que existen empleadoras que en ningún momento logran superar esa incertidumbre: "Tenés chicas que las revisan cuando salen del trabajo. No así, directo, pero miran. Y que trabajan hace años, ¿eh? No, conmigo eso nunca pasaría porque me muero antes, no lo aguanto".

3.7. Saber para mandar

A diferencia de Ester, la experiencia de Edelmira se desarrolló, mayoritariamente, dentro del trabajo doméstico sin retiro. Tiene cincuenta y ocho años, está casada, tiene tres hijos y vive con su marido y dos de de sus hijos en la localidad de Ingeniero Budge. Al igual que la mayoría de las mujeres entrevistadas, el trabajo doméstico aparece tempranamente en su trayectoria: "Yo empecé en la casa de una familia en Santiago del Estero, por una tía que estaba trabajando ahí".

Edelmira llegó a los quince años a Buenos Aires para trabajar en una casa de altos ingresos en Belgrano, en reemplazo de una prima que había tenido un hijo. Dos años más tarde, ingresó a trabajar en la casa de "Finita" (Josefina), en el barrio de Vicente López, a quien reconoce como su empleadora de "toda la vida". Luego de más de dieciocho años como trabajadora sin retiro en la casa de Finita realizando tareas de limpieza y cuidando de sus dos hijos, Edelmira decidió dejar esa modalidad de trabajo para tener a su primer hijo. A los seis meses de haber parido, comenzó a concurrir de lunes a viernes de ocho de la mañana a ocho de la noche. Durante catorce años, Edelmira trabajó bajo esta modalidad. Recién hace ocho años, su empleadora le pidió asistir menos días y fue en ese momento que debió buscar otros trabajos.

Finita es una mujer que trabajó hasta los veintiséis años, cuando tuvo su primera hija. Luego se dedicó al cuidado de sus hijos y a la organización de una fundación ligada a la empresa de su esposo. El hecho de que durante varios años la oficina de la organización funcionara en el hogar hizo que Edelmira se acostumbrara a trabajar con la presencia de su empleadora.

Edelmira recuerda que Finita le daba "charlas" y recomendaciones sobre la mejor manera para tender las camas, poner la mesa, doblar la ropa, ordenar los cubiertos, entre otras tareas: "Ella viajaba mucho con el señor, con el marido, y yo me quedaba a cargo de todo y tenía que saber". Además de los regalos y las ayudas que Edelmira menciona como cuestiones favorables en el vínculo con Finita, subraya el aprendizaje de ciertos conocimientos en torno a la organización del hogar y de la limpieza como fundamentales en su futuro. En sus palabras: "Yo siempre digo, lo que tengo es por ella. Yo vine de Santiago, con una mano atrás y otra adelante. Ella me enseñó todo. Ella era como una madre, pero también me enseñaba porque siempre me decía 'lo que yo le enseño le va a servir', y así fue". Al mismo tiempo, Edelmira menciona que le pagaron para asistir a dos cursos de cocina y de ceremonial en la Unión de Trabajadores del Turismo, Hoteleros y Gastronómicos de la República Argentina y en el Sindicato de Trabajadoras Domésticas de la Ciudad de Buenos Aires.

Además de enfatizar la importancia de la instrucción recibida por parte de su empleadora, la experiencia de haber cuidado y visto crecer a los hijos de Finita ocupa un lugar privilegiado: "Esos chicos me hicieron feliz porque yo no tenía hijos en ese momento, y hoy por hoy se acuerdan de mí, nos llamamos para los cumpleaños".

Edelmira muestra respeto por Finita, a quien considera al mismo tiempo una "muy buena madre y una excelente ama de casa". Ella revela que en muchos momentos admiró a su empleadora: "Ella era como perfecta, porque la verdad que sabía las cosas de la casa como nadie. Tenía la casa hecha un castillo, y también los cuidaba y estaba mucho con los nenes siempre". Reconoce que en algunas oportunidades recurrió a Finita para consultarla sobre cuestiones personales, sobre todo por problemas con su marido o por la compra de un terreno, y expresa: "Ella no es muy dada, así, muy expresiva, pero cuando fue lo del hijo [se accidentó], yo sentí que ella se acercó conmigo y le pude contar algunas cosas. Porque si no ella siempre fue muy de la distancia, no charlaba, pero te trataba bien". Define a Finita como su "verdadera patrona", puesto que fue quien le enseñó todo lo que conoce dentro del servicio doméstico. Así, destaca algunas cualidades: "Ella siempre me mostró porque sabe cómo le gustan las cosas. Te enseña […] porque le gusta que las canillas del baño, de la cocina estén impecables. Y a mí me enseñó. Te valoran cuando trabajás bien".

No obstante, el proceso de aprendizaje no estuvo exento de conflictos y tensiones: "Es que ella es muy dura a veces. Te exige, te pone a prueba. Te marca los puntos desde el principio y que si no hacés las cosas bien… ¡uh!". Reconoce cómo en los primeros momentos de su trabajo en esa casa ella volvía llorando a su casa los fines de semana porque a veces su empleadora se volvía muy exigente en sus pedidos. "Era muy detallista con todo. Con qué cosas hacer primero de la casa, de no ponerle el mismo lustramuebles a uno u otro mueble […] Tenía la virtud de ser muy recta, como yo. Se acordaba de todo. Me decía 'hacé esto, después esto. Usá esto, después lo otro. No pisés acá porque queda manchado. Y nunca me decía una cosa por otra'".

Asimismo, el tiempo de relación hizo que Edelmira sintiera haber logrado una confianza tal con Finita que se conocían "con los ojos cerrados". Sabía "cuándo una estaba de mal humor" o "cuando un día no tenía ganas de agacharme", recuerda Edelmira. En ese sentido, su empleadora en un momento tomó la decisión de contratar a una persona para la realización de tareas más pesadas como la limpieza de vidrios y la limpieza de la parrilla y de los lugares de la casa al aire libre. Esto le permitió contar con mayor tiempo para realizar las tareas del hogar de la manera que a Finita le gustaban.

Luego, y en función de las necesidades de Finita, su carga horaria comenzó a disminuir. A medida que su principal empleadora le reducía las horas de trabajo, Edelmira empezó a tomar otros empleos por horas. Al momento de realizar las entrevistas, trabajaba dieciseis horas a la semana divididas en cuatro días, dos de los cuales concurría a lo de Finita. Las dos mañanas restantes trabajaba en la casa de una amiga de Finita, mientras que dos tardes lo hacía en la casa de un abogado amigo de la hermana de Finita. A pesar de que lo presentó como una circunstancia más de su trayectoria laboral, desde su relato todo cambió para ella cuando necesitó conseguir un trabajo realizando tareas de limpieza en otros hogares. Aunque no le resultó difícil porque tenía la recomendación de Finita y ella contaba con una experiencia importante, los problemas comenzaron por otros motivos.

A diferencia de Ester, Edelmira no tenía inconvenientes en compartir el espacio con sus empleadoras mientras realizaba su trabajo. Incluso resaltaba que la mayor parte del tiempo que trabajó en la casa de Finita compartió el espacio sin que se hubieran presentado problemas. El primer trabajo que consiguió en 2001 fue para realizar tareas de limpieza en la casa de la cuñada de la hija de Finita. Edelmira describe su sensación durante los primeros momentos en ese trabajo: "Yo no sabía lo que tenía que hacer. Nunca me había pasado porque yo tenía claro qué quería la señora y ahora no, con esta chica no. Salía, entraba y no me decía nada. No era clara, le daba lo mismo cómo hiciera las cosas".

La indeterminación en el tipo de tareas y la manera en que debían ser realizadas, así como la necesidad de recibir instrucciones precisas sobre las tareas constituyen aspectos que afectaron desde el primer momento la relación laboral con esta empleadora. Al tiempo de haber comenzado en esta casa, Edelmira necesitó conseguir al menos un hogar más para trabajar, ya que enfrentaba problemas económicos importantes. Así fue como comenzó a trabajar en la casa de una productora de cine de cuarenta años, separada y con dos hijos.

Luego del primer mes de trabajo, recuerda haberle comentado a su empleadora cómo se sentía: "Mire, señorita, a mí no me gusta incomodar, pero yo tengo una forma de trabajo, y a mí no me da lo mismo cualquier cosa y las cosas yo las hago de una manera". Edelmira comenta el inconveniente puntual por el que había decidido hablar con su empleadora: "Yo dejaba, por ejemplo, toda la ropa ordenada en pilitas perfectas. Qué se yo, las sábanas, las medias, camisas, y después veía que ella me cambiaba todo de lugar. Entonces, un día le dije, 'mire, si no le gusta cómo lo ordeno, me lo puede decir'. Pero me dice, 'no, no, está bien así como usted lo hace'. Yo, la verdad, me enojé, pero después, con el tiempo, me di cuenta de que a ella no le importaba".

Si bien para Edelmira una empleadora de este tipo puede generarle cierto disgusto debido a la incertidumbre respecto de los criterios de evaluación de su tarea, su mayor pesadilla son las empleadoras que define como "nariz parada". Como ejemplo, relata la historia de Popy, una diseñadora de moda de unos cuarenta años que conoció en un té que organizó Finita para recaudar fondos para la fundación. En esa ocasión, Popy le manifestó su interés por "tenerla" trabajando para ella. La relevancia que la propia Finita le dio a esta posibilidad de trabajo –por tratarse de una persona de su extrema cercanía– hizo que Edelmira decidiera tomarla, aunque estaba muy cansada por su itinerario laboral. Popy necesitaba que trabajara tanto en su casa como en su local de ropa de Palermo realizando tareas de limpieza.

Los colores estridentes, la ropa ajustada y ciertas actitudes de Popy comenzaron a molestar a Edelmira ni bien comenzó a trabajar en su casa. Pero lo que colmó su paciencia fueron algunos pedidos "desubicados", como solicitarle la limpieza de muebles con un producto no apto para ese tipo de maderas y hasta cierta promiscuidad en algunas intimidades que Popy le contaba. Aunque el trabajo en el estudio y en su casa no eran extenuantes y le estaban pagando casi el doble que en sus otros trabajos, comenzó a sentirse mal. La mayor parte de su disgusto pasaba tanto por el trato de Popy hacia ella como por los propios saberes domésticos que no compartía con su empleadora. Sin embargo, en su relato ambas cuestiones aparecían fundidas:

"Ella, la verdad, que no sabía lavar un plato. No sabía nada, ni cocinar, nada. Y ella me quería venir a enseñar […] me llamaba y me tenía ahí esperando parada, para después decirme, 'mire, Ede, yo le voy a explicar que me gustaría que me haga esto de tal o cual manera', pero hacía como que me daba una clase, pero no sabía. Porque si sabe, que mande, ¿no?, pero si no, que me deje trabajar".

En la interpretación de Edelmira podemos ubicar una visión acerca del rol o papel que deben tener las empleadoras. Siguiendo a Suley Kofes reconocemos que, aunque el "saber" expresa el universo común que comparten trabajadoras y empleadoras, unas están allí para hacer y las otras para mandar" (2001:188). La misma autora, en otro estudio, revela la importancia de analizar la socialización de las mujeres, diferenciando el contenido particular que adopta para las empleadoras en función de la existencia de la institución "trabajadora doméstica" a lo largo de su vida. Así, para esta autora, en la socialización de la trabajadora doméstica está presente el ejercicio del mando y la necesidad de la obediencia.

En ese sentido, Edelmira se muestra acostumbrada a un tipo de vínculo que le permite realizar su trabajo desde una mayor certidumbre acerca de las tareas y de cómo deben ser realizadas. Asimismo, en su trayectoria laboral, la experiencia de salir a buscar nuevos empleos estuvo plagada de inestabilidad. En efecto, Edelmira siente que su mayor autonomía en el trabajo la tiene en la casa de Finita, donde dispone de la libertad para definir sus tareas cotidianas y regular el ritmo de trabajo. Por ello, la presencia de Finita mientras realiza su tarea no le representa un inconveniente, ya que, como se deja entrever en distintas expresiones, el conocimiento mutuo configura la confianza y la tranquilidad acerca de los criterios movilizados: "ya nos conocemos", "sé lo que quiere", "yo me organizo" y "nunca me dice una cosa por otra".

De esta manera, encontramos cómo Edelmira puede lograr su propio nivel de autonomía sin necesidad de apartarse de la presencia de las empleadoras o de buscar el menor contacto posible. Esto está relacionado, como vimos, con la importancia que le otorga a la indicación de la empleadora, a su precisión y a la necesidad de conocer el criterio que regirá la evaluación de su tarea. En términos generales, Edelmira representa de alguna manera a un modelo de trabajadora más "tradicional", más acostumbrada a un vínculo con las empleadoras y a una dinámica en donde la identificación de la mujer con el hogar está relacionada con los saberes domésticos que posea y con la capacidad que tenga para transmitirlos.

A continuación, relatamos la historia de una trabajadora doméstica que grafica elementos vinculados con el trabajo doméstico de limpieza bajo la modalidad sin retiro y el aprendizaje de técnicas vinculadas a este. A través de su trayectoria, veremos la relevancia de la inscripción a redes sociales de reclutamiento en la configuración del trabajo doméstico y la singularidad que adopta su trayectoria laboral cuando incorpora tareas de cuidado a su trabajo.

3.8. Mezclar limpieza y cuidado

Lograr contactar a Liliana fue parte de una tarea ardua. Luego de cuatro meses de llamados y encuentros frustrados, accedió a tener una charla. Liliana tiene veintiocho años, está separada, tiene una hija y dejó hace un año de trabajar como trabajadora sin retiro en un hogar donde lo hizo más de dos años. Es hermana de una trabajadora doméstica que conocí en el trascurso del trabajo de campo.

En el momento en que realizamos las entrevistas, Liliana vivía en una casa tomada del barrio de Parque Patricios, con su hijo de un año. Nació en la ciudad de Asunción del Paraguay y, como en el caso de la mayoría de las mujeres entrevistadas, interrumpió sus estudios secundarios para ingresar tempranamente en el mercado de trabajo. Su madre, trabajadora doméstica, facilitó el inicio de su carrera laboral en la misma actividad. A los trece años comenzó a trabajar como niñera sin retiro para una familia en su ciudad de origen. Seis años después viajó a Buenos Aires y seis meses después comenzó a trabajar sin retiro en la casa del hermano de la patrona de su madre, quien también estaba empleada bajo la misma modalidad desde 1980. En ese hogar realizó únicamente tareas de limpieza durante dos años hasta que nacieron los mellizos de los empleadores. La experiencia allí para Liliana fue central, es donde manifiesta haber "aprendido a trabajar". A diferencia del trabajo en Asunción, en donde no pernoctaba en el hogar, sino que salía por la noche para entrar por la mañana del otro día, lo primero que le llamó la atención fue la dificultad para regular la cantidad de tareas dentro de una labor de estas características.

En general, los cronogramas y las necesidades de las empleadoras hacen que los servicios provistos por las trabajadoras domésticas sin retiro comiencen bien temprano en la mañana y finalicen a altas horas de la noche. A esta amplia disponibilidad para la realización de tareas debemos agregarle que, en su gran mayoría, estas trabajadoras deben ocuparse del cuidado de alguna persona, con lo cual se vuelve más complicado disponer de horas libres.

Lo primero que menciona Liliana como algo que debió aprender cuando empezó a trabajar con retiro fue reconocer el momento de la llegada de la "patrona", durante el cual debía tener la capacidad de mostrar los lugares y las cosas con cierto nivel de pulcritud y orden. Acostumbrada a trabajar con las empleadoras presentes, también le llamó la atención la soledad en la cual desarrollaba su trabajo.

Por otra parte, el hecho de haber ingresado recomendada por su madre le generó una gran presión por mantener cierto nivel de trabajo y cumplimiento de sus obligaciones: "Yo me sentía como presionada, pero no por la señora de la casa, no, sino con mi madre que me decía, 'no me tenés que dejar mal' y esas cosas". En ese sentido, la presión que sentía Liliana se derivaba del prestigio de la red de recomendaciones por la cual había conseguido el trabajo, antes que por la propia exigencia de su empleadora: "Cecilia [empleadora] nunca me pidió mucho, lo normal. Aparte, yo sabía trabajar, estaba acostumbrada". Liliana reconoce que, aunque el hogar era grande y ella era la única contratada para realizar tareas de limpieza, tanto la extensión de las jornadas, como la intensidad del ritmo de trabajo y la delimitación de las tareas no eran cuestiones en las cuales su empleadora pusiera énfasis: "Ella era tranqui, quería algunas cosas bien, pero normal. Algo que te pide cualquier patrona, no te salía con un martes trece".

Luego de este inicio tranquilo, la complejidad del vínculo comenzó a acrecentarse ante el nacimiento de la hija de Cecilia. Así lo explica Liliana: "Es que es mucho trabajo, porque te ponés con las cosas más fuertes a la mañana y después si te vienen a jugar los hijos de la amiga, de la hermana de la patrona, ahí no podés mantener, porque el patio que lo había limpiado queda sucio, y así".

Después de este relato, Liliana toma aire, ríe y expone algunas prácticas que encontró efectivas para lograr un manejo de las distintas variables. El uso del living como lugar de todos los juegos y actividades de los invitados fue una regla que ha podido mantener. Como es el espacio menos complicado para limpiar y el más estratégico en función de las rutinas de la familia, allí optó por aplicar materiales de limpieza en cantidad suficiente para que en poco tiempo pudiera verse reluciente. Otra de las estrategias que adoptó tiene que ver con conocer los movimientos de su empleadora para definir los propios: "Cuando la señora llegaba, se iba a su cuarto y estaba un rato ahí. O la va a ver a la nena que está en el suyo. Entonces, yo las tengo ahí mientras voy repasando y terminando el living".

Liliana reconoce que en algún momento llegó a estar superada por la cantidad de trabajo. No obstante, afirma que la mayor familiaridad y confianza que había logrado con su empleadora hacían que obviara algunos reclamos: "La señora sabía que yo estaba en todo y que me gustaba tener la casa linda, pero que, bueno, hacía lo que podía. Que no estaba una pinturita, pero bueno, si quería eso, tenía que contratar a otra. Yo nunca le dije, pero ella se daba cuenta y no decía nada. Entonces, nunca tuvimos problemas". En este ejemplo, encontramos cómo el conocimiento entre ellas permite que se construya una comprensión recíproca que permanece tácita y las resguarda de la generación de un conflicto.

En ese sentido, las expectativas de las empleadoras deben ser reguladas en función de otros elementos, como el tiempo que hace que conocen a la trabajadora, o la confianza en ella, tanto en términos personales como profesionales. En los relatos de trabajadoras con experiencia en el trabajo sin retiro como Liliana, aparecen en varias oportunidades ejemplos de situaciones como la siguiente: "Ella [empleadora] sabe que si yo estoy sin mucho trabajo, le hago una limpieza a fondo; pero, si hay visitas, o está la nena muy demandante, no. Solo le voy a dar una pasada. Y después, sí, cuando me hago un tiempo, le hago como ella quiere, porque tiene sus mañas".

Esta diferencia entre la acción presente y una futura que mejora la tarea no disminuye el umbral de limpieza reconocido por la trabajadora como aceptable. Sin embargo, permite una reducción en los estándares requeridos para su aprobación. La reducción del estándar básico puede llevar a que, como muestra Fleischer (2006), se revierta esta supuesta subordinación que había mantenido la trabajadora cuando relegaba sus expectativas de limpieza por tareas complementarias que podían o no ser solicitadas por quienes las emplean. Al contrario de lo que puede uno encontrar en la literatura anglosajona (Hondagneu Sotelo, 2001; Glenn, 1994), en el caso de las trabajadoras sin retiro, el hecho de haber modificado cierta capacidad de trabajo cuando la relación con las empleadoras está bastante personalizada, redunda en un aumento del trabajo de la trabajadora.

Por otra parte, Liliana afirma que decidió alterar su estrategia en el trabajo para no cansarse tanto y para poder lograr su cometido y no sufrir los dolores de espalda que la aquejan desde que hace un par de años. Por este tema, admite haber charlado con su hermana mayor (también trabajadora doméstica), quien le sugirió centrarse en reorganizar sus tiempos de trabajo. La organización supuso un conjunto de rutinas que incluían lavar los lunes, pasar la aspiradora los martes, planchar los miércoles y así sucesivamente, tal vez dejando otras tareas para cuando la hija estuviese durmiendo siesta, o antes de regresar de la escuela por la tarde. Esta organización del tiempo y los espacios se asocia con las características y dinámicas específicas de cada hogar.

En determinado momento, la empleadora de Liliana comenzó a pasar más tiempo en su casa, y su hija empezó a estar menos, porque iba al jardín y tenía otras actividades. Esto resulta un elemento central para pensar la manera en que se utiliza este tiempo "libre" o "muerto" para las trabajadoras. Liliana se refirió a ello y comentó una recomendación que le hizo una amiga que había trabajado sin retiro y había vivido este proceso: "Ella me decía que ahora tenía que buscarme cosas para hacer porque, si no, la patrona cuando está en la casa te busca cosas para hacer nuevas, porque piensa que estás más de balde […] a mí me empezó a pasar y a sentirme incómoda cuando estaba más en la casa y miraba todo lo que hacía".

Liliana reconoce que se sentía observada como una persona con "tiempo de sobra" y agrega: "Yo me inventaba un poco para no terminar haciendo cosas que no te gustan, como cortar el césped, salir a pasear el perro o esas cosas". Recuerda que, en ese momento, empezó a realizar tareas a las que no estaba acostumbrada y que además le empezaron a molestar: "Me comenzaron a mandar a la casa de la suegra para ayudarla con algo, y así. Después volvía y una notita, que cambiar los cueritos, o los foquitos, limpiar los vidrios tres veces por semana, cosas que nunca había hecho". Esta sobrecarga de tareas nuevas y muchas veces más esforzadas que las anteriores, sin que ello se derivara en un aumento en sus honorarios, fue algo que comenzó a molestarle.

Liliana relata que al principio mostraba con orgullo su rapidez y destreza en las tareas que le encargaban, pero que eso se le volvió en contra. Estaba todo el día haciendo distintas cosas y se cansaba mucho: "Es que siempre en una casa, y más si es grande, tenés cosas para hacer. Y, si estás todo el día, no parás". Esta sobrecarga se solucionó cuando comenzó a manejar su tiempo en el trabajo: "A diferencia de cuando trabajás en casas por hora, ahí tenés todo el día para hacer el trabajo. Y, si hacés todo a la mañana y a la tarde terminás, después te llama la patrona o el patrón y te pregunta si terminaste. O vienen y ahí, nomás, te dan otra cosa porque te ven que tenés todo el día". Asimismo, reconoce que el de la sobrecarga es un tema que surge frecuentemente en las charlas con sus amigas trabajadoras y que todas tratan de tener la misma actitud, ya que "la que tiene la palabra final es la patrona y, si son exigentes, no te perdonan nada; y, si ya tenés confianza, hasta les podés decir que estás cansada".

Sin embargo, la mayor dificultad para Liliana estaba dada tanto por la confianza con su empleadora como por su propia disposición para realizar tareas sin que fueran requeridas de forma directa. Algunas trabajadoras se resguardan de tomar la iniciativa, aunque un gran porcentaje encuentra nuevas tareas. Liliana advierte: "Si empezás a hacer las cosas que ellos te piden, pero que no te corresponden, después ya piensan que las tenés que hacer vos siempre, que es tu responsabilidad".

No obstante, Liliana reconoce que el hecho de trabajar más de lo solicitado se debía a una característica propia, vinculada con su propia "forma de ser", a la que describía como "con hormigas en el culo, como se dice". Recuerda que tal era la exigencia que se autoimponía, que llegó un día en que se desmayó en la cocina. Sin embargo, cuando indagamos sobre el contexto del episodio, manifiesta que esa semana había tenido problemas familiares que la habían llevado a hablar con su hermana hasta altas horas en la noche por teléfono. Al otro día, había despertado a la hija de su empleadora y, luego de preparar el desayuno y llevarla al colegio, había ido a pasear a los dos perros de la familia. Ese episodio se correspondió con que, durante ese tiempo, ambos empleadores estuvieron trabajando en la propia casa, algo que a ella la hacía trabajar más porque debía cocinar y realizar tareas extras que no estaba acostumbrada. Desde llevarle té a su empleador hasta estar atenta de no molestar a su empleadora cuando trabajaba o cuidar que los perros no entraran a la casa. Modificar hábitos para no molestarlos, como no escuchar la radio en la cocina, no cantar o no poder hablar tranquila con su hermana por teléfono transformaron su cotidianeidad, sumado a que estaba aún más pendiente de las tareas domésticas. Cocinar todos los días tanto al medio día como a la noche para seis personas, estar pendiente de las necesidades y gustos de los empleadores , y a la vez de los niños que volvían del colegio, hicieron de ese período uno de los más difíciles y cansadores. Así fue como tuvo un desmayo en la cocina que derivó en dos semanas de reposo para ella. Debido a que el episodio se dio en el medio de su embarazo, Liliana comenzó a pensar en la posibilidad de dejar de trabajar por un tiempo.

Unos meses después, y luego de dos años de trabajo sin retiro en Buenos Aires, decidió renunciar a ese trabajo para tener a su hija y vivir con su novio. A partir de ese momento, comenzó a tramitar el documento argentino y a buscar trabajo con retiro. Conseguir el documento nacional de identidad un año y medio después le permitió anotarse en un colegio por la noche con el objetivo de terminar el secundario. Al mismo tiempo, por intermedio de su prima consiguió trabajo haciendo suplencias en una peluquería, algo que a ella le interesaba desde hacía tiempo. Si bien en los dos trabajos con retiro en los que trabajaba le permitían concluir la escuela y en un futuro realizar algún curso de peluquería, resultan interesantes las caracterizaciones que realiza de sus nuevos empleadores. Si bien en su discurso valora la independencia que pudo lograr en relación con los horarios y la posibilidad de realizar otras actividades, además de poder criar a su hija, no anula de su relato los conflictos que surgieron, sobre todo en la casa de uno de los empleadores.

En la "casa enorme de tres plantas" donde realizaba tareas de limpieza tres veces por semana, sobre todo es el empleador quien le exige cosas todo el tiempo y no percibe el cansancio que tiene. Esta experiencia Liliana la compara con aquella con la "señora Cecilia" [su trabajo de siete años], "donde estaba bien" y lo opone a los actuales, en donde, además de ganar menos dinero, son gente "más desconsiderada". De esta manera, Liliana define la manera en que se configura el vínculo con unos y con otros, allí donde puede encontrar márgenes para regular la cantidad de trabajo, negociar la cantidad de tareas y el ritmo de trabajo cotidiano.

En síntesis, la trayectoria de Liliana nos ha permitido observar la imbricación que tienen las tareas de limpieza con aspectos vinculados con la cercanía afectiva construida con las familias de los hogares donde trabaja. La importancia de la red social de ingreso como modeladora de sus comportamientos de sus omisiones es un aspecto de relevancia para pensar en relaciones de largo plazo. Al mismo tiempo, la transformación de un trabajo solamente de limpieza en otro en donde además debió cuidar niños, supuso la incorporación de dimensiones afectivas y de cercanía que comenzaron a articularse con las propias obligaciones y deberes como trabajadora doméstica. El ingreso vía una red de trabajadoras conocidas por la empleadora garantizó un piso de confianza para Liliana respecto a las exigencias y reclamos que podían derivar del desconocimiento de ciertas "maneras de hacer" las tareas de limpieza en hogares de Buenos Aires. Estos componentes han posibilitado una personalización de la relación con sus empleadoras que, si bien no impiden la existencia de condiciones laborales adversas, garantizan la continuidad y estabilidad de Liliana en un mismo trabajo. En tal sentido, su "salida" hacia el trabajo con retiro ha significado una modificación en la modalidad de vínculo, siendo la actual menos personalizada y cercana. Al mismo tiempo, tales condiciones han tendido a generar situaciones conflictivas y de incertidumbre nunca antes conocidas por Liliana, producto de una forma de relación poco conocida por ella hasta el momento.

Recapitulando

A través de este capítulo, hemos podido evidenciar cómo las negociaciones, acuerdos y conflictos entre empleadoras y trabajadoras domésticas guardan una importante variabilidad y complejidad en función de la presencia o ausencia de las empleadoras en el hogar. Asimismo, hemos visto cómo operan los propios mandatos morales y las posibilidades de acción que las empleadoras movilizan para gestionar y ejercitar la autoridad ante situaciones de conflicto y de tensión que se relacionan con la supervisión y control de las tareas de limpieza.

Hemos podido constatar que la situación de actividad de la empleadora se nos presenta como una variable relevante, en la medida que quienes trabajan fuera de sus hogares tienen mayores dificultades para exponer sus criterios y expectativas debido a las complicaciones que avizoran ante una posible partida de la trabajadora, algo que se traduce en un obstáculo para continuar con sus carreras profesionales. Esto deriva, en muchos casos, en una mayor autonomía de las trabajadoras, tanto para aplicar y poner en práctica sus propios criterios de limpieza y de imponer sus propias nociones de organización del hogar, así como para manejar sus agendas laborales de entrada y salida de sus hogares. De allí que prefieran trabajadoras "con empuje" y capacidad de "adelantarse" a situaciones y cuestiones que puedan presentarse en la cotidianeidad, esto es, trabajadoras que les aseguren eficiencia y responsabilidad en el trabajo.

Sin embargo, se les presenta la siguiente paradoja: si bien, por un lado, para estas empleadoras las labores domésticas constituyen tareas conocidas para cualquier mujer, por el otro, postulan la necesidad de hacer comprensibles ciertos criterios de limpieza y de organización doméstica que reconocen como alejados de los saberes de las trabajadoras. En definitiva, y a pesar de sus cargados itinerarios laborales, ello no impide que aparezcan reproches y críticas sobre la forma en que se debe realizar el trabajo. Quizás, y a diferencia de las empleadoras que se encuentran en sus hogares mayor cantidad de tiempo, entre estas está menos presente la posibilidad de supervisión de aquellas "maneras de hacer" las tareas domésticas, con lo que el resultado termina siendo lo más importante.

Al mismo tiempo, encontramos una cierta identificación en tanto "trabajadoras" que se actualiza a la hora de evidenciar sus requerimientos y pedidos, y se expresan en una mayor incomodidad para colocarse en la condición de "patronas". En relación con el rol que ocupan dentro del hogar y con respecto a la familia, movilizan con mayor ahínco aquella "militancia moral" de las ideas higiénicas a la que hacían referencia los historiadores sociales y que las exhorta a practicar una supervisión del trabajo que realizan las trabajadoras que contratan. Asimismo, no es menor la gravitación que tienen las responsabilidades y deberes por ser consideradas amas de casa, que las obligan a ubicarse en un rol por el cual deben responder. En este sentido, la supervisión y el control sobre las tareas realizadas –así como sobre la dinámica temporal del trabajo, la organización espacial y las prioridades– configuran una relación de mayor control y poder sobre la trabajadora. No obstante, como vimos, pueden leerse generacionalmente de distintas maneras (tanto en el caso de María como el de Sonia y Adriana).

Desde el punto de vista de las trabajadoras domésticas, observamos la relevancia que tiene la trayectoria laboral en relación con la modalidad de trabajo de la que se trate, y en la forma en que se organizan, gestionan y negocian las cuestiones laborales. Al mismo tiempo, exhibimos cómo el margen de negociación y la capacidad para desarrollar tácticas y maniobras que las puedan beneficiar en términos de las condiciones laborales –ligadas con el trato, la cantidad de trabajo, los horarios de ingreso y de salida–, se vinculan, además, con los grados de implicancia afectiva que logran con la familia de sus empleadores.

En particular, hemos podido vislumbrar que las trabajadoras sin retiro encuentran dificultades en la administración del tiempo de trabajo y de descanso y emprenden maniobras para poder regularlo. Este manejo se vuelve complejo debido a que la presencia de quienes las emplean puede ser constante y la posibilidad de lograr espacios y temporalidades "libres" de trabajo resultan poco probables. Asimismo, y como ocurre en la mayoría de los casos, las trabajadoras sin retiro realizan tareas dedicadas a la limpieza al mismo tiempo que realizan tareas de cuidado de niños. Ello hace que deban indefectiblemente involucrarse afectivamente con las familias y sus hijos. Así, deben lidiar en muchos casos no solo con restringir la cantidad de horas de trabajo, sino que también deben manejar los lazos emocionales y las situaciones críticas que pueden sobrevenir. En tal sentido, la afectividad aparece en este tipo de trabajos como una variable que regula derechos y deberes de ambas partes. Así, vimos cómo los reclamos que se realizan en clave afectivizante ("desconsideradas", "malas personas", como fue el caso de Ester) pueden tornarse estrategias tendientes a liberar a las trabajadoras de tener que realizar trabajos extras. Este "ser parte de la familia" o "como de la familia" puede llevar a que la disponibilidad se demuestre en el trabajo extra que la trabajadora realice, así como a soportar ciertas situaciones y condiciones de trabajo sin ningún reconocimiento económico.

En las trayectorias laborales de trabajadoras bajo la modalidad con retiro y donde únicamente realizan tareas de limpieza, el lazo afectivo es mucho menor que en las precedentes, aunque ello no debe leerse como una ausencia de emociones y afectos. La construcción de los itinerarios para estas trabajadoras supone establecer buenas relaciones con las empleadoras, ya que la flexibilidad que demandan sus obligaciones y las necesidades siempre cambiantes hacen que sea necesario poder contar con un margen de maniobra para organizar sus recorridos. En general, estas trabajadoras logran una mayor flexibilidad de horarios y una estandarización de las tareas y de los tiempos en los que las realizan. Al mismo tiempo, resisten la imposición de horas extras cuando no se compensan con pagos extras, algo que las ubica en una mejor posición.

A diferencia de las trabajadoras sin retiro, estas mencionan con bastante frecuencia la importancia que tiene recibir instrucciones claras y precisas para el trabajo de limpieza. Tal es el caso de Edelmira, quien llegó a tener dificultades con empleadoras por ese motivo. En términos generales, e independientemente de la trayectoria laboral de la trabajadora, encontramos que establecer horarios y tiempos precisos y fijos por parte de las trabajadoras que trabajan sin retiro, así como tomar el control y buscar la mayor flexibilidad laboral y de horarios para las trabajadoras que trabajan con retiro, constituyen tácticas que configuran y moldean la gestión de cada una de las modalidades de trabajo. Al mismo tiempo, vimos que las trabajadoras con retiro manifestaron un mayor grado de conciencia respecto de las distancias culturales con quienes las contratan. A continuación, veremos las diferentes maneras de movilizar estrategias de supervisión por parte de las empleadoras y de tácticas y resistencias de parte de las trabajadoras domésticas considerando el trabajo de cuidados.

Capítulo 4
Organizar el amor

Tenés que aprender a querer, porque si te encariñás, a la corta o a la larga, perdés.
(Gloria, trabajadora doméstica, cuarenta y siete años).

Las empleadoras[1] movilizan un conjunto de saberes e ideales normativos vinculados a la mejor manera de criar a sus hijos en la primera infancia. Su objetivo está puesto en el mantenimiento y la reproducción de un ideal de familia, en particular, en torno a un modelo de crianza en el que predominan prácticas sobre la niñez y nociones particulares sobre el desarrollo y el lugar de los hijos. En este punto, subyace entre las empleadoras un modelo de familia en el que sus hijos deben ser criados y socializados de una determinada manera y con el fin de internalizar un conjunto de valores por medio de prácticas consagradas por su pertenencia de clase (Cosse, 2006).[2] Habría en este punto una percepción de una distancia entre las normativas y los valores sociales de trabajadoras y empleadoras, aunque, como veremos, atada a las propias condiciones de posibilidad de supervisión para que estas tareas de cuidado sean realizadas.

Si bien es cierto que el involucramiento de las trabajadoras cuando realizan tareas de cuidado de niños puede llevarlas a una dependencia afectiva (Ariza, 2008) y a una emotividad que puede oscurecer la propia posibilidad de hacer valer sus derechos (Cox, 2006), nuestros hallazgos permiten iluminar aspectos

---

[1] Nuevamente y al igual que en el capítulo anterior utilizaremos el femenino porque han sido las empleadoras quienes mayores referencias y relatos movilizan en torno a la gestión del trabajo en este tipo de tarea.

[2] Desde la historiografía, María Adelaida Colangelo se ha dedicado al estudio de la configuración de modelos de crianza desde principios del siglo XX y analiza la incidencia de la medicalización, la pediatría y la puericultura en la enunciación de reglas de la "buena crianza" atravesadas por categorías morales y valores asociados a la maternidad (2012: 08).

productivos de los clivajes afectivos en las experiencias laborales de las trabajadoras. Así, veremos cómo la dimensión afectiva opera como una manera de construir "reputación", movilidad social propia y mejoras en las condiciones de trabajo. En este punto, el nivel de autonomía y el manejo de las tácticas de las trabajadoras pueden ser impulsados por el nivel de confianza y afectividad producto de la relación que se establece con el niño que se cuida (De Certeau, 1999). Pero lo paradójico reside en que ese mismo grado de cercanía (necesario para la realización correcta del trabajo) puede convertirse de diversas maneras en un óbice para concretar un mejoramiento en las condiciones laborales y muchas veces en un obstáculo para la realización de un reclamo laboral.

En general, las trabajadoras que son contratadas para realizar primariamente tareas de cuidado acaban realizando también tareas de limpieza, sin que esto sea percibido por los empleadores como una sobrecarga de trabajo. En efecto, habitualmente, las expectativas de tener la "casa en orden" se ven truncadas cuando verdaderamente se prioriza el cuidado. La tendencia es buscar flexibilizar la actividad y solicitar más servicios, hecho que –como veremos– vuelve vuelve más demandantes a las tareas de las cuidadoras. Expresiones como "ganarse a los chicos", "hacerse querer", pero también "manejar la casa", aluden a los componentes que se superponen en esta actividad. En este sentido, expondremos cómo la personalización del vínculo a partir de la implicancia afectiva configura una trama particular de arreglos y sentidos que operan como clivajes significativos en las negociaciones cotidianas que no pueden ser solo leídas como producto de la explotación que soportan las trabajadoras en beneficio de las empleadoras.[3]

En la primera parte del capítulo, analizaremos una heterogeneidad de relatos dentro de una "tipología" de empleadoras con características similares. Entre las más relevantes, podemos mencionar el hecho de que han tenido experiencias previas de socialización con trabajadoras domésticas (tanto en su ni-

---

[3] En un clásico estudio sobre empleo doméstico en Europa, Bridget Anderson (2000) argumenta que la empleadora no compra la fuerza de trabajo, sino el control absoluto sobre el ser persona (*personhood*) de la trabajadora, en general una migrante del sur global. Anderson problematiza el doble carácter del cuidado como trabajo y como emoción, como se puede observar en los requisitos para ser contratada y lo que las empleadoras valoran. Por un lado, ser trabajadora, profesional y responsable, pero a la vez de confianza y cariñosa. Sin dejar de considerar que esta situación existe, nos resulta importante poder mostrar también la propia capacidad de las trabajadoras para posicionarse ante esta condición exhibe la propia disposición para movilizar sus sentidos y expectativas en este tipo de trabajo.

ñez como en la actualidad), han contado y cuentan en su mayoría con una red de relaciones que funciona como reaseguro, al mismo tiempo que, en general, tienen algún nivel de instrucción (secundario, terciario o universitario). Asimismo, son personas que trabajan al menos medio tiempo fuera del hogar, aunque más frecuentemente tiempo completo, y manejan cierta visión "igualitaria" de la relación que les interesa entablar con la trabajadora. En tal sentido, el vínculo con la trabajadora doméstica se les plantea como un conflicto que lo procesan desde una postura intelectual y ética, al sentirse solidarias e identificadas como mujeres y trabajadoras, así como altamente dependientes dentro su esquema de vida. Dicho grupo de empleadoras se transformó en la más representativa dentro del trabajo de campo.[4] Posteriormente, expondremos experiencias de empleadoras que se apartan de las características anteriormente citadas para iluminar desde la herramienta comparativa diferencias y similitudes vinculadas con sus experiencias de socialización como empleadoras, la mayor o menor presencia en el hogar en función de sus trayectorias en el mercado laboral, así como la posibilidad de contar con redes sociales de contención.

En una segunda parte, nos centraremos en las trabajadoras domésticas. Desde algunas experiencias y relatos, mostraremos la diversidad de situaciones e interpretaciones que movilizan en relación con sus propias trayectorias dentro del trabajo de cuidado. Nos interesa profundizar en las tensiones y acuerdos que se establecen con las empleadoras y sus hijos, visualizando cómo juegan las distintas variables retratadas en la introducción general de esta sección. Estos aspectos nos ayudan a comprender mejor sus niveles de autonomía y dependencia. De ellos también dependerá la capacidad de las trabajadoras de expresar sus necesidades, diferencias y demandas. Muchas veces, la intensidad del contacto y la proximidad con los niños que cuidan llevan a que evalúen la relación laboral en términos de un vínculo que se vive y se expresa en términos de familia y parentesco.

---

[4] Cierta sobrerrepresentación de la muestra se pudo haber debido al método de "bola de nieve" utilizado para seleccionar los casos, y que se basa en la propuesta de tomar una de red social y ampliar progresivamente los sujetos de nuestro campo, partiendo de los contactos facilitados por estos sujetos. Sin embargo, lejos de construir una voz monocorde, el objetivo de esta parte del capítulo es revelar la variabilidad de experiencias y significados que presentan las historias, considerando algunas dimensiones relevantes para el análisis.

4.1. Las empleadoras que trabajan fuera del hogar y el cuidado de niños

4.1.1. La naturaleza de la dependencia

Todos los seres humanos requerimos de cuidados personales, y la gran mayoría cuida a otros/as en algún momento de sus vidas. Nadie puede sobrevivir sin ser cuidado, lo cual convierte al cuidado en una dimensión central del bienestar y del desarrollo humano. Sin embargo, aunque todos/as necesitamos ser cuidados –claramente en la infancia y en la vejez, pero también en la juventud y adultez, aunque no con la misma intensidad– el papel de cuidadores/as muestra una distribución muy desigual, especialmente en términos de género. (Esquivel, Faur y Jelin, 2012:11)

En Argentina, la ausencia de una política estatal que garantice la existencia de guarderías públicas, de una asignación universal para tales propósitos o de un sistema de provisión de dispositivos públicos generalizados genera obstáculos para la participación económica plena y extra-doméstica de las mujeres y una reproducción desigual de las posibilidades de cuidado (Faur, 2014; Faur y Pereyra, 2019).[5] Sin embargo, no ha impedido el masivo ingreso de la mujer en la actividad económica general en el contexto de la transformación de la estructura productiva en los últimos treinta años (Wainerman, 2005; MTESS, 2005; Faur, 2017). La conciliación entre trabajo remunerado y no remunerado representa una dificultad que afecta profundamente a las mujeres en relación con su inserción laboral y su desarrollo profesional. Al respecto, los avances en cuanto a normativa y legislación que promuevan la igualdad de trato y de oportunidades para varones y mujeres en Argentina, no han sido suficientes y aún se está lejos de dicha igualdad (Aspiazu, 2014). Para compatibilizar ambos universos, las empleadoras recurren –entre otros servicios e instituciones– a la contratación de niñeras y servicio doméstico.[6]

---

[5] Partimos del supuesto de que aun cuando en la provisión de cuidado intervienen distintas instituciones o "pilares de bienestar" (Esping-Andersen, 1990), el Estado cumple un rol central, ya que actúa al mismo tiempo ofreciendo servicios y regulando –de forma explícita o implícita– las contribuciones de los otros "pilares del bienestar" como el mercado, las familias y la comunidad, en dicha oferta. Sin embargo, la intervención estatal, en el escenario de un país que se ha tornado altamente desigual y con una importante proporción de la población viviendo en situación de pobreza, no se presenta de modo homogéneo.

[6] De las 37 empleadoras entrevistadas, solo 9 habían recurrido únicamente a guarderías públicas y privadas para lograr cubrir el espectro cotidiano de cuidado de sus hijos/as.

Las trabajadoras domésticas son un agente central en la organización del cuidado de niños/as, y como vimos en los primeros capítulos, es nodal el rol de las redes de relaciones generizadas en esa instancia. En este sentido, recurrir a la red de mujeres, que van desde amigas, primas, tías, abuelas, nueras, constituye una de las estrategias más comunes para organizar o afianzar el arreglo que les permita trabajar fuera del hogar. Aunque la mayoría de las empleadoras manifestaron preferir las guarderías públicas a tener que contratar a una trabajadora que realizara tareas como niñera, casi la misma proporción manifestó que la mayor parte del tiempo fueron estas últimas quienes se encargaron de esta tarea.[7] Así, cuando quienes contratan forman parte de la fuerza de trabajo asalariada supone un gran esfuerzo asumir la necesidad de mantener esas fuentes de trabajo. En este escenario, quienes cuidan de sus hijos/as conforman una columna vertebral en el sostenimiento de sus itinerarios profesionales y de sus vidas familiares.[8]

La combinación de todos los elementos retratados configura un mecanismo que muestra el grado de precariedad y de vulnerabilidad que exhiben aquellas empleadoras que no cuentan con una red que les permita suplir la ausencia de una trabajadora o de tener la posibilidad de comprobar la calidad de la labor realizada que realizan en sus hogares. En definitiva, como veremos a continuación, estas redes forman parte de una "cadena de cuidados privada" que, en el mercado de trabajo otorgan confiabilidad y apoyo como para el sostenimiento del hogar.

4.2. Entre la necesidad, la culpa y el miedo

Mercedes tiene cincuenta y cinco años, está separada y tiene dos hijos. Estudió *marketing* y trabaja en una empresa de telecomunicaciones en el área de ventas. Llegó a la Ciudad de Buenos Aires desde Bahía Blanca cuando tenía treinta y tres años y al año siguiente conoció a su marido, con quien se casó a los dos años y tuvieron una hija y un hijo. Ocho años después, se separó y se fue a vivir a otra casa. Durante todo ese proceso, que Mercedes reconoce como el más duro para ella y para sus hijos, "Sandra estuvo presente".

---

[7] Para un interesante análisis sobre las creencias y perspectivas "familísticas" que ponen el énfasis sobre el lugar de los afectos y del altruismo en las organizaciones familiares en el Área metropolitana de Buenos Aires (AMBA), se recomienda el excelente libro de Faur, Esquivel y Jelin (2012) ya citado.
[8] No nos vamos a ocupar aquí de la columna vertebral que sostiene los hogares de las propias trabajadoras domésticas cuando tienen hijos/as. Para un análisis exhaustivo e interesante se recomiendan ver (Faur, 2009) y (Faur y Pereyra, 2018).

Como consecuencia de trabajar en relación de dependencia, vivir en las afueras y no conocer a nadie en la ciudad, Mercedes entendía que debía utilizar un sistema eficiente de selección de quien cuidaría a su única hija. Contrariamente a lo que hubiese deseado, no contaba con el tiempo necesario para hacer un seguimiento cercano de la trabajadora. A Sandra llegó a través de su exsuegra, quien la había recomendado por ser conocida de una extrabajadora suya.

Para explicar su confianza en Sandra, Mercedes utiliza, además de la experiencia como madre reseñada por su trabajadora, algunos otros componentes que resultan interesantes y que se vinculan con la destreza en el manejo de las tareas hogareñas: "Y, la verdad es que la vi muy ducha en todo. La alzaba, la sabía vestir… Vos vieras los brazos que tenía. La cambiaba, se notaba que tenía experiencia, era madre […] vos lo ves y ahí te tranquilizás". Aunque reconoce que al principio dudó unos instantes por la falta de referencias que tenía Sandra en ese tipo de trabajos, fueron los saberes prácticos que mostró en sus primeros encuentros y la experiencia habiendo cuidado de distintos familiares en su ciudad natal lo que terminó de convencerla definitivamente:

> Cualquier mujer por lo materno sabe agarrarlo…Y más aún gente como mujeres de… ¡qué se yo!… de sectores más populares. Digo, que desde chica tuvieron que cargar con algún familiar a cuestas, esto es real […] puede ser una india, pero, si es mujer, yo se lo dejo porque seguro tuvo una relación de chica con hacer eso. No lo va a dejar dado vuelta o esas cosas. Quizás no le gusta, pero sabe […] es algo que viene como un *chip* para nosotras.

Mercedes reconoce haber sido una "sandradependiente" durante toda la etapa previa al ingreso de sus hijos al colegio primario en Buenos Aires, haciendo referencia al vínculo establecido con ella cuando retornó de su ciudad de origen y tuvo a su segundo hijo. En ese tiempo, se enteró de que su madre padecía de cáncer y se dedicó a cuidarla, ya que su único hermano vivía en España. Además, la cambiaron de sector dentro de la empresa y ascendió de puesto: "Sandra me tenía en sus manos, por todo lo que hacía por mí y por mi familia […] Yo sentía que, si ella me pedía un aumento del mil por ciento, yo se lo daba, porque la verdad, si no, yo no hubiese podido vivir en ese tiempo, cuidaba todo lo más preciado".

Aunque Mercedes reconoce la importancia del trabajo de Sandra en la organización cotidiana de su vida, comenzaron a fastidiarla las constantes disputas vinculadas con los roles de cada una. Esto también apareció recurrentemente en las entrevistas con empleadoras, quienes manifiestan que ciertas actitudes, opiniones y comportamientos de las trabajadoras afectan la relación con sus hijos y, por ende, con ellas mismas. Pero si, por un lado, las empleadoras resaltan la importancia de tener una trabajadora que tenga una relación afectiva, de cercanía y de proximidad sólida con sus hijos, al mismo tiempo no resignan cierta afectividad, confianza y cariño con sus ellos que las lleve a sentirse desplazadas en su rol de madres.

En el mismo sentido que Mercedes, encontramos cómo Silvana (empleadora de cuarenta y seis años, dos hijos, casada y administrativa en una inmobiliaria) recuerda la relación que habían entablado sus hijos con una trabajadora mayor de edad durante los años en que ella había comenzado a trabajar en un estudio contable en un horario fijo: "Era fuerte cuando yo venía [del trabajo] y le hacían caso a ella [trabajadora]. No, no te explico… Te corre una cosa por acá [se toca la espalda] donde se mezclan la bronca, la culpa, todo […] eso hasta que aceptás que son las reglas del juego que hay que aceptar", explica Silvana, y reafirma: "yo iba a seguir siendo la madre".

En efecto, las empleadoras manifiestan sus propias limitaciones para ingresar en una zona de conflicto con las trabajadoras cuando estas últimas se desempeñan de manera favorable en el trabajo y, sobre todo, cuando se tornan indispensables para la continuidad de sus proyectos personales, tanto profesionales como familiares (Hondagneu Sotelo, 2001).

Las instancias de disputa y de tensión son momentos de reflexión en los que deben ponerse en la balanza todos los aspectos de la relación, y analizar la posibilidad de no contar con una trabajadora doméstica y recurrir a otros medios para suplirla. Mercedes reconoce que en esos momentos fue fundamental la charla que tuvo con su madre, quien cuidó a sus hijos cuando despidió a Sandra. En el relato de Mercedes, aparece la referencia a cuestiones que se fueron mezclando a lo largo del tiempo:

> Y… mirá, ella los crio y me aguantó muchas cosas. Cuando se enfermaban los chicos, y también mi madre, y ella ya vivía con el marido, yo la llamaba al celular y venía como un granadero; o todo el lío de mi separación, ella se puso de mi lado y me acompañó […] y de un día para el otro, a la persona que cuidó y crio en varios sentidos a tus hijos y con quien vos te encariñás, sabés de su vida, estás cerca, sabés de su realidad, ella también de la tuya […] Tenés que pensar mil veces en decirle que se vaya, que no venga más. No es fácil para nada, es como preparar una separación.

A la dificultad de no contar con una ayuda si despedía a la trabajadora, Mercedes agrega el hecho de que había establecido un vínculo de alta proximidad afectiva. Esta cercanía constituye una dimensión que, en general, crea ambigüedades cuando las empleadoras tienen que tomar alguna decisión drástica en relación con las trabajadoras. La articulación de componentes afectivos, pero también de clase y morales asociados a una intimidad compartida, evidencian la complejidad que tuvo para Mercedes tener que informarle a Sandra que debía dejar el trabajo. Luego de conversarlo principalmente con su madre –quien se ofreció a viajar desde su provincia natal para hacerse cargo de sus nietos– y con alguna amiga que había tenido una dificultad similar, decidió pedirle a Sandra que trabajara menos días por semana.

Mercedes menciona cómo en algún momento su madre llegó a presionarla para que despidiera a Sandra, algo a lo que accedió casi un año después:[9] "Para echar a alguien que te resuelve todo tenés que tener espalda, alguien que te banque un tiempo. Yo cuando pude recuperar a mi vieja porque me quedé sin uno de mis trabajos, necesité tomar esa decisión".

Desde su última experiencia con Sandra, ha contratado a distintas trabajadoras, pero ninguna le ha durado más de algunos meses. La dificultad para construir una relación de cercanía tanto con sus hijos como con ella misma es la cuestión que más la preocupa para volver a estar tranquila. Aunque manifiesta que ya no está buscando "ese tipo de trabajadora", por momentos duda de la decisión que tomó con Sandra cuando la compara con lo que le está costando conseguir una trabajadora a largo plazo. Lo que ocurre en el relato de Mercedes es la convivencia de un recuerdo sobre un vínculo que ya no es más y no va a poder ser. En este punto, el "miedo" para ella pasa por no encontrar a esa persona en la que pueda "confiar ciegamente" cuando tiene que dejar a los dos hijos para irse a trabajar.

Pero si hasta el momento vimos cómo, por un lado, la condición de género, y por otro, la proximidad afectiva constituyen dimensiones que se erigen en garantía para la realización correcta de las tareas de cuidado, veremos a continuación que a este reconocimiento inicial de un saber supuestamente natural pueden añadirse distintas estrategias de supervisión que van desde observaciones hasta la utilización de métodos de corroboración en donde se solapan acciones personales y redes de relaciones sociales más amplias.

---

[9] En este sentido, es interesante un elemento que revela Mercedes al mencionar las diferencias entre su madre y ella. Se refiere a las condiciones laborales más restrictivas que tienen actualmente las mujeres y a una cierta identificación de las actuales empleadoras más jóvenes con sus trabajadoras domésticas como colegas trabajadoras. Esto revela una diferencia generacional significativa en relación con las experiencias de mujeres mayores de cuarenta y cinco años que, en general, no han tenido toda una vida dentro del mercado de trabajo formal y que al mismo tiempo han establecido relaciones de mayor distancia material y simbólica con quienes emplean en el servicio doméstico.

4.3. Ayudar a la naturaleza

Beatriz (cincuenta y dos años, casada, tres hijos, contadora) reconoce que tuvo "la suerte de tener un trabajo *part time*" y un marido que podía "bancarla" para poder estar más tiempo en los primeros momentos de la vida de sus hijos. Reconoce que el hecho de estar más tiempo en la casa fue una "recomendación" que le hizo su madre y que ella fue, de hecho, una ayuda muy importante. Cuando tuvo su segundo hijo, la madre fue quien la acompañó para "conocer a la trabajadora":

> Es muy importante poder estar un poco con las personas que cuidan a tus hijos para decirles lo que querés y cómo. Es importante que sepan que vos querés que tu hijo tenga cierto trato, es decir, cierta manera y cierto orden en las cosas que le pedís, porque eso les crea una personalidad [...] Por eso, para mí siempre es importante que la forma se respete. Yo me di cuenta de eso con la primera, la que cuidó de Isabel [su primera hija]. Y ahí no estaba mi madre atrás y fue un desastre. No tenía límites, y yo no estaba tranquila.

La necesidad de darle regularidad a las actividades en la crianza de los niños constituye uno de los preceptos de la puericultura. En el caso de Beatriz, resulta interesante que las ideas y los principios racionales (con un ordenamiento y una forma para el cuidado de sus hijos) deben presidir la crianza frente a los considerados "caprichos del instinto", excesos de amor maternal o supersticiones y prácticas que puedan venir desde el saber popular o religioso (Colangelo, 2012: 157). La presencia de la madre de Beatriz funciona como un reaseguro para el establecimiento de horarios y de secuencias ordenadas de actividades que tienen como trasfondo la creencia en el valor de la salud del niño y en la capacidad objetiva y racional de la ciencia para asegurar esta salud (Boltanski, 1969).[10]

La importancia de que las recomendaciones a las trabajadoras sean claras y no sujetas a ambigüedad alguna que destaca Beatriz reaparece en otros relatos de empleadoras. El problema es el poco tiempo disponible para brindar estas precisiones, así como para su supervisión. Por lo tanto, la maximización del tiempo es una cuestión sustancial para estas mujeres. En ese sentido, explica Beatriz: "Siempre el primer tiempo –que pueden ser los primeros días, meses– es el más azaroso de todos", donde los miedos e incertidumbres se solapan. En definitiva,

---

[10] Mientras para Boltanski, por ejemplo, se trataría de la difusión e imposición de un modo de vida desde la burguesía hacia la clase obrera, para otros, como Donzelot (1990), el proceso debe verse más bien en términos de una extensión del control del Estado sobre las familias, a través de dos tipos de estrategias diferenciadas, según se las aplique a la familia burguesa o a la familia proletaria.

el entrecruzamiento de ambas sensaciones aparece expresado como un conflicto que no parece estar resuelto para las empleadoras.

Aunque movilicen la mayor cantidad de recursos posibles con el fin de probar la calidad de la trabajadora, las empleadoras reconocen la imposibilidad práctica de certificar las tareas que realizan. Sin embargo, encontramos algunas estrategias que buscan suplir la ausencia física de estas empleadoras. Beatriz reconoce que la mejor manera de superar esas primeras instancias es expresando de forma directa gustos y necesidades:

> Es mejor prevenir que después lamentarse las cosas [...] Es básico: si no te gusta, se lo tenés que decir directo y sencillo, porque después ellas te lo agradecen, porque así hay menos desencuentros. Por ejemplo, con la comida, la tenés que elegir vos, que se le da de esta manera, que si no quiere no come, no se le da otra cosa porque si no se vuelven caprichosos [...] Mostrarle, aunque sea, la primera vez cómo la hacés. [...] porque así, si no le gusta, bueno, tiene la libertad de irse a otro lado y vos también te vas más tranquila.

Nuevamente, la prescripción de las tareas, la regularidad en los procesos, así como la mayor transparencia en las directivas aparecen como acciones que forman parte de una guía de gestión del personal doméstico que cuida niños.

Por su parte, empleadoras como Adriana (cuarenta y un años, un hijo, separada, administradora cultural) reconoce cómo durante los primeros años de su llegada desde Tucumán a Buenos Aires recién separada, con su hijo de cinco años, había implementado con una prima y una amiga un "sistema para supervisar" a las trabajadoras que lo cuidaron en distintos momentos. El trabajo de más de diez horas en la provincia de Buenos Aires, siendo que Adriana vivía en la capital, hacía que fuera imposible estar en contacto con quien cuidaba de su hijo. Además de la visita de sus conocidos, admite haber usado un cuaderno en donde anotaba todas las tareas que debía realizar la trabajadora, tanto en la casa como con su hijo.[11] Por tanto, había "inventado" un conjunto de actividades que funcionaban como excusas para que los encargados de monitorear a la trabajadora pudieran corroborar la realización de las tareas, así como el trato dispensado a su hijo. Esta estrategia se complementaba con el uso de llamados telefónicos, tanto a la casa de sus amigos como a la suya.

---

[11] Como vimos en el capítulo 1, el uso de listas o de distintos medios de comunicación escrita (anotadores, cuadernos, papeles) donde se especifican una serie de tareas que deben ser realizadas durante el día por la trabajadora constituyen estrategias para de alguna manera formalizar un régimen de trabajo.

A pesar de que Adriana manifiesta no desconfiar de las tareas que realizan las trabajadoras, ya que ella misma se considera una persona "criada por una trabajadora", reconoce que ciertos peligros que se difundieron en la televisión y algunos temores de sus amigas la llevaron a organizar "caídas" de su suegra, madre o hermana a su casa con alguna excusa, mientras la trabajadora estaba cuidando a su hijo, pero con la premisa de que ella no se diera cuenta de que estaban ahí para "relojearla".

Tanto la mamá de Beatriz como la prima y la amiga de Adriana forman parte de una red de relaciones que opera como un sostén afectivo y un soporte material en la supervisión de tareas y de prácticas que deben ser realizadas de una determinada manera.

Si hasta el momento hemos visto la experiencia de las empleadoras que trabajan fuera de sus hogares, a continuación, daremos cuenta de las particularidades que tienen aquellas que no lo hacen en la manera en que se configura el vínculo cuando contratan a trabajadoras domésticas para cuidar de sus hijos.

4.4. Jerarquía y objetividad

Juana nació en el barrio de Caballito (típico barrio de sectores medios en Buenos Aires), tiene sesenta años, tres hijos y su marido es empresario. Estudió licenciatura en Relaciones Públicas y dicta un curso en la escuela de Psicología Social Pichón Riviére. Vive en un departamento con un balcón francés que me invita a conocer ni bien llego. Me prepara un café que me cuenta que trajo de Venezuela. Tiene puesto un pantalón de vestir negro, un suéter rojo de Bremer y unos zapatos de taco. Noto que la casa está impecable, y la entrevista se desarrolla en la cocina. Cuando le comento sobre mi trabajo, lo primero que puntualiza es su capacidad de mantener una distancia con la trabajadora como una garantía para el sostenimiento de las relaciones a largo plazo. Y aclara: "no quiere decir ser distante, sino ser justa y precisa para no mezclar las cosas". Cuando indago sobre las maneras que tiene para lograr ese ideal, plantea la importancia de brindar de forma directa las indicaciones iniciales para el trabajo, así como de realizar la supervisión ella misma o personas de su confianza.

La capacidad para moldear las costumbres y comportamientos vinculados a la tarea del cuidado representa uno de los aprendizajes importantes en su experiencia como empleadora. Otro elemento que destaca es el hecho de no dejar a los niños mucho tiempo al cuidado de una trabajadora sin la supervisión de otra persona de la familia. Así, expone de manera pormenorizada algunas de las instrucciones que debe seguir su trabajadora doméstica:

Con mis hijos chiquitos, por ejemplo, que le sostenga bien la cabecita. Y, si lo apoya sobre su hombro, que ponga un paño limpio para que la carita del bebé no dé sobre algo sucio, que puede tener polvo y cosas que hacen estornudar al bebé [...] Siempre lavarse las manos para tocarlo, la mamadera esterilizada y lavada de una manera especial, con cepillos especiales.

El higienismo ha logrado asociar a pediatras e higienistas desde principios del siglo XX en una ideología que ha sido altamente hegemónica y que sostiene que la finalidad de la crianza debe consistir en hacer crecer a los niños sanos y fuertes. De ahí la misión de la puericultura: contribuir en esta formación de una infancia "sana, vigorosa y equilibrada" (Aráoz Alfaro, 1929; Armus, 2000).[12] Aunque admite que las trabajadoras que ya tuvieron hijos o criaron a algún familiar pueden conocer más, asegura que muchas de las tareas que ella solicita no forman parte de las "costumbres del personal" y, por ende, necesitan ser explicadas. Juana comenta que unas trabajadoras que eran hermanas y que habían venido desde Misiones (provincia de Argentina) "eran muy trabajadoras, pero tenían otra cultura, otras costumbres, otro estilo de trabajo".

En tal sentido, afirma haberse encargado personalmente de dar los "cursillos" sobre la manera de tratar a sus hijos, cómo hacer la comida, cambiar los pañales, porque "ellas vienen de otra crianza [trabajadoras]. Entonces, ahí tenés que hacer que comprendan la manera que nos gusta a nosotros [familia]". En efecto, tal como aparece también en otros estudios (Vianna, 2002: 127), el lenguaje del cuidado infantil puede ser un medio ideal para la traducción de significados y categorías morales, que son también categorías de clase y profesionales.

En tal sentido, y de acuerdo con sus posibilidades, empleadoras como Juana son proclives a controlar de manera directa a las trabajadoras domésticas. En la

---

[12] De la misma manera, en una guía dirigida a quienes contratan trabajadoras domésticas (anteriormente citada) destaca una serie de recomendaciones en el mismo sentido: "Si tenemos la suerte de tener un bebé y nos toca la suerte de cuidarlo, debemos hacerlo con un cariño, ternura y cuidados especiales [...] Mantener el cuarto aireado. Dar vuelta diariamente el colchón de la cuna. Revisar la misma perfectamente, ya que cualquier elemento que caiga, si este es pequeño, se lo puede tragar y, si es filoso o pincha, sin querer puede dañar al niño [...] Nunca dar remedios sin la orden de sus padres. Si tiene fiebre, seguir al pie de la letra las instrucciones de la mamá, que si está ausente las dará telefónicamente. Recuerde: no es su bebé. No proceda como si lo fuera. Los chupetes y mordillos deben estar siempre limpios; si se caen, lavarlos. Cuando ya tenga edad de papilla, nunca probar de la misma cuchara; los grandes podemos estar incubando alguna enfermedad y los bebitos son muy propensos a contraer enfermedades [...] Resista la tentación de 'comerlo a besos' o llevarlo a su cuarto y mucho menos tenga la peregrina idea de llevarlo a su cuarto a dormir una 'siesta' con él. Los bebitos se ponen molestos cuando los olores no son los de la madre" (2007: 125-126).

supervisión cotidiana se pone a prueba la calidad del trabajo y la manera de asimilar las instrucciones y pedidos de las empleadoras. En relación con las consideraciones que realizan sobre las trabajadoras cuando la tarea consiste en cuidar, y en la mayoría de los casos de empleadoras como Juana, circula el temor a ciertos conocimientos y enseñanzas que podrían adquirir los hijos a partir de la interacción con las trabajadoras. Leer cuentos elegidos por ellas mismas, brindar opiniones sobre temas ligados a la sexualidad, vestirlos a su gusto o costumbre, así como permitirles mirar ciertos programas de televisión, constituyen prácticas extendidas que nos permiten pensar en la existencia de una "polución moral" de los niños a través del contacto con las trabajadoras, como lo sugieren algunas investigaciones en Europa y Estados Unidos (Martin-Fugier, 1979; Brites, 2007).

O tal como lo sugiere el estudio de Colangelo, cuando analiza la construcción de una crianza adecuada que le asegure al niño un "desarrollo regular", los cuidados que reciba deben basarse en la necesidad de moderación, de búsqueda de un equilibrio, de un "justo medio" que evite los excesos a los que puede llevar un exagerado amor maternal, tanto de afecto y emociones como de alimento o de abrigo. Desde esta perspectiva, se critica "el afán por el niño gordo" que resulta de una "alimentación exagerada" (Municipalidad de Buenos Aires, 1914), pero también la exposición de los niños a relatos de terror, castigos excesivos o espectáculos emocionantes, que pueden perturbar su equilibrio emocional, "excitando su tierna fantasía" (2012: 158).

Juana destaca que siempre en su hogar sintió que las trabajadoras se "formaron" con ella y que siempre le "agradecieron" por la enseñanza recibida. En ese sentido, afirma:

> Las primeras [trabajadoras] que tuve eran chicas que querían aprender. Nos conocíamos mucho, sabíamos quién era quién, cuál es el lugar de cada una. Así que cuando vos le decís "esto no se hace", no lo hacen, y después para ellas es mejor porque todo es más transparente. Como siempre digo, poner los puntos a tiempo es saber quererlas, porque después van a saber qué hacer y qué no. Hoy en día se confunde la jerarquía con la mano dura, pero cuando vos ponés un orden, no hay imparcialidad.

En la historia de Juana puede verse reflejada una experiencia distinta a la que exhibimos para las empleadoras que trabajan y que pasan menos tiempo en sus hogares. En primer lugar, su mayor presencia y la necesidad de contar con una trabajadora para que limpie un hogar de grandes proporciones la transforma en un "ama de casa". Esta idea de circunscribir lo más posible la tarea de la trabajadora doméstica a la limpieza se funda en una desconfianza hacia los saberes y costumbres ligados a la cuestión del cuidado, y en la posibilidad de que logren crear una nueva moral, a través de códigos de comportamiento y de valores inapropiados. Al mismo tiempo, construir un vínculo de mayor distancia desde donde mantener una relación de autoridad sin dejar de ser amistosa aparece como una garantía en el sostenimiento de una relación de poder con las trabajadoras domésticas que contrata.

La investigación del Colectivo Ioé sobre diversos modelos de gestión del personal doméstico presenta un tipo de empleadora a la que denominan "pre-fordista", con las siguientes peculiaridades:

> La señora de la casa mantiene el estatus familiar en base a dirigir los trabajos de los servidores. Para mantener esta relación se precisa señalar claramente la diferencia entre las partes ("siempre ha habido clases entre la señora y la criada"): el uniforme es signo inmediato de subordinación de la persona uniformada (que debe atenerse a su papel) y los uniformes constituyen el recurso que homologa a las señoras que los dispensan y las sitúa en posición de dominación [...] La relación señora/criada se construye desde la asimetría de estatus, lo que produce deslegitimación de la cultura de la parte más débil. Por el carácter maternalista antes aludido la señora será proclive a actitudes pedagógicas para hacer cambiar al servidor o asimilarlo a la cultura del hogar. (2001: 387)

Siguiendo la lógica del texto antes citado, para empleadoras como Juana la cuestión de la distancia con las trabajadoras domésticas no aparece en su discurso como un problema ni una dificultad para el ejercicio de la autoridad, ni como un elemento que exprese una dimensión jerárquica del vínculo. Por el contrario, para Juana esta distancia permite una mayor transparencia del tipo de relación del que se trata y por lo tanto una menor "mezcla" en términos de las dimensiones que se ponen en juego. No son amigas, ni es alguien que la ayuda, sino que es alguien que se ubica en un rol de subordinación en el marco de una relación laboral. En su discurso acerca del mejor modo de manejar el vínculo con las trabajadoras cuando están las tareas de cuidado implicadas emerge una lógica más bien empresarial o de mercado, en donde se piensa que la garantía de la eficiencia está dada por la mayor despersonalización del vínculo y el otorgamiento de directivas más precisas a las trabajadoras.

A continuación, a partir de la trayectoria laboral de Berta, describimos la experiencia de inserción de las trabajadoras domésticas que tienen una extensa trayectoria migratoria en el trabajo de cuidados y bajo la modalidad sin retiro, con el objetivo de presentar aquellos sentidos de pertenencia, representaciones y concepciones que modulan las identidades sociales de las trabajadoras en relación con lo que denominaremos "cultura afectiva".[13]

4.5. Las trabajadoras domésticas y el cuidado de niños

4.6. Afecto e integración

El concepto de "cultura afectiva" refiere a aquella manera de pensar y actuar que las trabajadoras sintetizan cuando manifiestan sentirse "parte de la familia". En general, esta expresión es más frecuente entre las trabajadoras domésticas que han construido relación de larga duración con las familias de los empleadores con quienes trabajan y, en general, han conformado una red de trabajadoras domésticas (familiares y, en menor medida, amigas) que se desempeñan en los hogares de una red de empleadores conocidos de ellas, creando un sistema superpuesto de redes entre trabajadoras y empleadores/as (como vimos en los dos primeros capítulos).

Cuando llego a la entrevista pactada en Berazategui, provincia de Buenos Aires, Berta[14] me atiende con una camisa de color blanco y un pantalón de *jean*. La cocina es pequeña, tiene azulejos blancos, está limpia y ordenada. Me llaman la atención los numerosos bolsos de colores distintos que se muestran en la pared de la cocina, muchos de ellos con nombres de universidades norteamericanas y algunos con títulos de congresos de medicina, y en especial de odontología. Sobre la mesa hay un cuaderno y un álbum de fotos. Noto que tiene un señalador de la virgen de Itatí en una parte del cuaderno. Decide leerme una frase allí escrita:

---

[13] Con este concepto englobo de una manera no exhaustiva el hecho de sentirse "parte de la familia" que aparece en los relatos de las trabajadoras tanto como un mecanismo de inclusión social así como un marco prescriptivo para algunas trabajadoras domésticas. Entendemos que esta "cultura afectiva" es manejada y reivindicada por generaciones mayores e intermedias de trabajadoras, siendo las trabajadoras jóvenes quienes más cuestionan en su accionar algunos de sus rasgos. En un texto aún inédito, siguiendo el trabajo de Maristella Svampa (2000) sobre la "cultura laboral", ilustro los cambios acontecidos en las representaciones sociales y experiencias a partir de analizar y contraponer los relatos de tres generaciones de trabajadoras domésticas que realizan tareas de cuidado, marcando diferencias, contrastes y continuidades.

[14] Berta nació en la provincia de Corrientes. Tiene sesenta y siete años y dos hijos. Comenzó como trabajadora doméstica a los dieciséis años en Corrientes. Dejó el colegio cuando tenía once. Viajó a Buenos Aires en 1971 para trabajar en el hogar de una familia influyente de la ciudad. Durante más de ocho años la mayor parte de su sueldo era destinado a sus padres para que pudieran sostener el hogar donde vivían siete hermanos.

"Bertita, ¿sabés que yo te voy a querer siempre? Yo te voy a extrañar ¿Ahora no voy a ser más tu hijita? Yo no quiero, dice [...] Y ahí nomás me dio una cartita que escribió ella sola y me dio una torta para mí. Si eso no es amor...".

Luego de leerme parte de la carta de "Vickita" [hija de su primera empleadora en Buenos Aires], en la que había referencias explícitas a momentos y situaciones compartidas con la niña y toda la familia, Berta sintetiza su experiencia en ese hogar —en el que trabajó por más de veinte años— de la siguiente manera: "Ellos siempre me hicieron sentir que estaba con ellos, como de la familia, que no era la empleada [...] Yo les crie a la nena como mía, y ellos sabían que yo los iba a defender siempre". Luego relaciona esta experiencia laboral con su "tranquilidad" actual. Hoy cobra una jubilación como ama de casa y trabaja en el servicio doméstico, aunque no de la manera que lo hacía antiguamente.

Su primer trabajo en Buenos Aires fue en un hogar de sectores medios en la zona de Flores, cuidando a una beba de un año y medio y también realizando tareas de limpieza en una casa de más de doscientos metros cuadrados. Aunque reconoce que el ritmo de trabajo era agotador, apunta que la relación que comenzó desde el primer día con una de las hijas de sus empleadores fue lo que la mantuvo allí. Los empleadores salían temprano por la mañana y regresaban después de las siete de la tarde. La intensidad afectiva que generó con la hija menor de la familia hizo que Berta fuese invitada a distintos viajes que hizo la familia por distintos lugares del país y del mundo. Asimismo, comenzó a tener mayores responsabilidades y actividades en las que participaba oficiando de "madre sustituta", como lo menciona en una entrevista. Desde salidas al cine, paseos por parques y plazas hasta su participación en actos escolares cuando los empleadores no estaban en el país fueron algunas de las actividades en las que Berta participaba sintiéndose "privilegiada" por la confianza que depositaban sus empleadores en ella. También pondera como positivas las constantes "ayudas" que ellos le brindaron. Pagos de un doble aguinaldo, la compra de un pasaje a Corrientes o la de un medicamento para su madre son algunas de ellas.

El nacimiento del hijo varón de sus empleadores significó una demanda de mayor trabajo. Quizás por única vez en la entrevista, menciona de manera explícita un conflicto en relación con las tareas de cuidado que surgió en aquel momento:

A mí lo que pasa es que me gustaba mucho llevarlo, traerlo. Me gustan los varoncitos, porque en mi familia, mis hermanas, todas tuvieron nenas. Entonces, estaba todo el día prendida del nene [risas]. La señora me decía, así como en chiste, pero se ponía seria, que al nene no le (*sic*) tengo que dejar hacer cualquier cosa, que no le malcríe, que no le tenga todo el tiempo con la mamadera o que no le haga todo lo que quiere. Y yo le hacía, y todo eso cansa.

Aunque recuerda que en algún momento dudó en cambiarse de trabajo, al ver que otras ofertas podían ser mejores para ella, explica los motivos por los que no lo hizo:

> Yo estaba muy tranquila. Era como mi casa, manejaba los chicos, todo. La señora siempre me daba el okey porque, bueno, después de un tiempo ya sabía todo. Además, ¿en qué otro trabajo te abrazan, te sonríen, te dan besos cuando llegás, cuando te vas?… Yo sentía eso como mi casa […] y eso no te lo paga nadie, yo no sé en qué otro trabajo lo tenés.

Cuando el hijo de sus empleadores cumplió tres años y ella decidió irse a vivir con su novio de entonces y actual marido comenzó a pensar seriamente en dejar ese trabajo. Como vivía en la casa de su tía los fines de semana y no tenía la mejor relación con ella, empezó a pensar en mudarse de barrio e intentar sacar un préstamo para comprar un terreno. Luego de dos años de tratativas, consiguió que su empleador le consiguiera un contacto en un banco para que le otorgaran un crédito. Al año y medio, dejó de trabajar sin retiro para hacerlo de lunes a viernes de ocho a siete de la tarde. Luego de siete años, Berta se mudó a una pieza de una pensión con su marido, mientras construía su casa. Al mismo tiempo, recuerda haber recibido sucesivos aumentos, asociados a las cotidianas crisis inflacionarias que ocurrían en el país.

En 1996, la empleadora de Berta le manifestó la necesidad de reducir la cantidad de días de trabajo, debido a que sus hijos concurrían doble turno a la escuela y ella solo la necesitaba para hacer tareas de limpieza. Berta comenzó a buscar nuevos trabajos para suplir la falta de dinero en su hogar, ya que además su marido no tuvo empleo por seis meses. En ese momento, consiguió un trabajo por intermedio de unos conocidos de los empleadores de su primera etapa en Buenos Aires y otro en una empresa de limpieza de oficinas por medio de una amiga del barrio.

Producto de la confianza que le tenían, fue la propia empleadora primero y el empleador después quienes le consiguieron sucesivamente trabajo a las dos hermanas de Berta, a las hijas de estas y a dos primas que decidieron mudarse de Corrientes para buscar trabajo. Berta relata con una cuota de humor que entre sus familiares decían que ella era una "agencia" y lo describe de la siguiente manera:

> Al final, yo terminé teniendo la responsabilidad de recomendar a toda gente de mi familia con gente conocida de ellos [empleadores], que después, con el tiempo, se fue haciendo más grande. Y eso, quieras o no, me genera un poco de miedo por lo que pueda pasar. Porque siempre pasan cosas, y entonces si se pelean…Si dejan de trabajar, no hay problema. Siempre que sea en paz, digo yo, sin problemas. Por eso, siempre estoy atenta a lo que pasa.

Como vimos, la red de recomendaciones que proveyó Berta y que fue producto de la confianza generada con sus empleadores no funciona en el vacío, sino que requiere de un trabajo de manutención constante. Berta afirma que cuando se enteró de algunas rispideces, decidió intervenir para llevar el conflicto a una resolución lo menos complicada posible. Al mismo tiempo, reconoce que siempre es importante tener "a los empleadores de tu lado porque nunca sabés si los necesitás". En ese sentido, comenta que su hija le dijo que quería estudiar en la universidad, pero que quería tener su dinero. Entonces, le propuso a Berta que hablara con la hija de sus empleadores, que tiene una hija pequeña a quien podría cuidar unas horas, y así ganar su propio dinero. Resulta interesante cómo en su relato Berta exhibe cierto desconcierto ante el pedido de su hija:

> Cuando me dijo que quería trabajar en esto [servicio doméstico] me sorprendió, porque no sé, uno quiere que sus hijos salgan de este tipo de trabajo, para que mejoren, qué sé yo […] No, no creí que mi hija iba a querer hacer lo mismo que yo. Porque además ella quiere estudiar, terminó el secundario, todo, no como yo […], pero es una realidad que acá [servicio doméstico] es lo único que consigue y donde puede durar, porque ya estuvo en supermercados, en locutorios y cada dos por tres la echan […] Acá, si entra, yo sé que la van a mantener. ¡Ojo!, si ella trabaja bien, pero hay una confianza de años.

La confianza es algo que le permitió a Berta generar una red de trabajadoras domésticas que han conseguido trabajo por medio de su recomendación y que van desde su hija, sus primas y hermanas hasta llegar a las conocidas y contactos de aquellas. El hecho de ser la "punta del *iceberg*" de toda una cadena de recomendaciones de empleadores/as y trabajadoras domésticas es algo que Berta vive como un orgullo, pero también es fuente de incertidumbre ante la posibilidad de que esta confianza se vea afectada por algún conflicto en la larga cadena. Sin embargo, resulta interesante que la confianza que generó Berta con sus empleadores opera como una manera de construir movilidad social tanto en el presente como en el futuro. En tal sentido, podríamos decir que lo "afectivo" (leído como confianza, seguridad, certidumbre) le permite a Berta configurar un horizonte aspiracional de movilidad que incluye tanto a sus familiares más cercanos como a contactos de estos.

Hoy en día Berta trabaja dos veces por semana en una empresa de limpieza, otro día en la casa de dos personas conocidas de sus primeros empleadores en Buenos Aires y otra en una casa nueva de un varón que vive solo. Reconoce que desde hace unos meses visita a los hijos de sus empleadores y charla con estos últimos.

> Ahora les pedí para que vengan al cumpleaños de mi hija porque ellos son los padrinos. Y además quiero que vean cómo avancé con la casita que les hice a mi hija y al novio con el hijito atrás de casa [...] Ellos saben todo. La señora, sobre todo. Hasta le llamó a mi mamá en Corrientes cuando falleció mi papá un año atrás. Ellos le conocían porque a veces vinieron a cuidarle la casa cuando viajaron al exterior y yo no me podía quedar porque tenía a mi hijo más chico que estaba enfermo en el hospital.

Todos estos componentes de conocimiento, proximidad y cercanía llevan a que Berta tenga una mirada nostálgica respecto a las características que, por ejemplo, tiene su trabajo de limpieza actual:

> Ahora, donde estoy, vas, entrás, limpiás y después... listo. Cerrás y te olvidás de todo. Tenés asignado un piso, lo tenés que hacer y volvés al otro día, y otra vez. Nadie sabe quién sos, de dónde venís, si tenés un problema, nada [...] Ojo que para mis compañeras es mejor, dicen, porque nadie te jode, pero a mí me gusta otro trato, otra forma de ser.

La impersonalidad y el desconocimiento de la biografía del trabajador aparecen como una dimensión negativa de su nuevo régimen laboral. Así, al final de una de las charlas, Berta comenta orgullosa que hace dos días la llamó Vicky para invitarla al cumpleaños de un año de su nieto. Luego de comentar sus dudas acerca del regalo y de la ropa que se pondrá para la fiesta, concluye: "Yo pienso que lo lindo que tiene esto [trabajo doméstico] es que quedan las relaciones. Y lo importante es saber que cualquier día podés llamarla y saber cómo está y verla. Ver a los hijos, nietos, para toda la vida, porque si fuiste alguien derecho siempre te van a buscar, te van a ayudar".

Berta forma parte de esa generación de trabajadoras domésticas que han tenido una larga experiencia en el empleo sin retiro, tanto en el lugar de origen como cuando migraron a Buenos Aires. Trabajadoras como Berta destacan el "buen trato" y la "humanidad" en el vínculo laboral que establecen en Buenos Aires, en comparación con el de su lugar de origen. En la descripción de los empleadores usa términos como "generosos", "amables", "buenas personas"; y las relaciones de proximidad afectiva con ellos se materializan en un conjunto de favores y ayudas que se vuelven nodales en la configuración de sus vidas.

En el mismo sentido, la relación de cercanía afectiva de las trabajadoras sin retiro con los hijos de sus empleadores está muchas veces relacionada con la distancia que ellas mismas tienen con sus propios hijos en sus lugares de origen. Así, tanto la "transferencia de amor" de un hogar hacia otro (Hochschild, 2008) como el sentimiento de sentirse "como de la familia" constituyen dos situaciones concretas desde las cuales se constituye el vínculo entre ambos.

La historia de Berta como trabajadora con una larga experiencia en hogares cuidando de niños y bajo la modalidad sin retiro encarna el paradigma de la trabajadora doméstica "integrada" a la familia. Aquella que ha generado una suerte de "cultura afectiva" con sus empleadores, que le ha provisto de una forma de movilidad social y una reputación que incluye y excede a la propia familia. Todo ello emerge como el producto del trabajo y la confianza que le tienen. Lejos de pensar que Berta estaría movilizando una falsa conciencia cuando dice querer ver a los niños que crio durante mucho tiempo porque formaron parte de su vida –y ella de la suya y de la de sus padres–, consideramos importante tomar en serio este sentimiento e indagarlo en sus propios términos. El agradecimiento de los hijos de sus empleadores por medio de sonrisas, abrazos, pero también de escuchas y favores cuando los necesita, configura ese universo de recursos (materiales y simbólicos) que deberían leerse como algo distintivo y altamente positivo del trabajo de cuidados, sobre todo si se lo compara con el universo de oportunidades laborales para mujeres como Berta. A continuación, nos centramos en las estrategias que se activan cuando se disputan saberes y concepciones en torno al cuidado de niños.

4.7. Concepciones, experiencias y disputas

Tal como lo explicitamos en la introducción, es bastante común –sobre todo entre las trabajadoras domésticas más jóvenes– que cuestionen o deslegitimen las concepciones y orientaciones que guían la gestión del cuidado de niños que les toca realizar en el hogar, revelando que en general las empleadoras son permisivas, flexibles y complacientes. Como veremos, en algunos casos, las trabajadoras buscan imponer su criterio y autoridad como personas competentes para la atención de los niños. Si bien estos procedimientos han demostrado eficacia con sus hijos, hermanos o sobrinos, no suelen hacerlos demasiado visibles. En tal sentido, en esta parte final del capítulo nos interesa mostrar la forma en que estas discrepancias repercuten en los modos de establecer vínculos y de administrar los conflictos cuando está en juego el trabajo de cuidados de niños.

Nancy tiene cuarenta y tres años, dos hijos y veinte años de experiencia en el servicio doméstico. Si bien trabajó sin retiro durante dos años, el grueso de su experiencia lo hizo bajo la modalidad con retiro en distintos hogares de Buenos Aires. Nancy reconoce que después de trabajar cuatro años con una familia cuidando a una niña de tres años y a un niño de seis tuvo que suspender las palmadas y "coscorrones" a los que recurría cuando quería imponer su autoridad, si bien los usaba con sus propios hijos.

Los manuales y guías para las madres que tienen a sus primeros hijos han tenido una gran difusión y legitimidad, articulados con el discurso médico y, sobre todo, pediátrico. Uno de sus máximos exponentes de la pediatría y gran divulgador de las ideas sobre la crianza en los inicios del siglo XX, Aráoz Alfaro, critica explícitamente los castigos físicos y señala las ventajas de la claridad y la firmeza en las indicaciones por sobre los golpes, que pueden arruinar tanto el carácter como el físico infantil. En este sentido, afirma:

> Las represiones deben ser moderadas, y cuidadosamente escogidas de manera que no depriman al niño haciéndolo enteramente indigno ante sus propios ojos y los de los demás, y quitándole todo estímulo de enmienda. Los castigos corporales, las penitencias vergonzantes, son siempre contraproducentes. (Aráoz Alfaro, 1929:269)

Movilizando su capacidad para adaptarse a la crianza de hijos ajenos, Nancy contrasta su *performance* como trabajadora con su propia experiencia como madre:

> Nunca pensé en tratar a mis hijos como a los de mis patrones porque donde yo vivo es otra cosa. Están todo el día afuera, jugando a la pelota, de a muchos, ¿viste? ¡¿Qué le voy a decir?! ¿Que no corran? ¿Que no anden por la calle? Es imposible. Acá es más a lo indio, pero está bien. Porque si no, se mueren. Si los meto a dibujar en mi casa, se mueren de calor en el verano, pero allá no porque son más recatadas las patronas, quieren todo más modosito.

En este sentido, destaca cómo ella aprendió a ocultar los pasatiempos, juegos y bromas que hacía con quienes cuidaba para no tener problemas con quienes la emplean. Sin embargo, destaca ciertas estrategias realizadas para lograr poder compatibilizar los requerimientos de limpieza y de cuidado que tuvo en uno de sus trabajos. En este sentido, y conversando acerca de la experiencia que tuvo cuidando mellizos durante cuatro años, afirma:

Con esos nenes que eran terribles de inquietos yo no podía hacer todo lo que me decían. Entonces, yo los ponía un rato con la computadora, o los dejaba que corrieran con el monopatín y jueguen al fútbol, cosas que la madre no les dejaba hacer solos. Pero yo en esos momentos es donde podía hacer las camas, colgar la ropa o baldear el patio. Siempre mirándolos de reojo, pero, si estaba la señora, no lo hacía.

4.7.1. Afectos en cuestión, saberes en disputa

Milagros tiene treinta y siete años, nació en Paraguay, tiene dos hijos y está casada. Llegó hace veintidós años a Buenos Aires para trabajar en el servicio doméstico. Milagros manifiesta grandes halagos hacia los primeros "patrones" que tuvo cuando llegó a los veintiuno, soltera, desde Encarnación (Paraguay) para trabajar sin retiro cuidando a dos niños de tres y seis años en un hogar del barrio de Paternal. Expresa haber sentido que la trataban "como de la familia". "Ellos me hacían sentir bien […] me hacían olvidar que estaba lejos de la mía", agrega en referencia a los primeros años en la ciudad..

A los dos años de estar trabajando en esa casa, Milagros pudo regularizar su situación migratoria y conseguir su Documento Nacional de Identidad (DNI), a partir de la gestión de sus empleadores. Este hecho representó un cambio en su experiencia como inmigrante. La lectura que hace de la actitud de sus empleadores es que se vincula con el papel que ella tenía con esos niños: "A mí me amaban [los hijos de sus empleadores], yo llegaba el lunes y se me pegaban. Lo que pasa, es que estaban todo el tiempo conmigo. Yo les quería mucho, y ellos a mí. Me gustaba mucho cocinarles, hacerles juegos, hasta dormían la siesta conmigo, los patrones no podían creer". Luego de hacer mención a otras cuestiones prácticas y materiales que fundamentan sus opiniones, Milagros expresa frustración ante la situación que se comenzó a generar en el momento que decidieron despedirla, luego de seis años de trabajo.

Después de haber sufrido un problema de salud, Milagros comenzó a participar asiduamente de la Iglesia Universal del Reino de Dios, hasta convertirse en una ferviente adepta. Dice que su inmersión en el "mundo verdadero de Dios" le cambió la vida y habla de un "librito" que una amiga del barrio le pasó y que ella hoy profesa.

En el relato de Milagros, esta militancia se corresponde con algunas de las tensiones que comenzaron a crecer con sus empleadores. Cuando le pregunto por su interpretación de los motivos que habían iniciado los conflictos, menciona que comenzó a ser un poco más obsesiva con la ropa que usaban los dos varones que cuidaba. Milagros relata que a ella siempre le gustó ponerles ropa "limpia", "blanquita", "linda", algo que ella consideraba que podía aparecer muy formal para el estilo que tenían sus empleadores, más informales en su forma de vestir. Las camisas, zapatos y hasta, en algunos casos, una corbata que ella compró con su dinero comenzaron a formar parte del atuendo por el que ella optaba, en lugar de seguir el sugerido por los empleadores: "Es que me decían que les pusiera unas cosas que no parecían para nene, sino para nenita. Me parece que ellos no lo veían, y yo solo los quería ayudar".

Aunque durante un largo tiempo Milagros no sintió ninguna reprimenda en este sentido, el día del cumpleaños del sobrino de sus empleadores todo cambió. Cuando la vio llegar al festejo, la cara de su empleadora se transformó. La llevó a un patio contiguo y le pidió que la próxima vez le dijera cómo iba a vestirlo al hijo antes de salir de su casa, aunque fuesen a la plaza. También le exigió que a partir de ese día ella siguiera las indicaciones precisas sobre la ropa que debían usar sus hijos. Milagros, que pasaba todo el día sola con los dos niños y era la encargada de llevarlos al colegio, al club, y a otras actividades, comenzó a tener dificultades para consultar cómo vestirlos cada vez que salían a la calle.

Milagros admite que en un momento percibió que sus empleadores comenzaron a pedirle que hiciera menos cosas con los niños y más tareas de limpieza. Asimismo, su empleadora comenzó a regresar más temprano del trabajo y a quedarse más tiempo en el hogar. Esta presencia generó conflictos para Milagros, porque de pronto ella quería imponer ritmos y modalidades que no existían hasta ese momento: "Los chicos se bañaban como una hora conmigo. Después les sacaba los piojos, todo yo. Ahora, lo quería hacer ella sola [empleadora] y en veinte minutos".

Al poco tiempo, la madre de su empleadora comenzó a concurrir cotidianamente al hogar y, luego de unas semanas, el empleador fue quien le manifestó que por un problema económico de la familia ya no podían pagarle. Esta decisión la afectó no solo en lo laboral, sino también personalmente: "Yo ya me había encariñado también mucho con ellos [los empleadores]". El carácter abrupto y, sobre todo, el hecho de haber dejado de ver de un día para el otro a los niños que había cuidado durante más de seis años fue algo que la impactó.

La enorme desilusión personal y el alejamiento de los niños no la dejaron percibir la importancia que tenía para los empleadores poder fijar los criterios de organización de las tareas relativas al cuidado. En estos casos, encontramos que el grado de autonomía logrado por la trabajadora se sitúa como el principal inconveniente y peligro por el cual se puede decidir el despido, aun cuando la tarea específica del cuidado sea realizada de manera correcta. Estos saberes y estos temores de empleadoras como la que tenía Milagros, son exhibidos por los historiadores sobre los métodos de crianza. Se inscriben en el lenguaje sobre el cuidado infantil, sobre su socialización corporal, que pone en juego la medicina –pero no solo ella– y deben ser pensados como un lenguaje de la moral y de las emociones, que se torna central para la conformación de la sociedad. Desde esta perspectiva, se pueden leer las múltiples estrategias de divulgación y la prescripción de un "método para criar" o "formas de aconsejamiento", como parte de un proyecto pedagógico que busca transformar las prácticas de crianza orientadas por saberes familiares, populares, religiosos (Colangelo, 2012: 171).

En el próximo apartado, a partir de algunas descripciones y relatos, evidenciamos los efectos que puede traer la presencia continua de las empleadoras en los hogares donde trabajan las trabajadoras domésticas.

4.7.2. Patronas metidas

Mónica tiene cuarenta y siete años, hace ocho que trabaja bajo la modalidad con retiro, tiene dos hijas y está separada. El día que decidió por primera vez poner en penitencia al niño que cuidaba porque le había pegado a otro nene en la plaza su empleadora llegó de imprevisto, habló con su hijo y, después de decirle que no lo hiciera más, lo abrazó afectuosamente y lo liberó de la penitencia, algo que la enojó mucho. Este ejemplo expresa algo que señalan también otras trabajadoras entrevistadas: cómo diversas prácticas e injerencias de los/as empleadores/as terminan socavando su autoridad. La situación posterior que se genera con los niños es de tal dificultad que las hace buscar otro trabajo para no tener que sufrir las consecuencias de tener que poner límites a un niño cuando ya se encuentran desautorizadas.

Para sortear los efectos que estas injerencias puedan tener en sus labores cotidianas, algunas trabajadoras mencionan explícitamente que cuando trabajan cuidando niños es más provechoso poder estar la mayor cantidad de tiempo a solas con ellos. La presencia constante de las empleadoras y el conocimiento de las reglas y códigos que ellos les comunican disminuyen las posibilidades de aparición de uno de los casos más complicados para las trabajadoras: el de los "chicos malcriados". Para las trabajadoras, la mejor manera de manejar una relación con este tipo de chicos es que ellos se mantengan lo más alejado posible de sus padres.

En ese sentido, y a partir de su experiencia en otros hogares, Mercedes (trabajadora, cuarenta y ocho años, un hijo, separada) reconoce que el buen comportamiento del niño cuando no están sus padres se debe a lo siguiente: "Supe ponerle los puntos de entrada, porque conmigo él sabe que no se jode, que no soy de andar con que a la tercera me enojo, sino que si ya a la primera no me hacía caso, lo dejo sin postre, sin nada". Al mismo tiempo, revela que para la madre "eso era imposible, aunque a ella le hacía cosas peores, ¿eh? ¡Ojo! […] Pero bueno, manejarlo como yo quería se complicó cuando ella está en la casa todo el día".

Mercedes conecta este relato con otro, a partir del cual destaca componentes diferentes y casi incompatibles con su empleadora. Un día, el niño comenzó a llorar porque no lo dejaban salir a la calle sin ponerse un buzo y lo siguió haciendo durante más de dos horas. Su reacción ante lo que calificó como "berrinche de un malcriado" fue "no llevarle el apunte" y dejarlo llorar durante el resto de la tarde. El niño sabía que su padre llegaba más tarde. La actitud de Mercedes fue la de dejarlo llorar hasta que se cansase y dejar en evidencia el carácter injustificado de su reacción. Sin embargo, cuando su empleador llegó a la casa, le preguntó directamente a su hijo desde hacía cuánto estaba llorando. Luego de consentirlo, reprendió a Mercedes por su conducta. Ella considera que pasó ese día funcionó como una bisagra en la relación con el niño que cuida. Luego de este episodio fue muy difícil volver a establecer su autoridad y los límites necesarios para realizar su trabajo.

Las últimas dos historias reflejan la variabilidad de interpretaciones que pueden darse en la cotidianeidad del trabajo de cuidados, en función de la presencia o ausencia de las empleadoras. Esta idea les permite reconocer a las trabajadoras como Mercedes que las diferentes concepciones y disputas en torno a los métodos y modales utilizados para cuidar a los niños pueden mantenerse sin conflictividad mientras las empleadoras no se encuentren en sus hogares. En este sentido, en otra de las circunstancias destacadas por las trabajadoras, las empleadoras aparecen como quienes buscan formas de intromisión sutiles con el objetivo de supervisar y controlar su trabajo. En la mayoría de los casos, la intrusión y la observación sobre el trabajo terminaba generando sentimientos de inseguridad y de desconfianza en las trabajadoras. En algunos casos, llegaba a impedirles desarrollar sus propias formas de manejo del conflicto y de resolución.

En otros casos, veremos que la intromisión de la empleadora puede perturbar el vínculo de la trabajadora con la persona a la que cuida. Carla (treinta y cuatro años, una hija, divorciada) recuerda la experiencia de cuando cuidó durante dos años a un niño de ocho, diagnosticado con hiperkinesis. La empleadora trabajaba en televisión y estaba poco tiempo presente en el hogar. Carla rememora la relación de proximidad que había logrado con el niño, especialmente durante el primer año que trabajó en esa casa. La madre le había prohibido al hijo que saliera, ya que le parecía que no iba a poder ser controlado por Carla. Además, tanto ella como el padre estaban cotidianamente retándolo y prohibiéndole realizar salidas o actividades. Carla considera que esto resultaba finalmente contraproducente. Un día, que debía llevarlo al dentista, pasaron por una plaza y el niño le pidió de ir un rato. Ella accedió y reconoce que la experiencia para él fue tan importante, lo vio tan feliz y cambió tanto su comportamiento que decidió empezar a llevarlo en las situaciones que pudiera. Para Carla, cuando ella lo llevaba a la plaza, al niño le cambiaba la cara; y a ella, el día de trabajo: "Vos lo tenías que ver cómo venía, cómo estaba, cómo se reía… Para mí era otra forma de trabajo". Así, Carla comenzó a buscar distintas estrategias para poder llevarlo sin decirles a los padres. En general, aprovechaba cuando ella era la encargada de llevarlo a alguna actividad o salida (psicólogo, música, médico, club). Salía un rato antes, y pasaban por los juegos de la plaza.

También comenta el horrible momento que significaba la comida para ella, porque la madre le exigía al hijo que usara bien los cubiertos y que comiera erguido, algo que era casi imposible para él. En referencia a estas situaciones, dice: "Me hacían sufrir como si fuera mi hijo". Esto la llevó a reaccionar en una oportunidad frente a su empleadora en relación con el trato que tenía con su hijo. Recuerda que un día su empleadora la llamó para decirle que llegaría tres horas más tarde, y ella sabía que por esa demora iba a tener que volver a su casa en dos colectivos. En esa discusión terminó por decidirse a manifestarle sus discrepancias respecto a todas estas cuestiones que la tenían movilizada. La conversación derivó en una ruptura final sobre la cual Carla prefiere no explayarse.

Resulta interesante que la dimensión de la intensidad e implicancia afectivas con el niño que cuidaba se vuelve en el relato de Carla un aspecto que se transformó en una carga para ella. Asimismo, la sensación de angustia ante la imposibilidad de tener injerencia en las decisiones de los empleadores, como tampoco poder modificar las reglas y normas, constituyen algunas de las cuestiones por las cuales muchas trabajadoras como Carla deciden alejarse de esos trabajos.

Recapitulando

A través del capítulo, hemos revelado la importancia del trabajo de cuidado de niños al momento de analizar las tensiones, acuerdos y negociaciones que se realizan entre empleadoras y trabajadoras domésticas. Hemos visto la importancia de la implicancia afectiva como un marco dentro del cual las relaciones de cuidados se desarrollan. La cercanía y la proximidad constituyen aspectos constitutivos de la tarea de cuidados y guardan efectos diferenciales en función de la configuración de los vínculos que se construyen cotidianamente. Los distintos tipos de acuerdos y negociaciones están permeados por la intensidad y pregnancia de las relaciones afectivas que se establecen entre los niños y quienes los cuidan, y entre trabajadoras y empleadoras.

A diferencia de las tareas ligadas a la higiene de un hogar, las empleadoras no manifiestan una "diferencia cultural" inalterable con las trabajadoras domésticas en cuanto a los conocimientos y saberes vinculados con la tarea de cuidados. La "naturalización" cultural de la tarea de cuidados aparece como un primer reaseguro de las empleadoras en relación con ese tipo de trabajo, en cuanto son mujeres las que los realizan. Sin embargo, hemos visto cómo en función de las propias necesidades y de los distintos modelos de crianza que buscan aplicar, a las empleadoras les interesa supervisar y controlar ciertos aspectos de las tareas de cuidado que consideran prioritarios y en los cuales manifiestan desconfianza hacia quienes contratan. Esta capacidad de gestionar el trabajo les garantiza la ejecución de un modelo de crianza que guarda una idea particular sobre un tipo de cuidado y formación cotidiana de los niños que en el hogar debe seguir un conjunto de procedimientos y reglas que se sostienen en categorías morales y valores asociados a la maternidad.

El hecho de que las trabajadoras sean mujeres (y de sectores populares) y hayan cuidado o criado a otros hijos no las exime de tener que incorporar nuevos conocimientos y saberes específicos. En este punto, parafraseando a Daniel James (2010), cuando analiza los sentidos que tiene la irrupción de los sectores populares para los sectores medios a partir del 17 de octubre de 1945, podemos decir que el ingreso de una mujer de otro sector social produce una invasión que en el imaginario de la familia empleadora puede ser leído como una violación de los códigos de conducta, las nociones de decoro y como la institución de nuevos criterios de domesticidad que les son ajenos. La posibilidad de que una trabajadora doméstica movilice de manera autónoma otros códigos y valores para transmitirles a los hijos de los empleadores es leída como un trastrocamiento de las jerarquías sociales y morales.

Por este motivo, vemos que las empleadoras se sirven de diversas estrategias y recursos para lograr que las tareas de cuidado se realicen de una determinada manera. En este punto, encontramos que una variedad de formas y manejos de los vínculos con las trabajadoras domésticas están relacionados con la situación de actividad (si son o no trabajadoras), su propia experiencia de socialización con trabajadoras domésticas, así como la propia dimensión generacional y los recursos (como redes de relaciones sociales) con los que cuentan. Las empleadoras que trabajan fuera del hogar enfrentan mayores dificultades para exponer y poner en práctica sus propios criterios y expectativas debido al poco tiempo que tienen para comunicarlos. Además, prefieren evitar las complicaciones que avizoran ante una posible partida de la trabajadora, hecho que se traduce en un obstáculo para continuar con sus carreras profesionales.

El nivel de dependencia hacia estas trabajadoras domésticas remuneradas varía en función de la propia disponibilidad laboral de la empleadora (que le permita la ocupación, por ejemplo, poder llegar más temprano al hogar) y de la posibilidad de contar con redes de relaciones sociales que suplan el rol de la trabajadora y las tareas domésticas. Esta red social generizada (en general, de mujeres: madres, hermanas, primas, tías, abuelas, amigas, conocidas) otorga, en algunos casos, la posibilidad de supervisar y verificar la realización de las tareas y la probidad de la trabajadora ante la ausencia de la empleadora.

Entre las empleadoras que trabajan fuera del hogar descubrimos que cuando hacen referencia, en particular, a métodos de crianza le otorgan una menor importancia a la presencia de la madre para un mejor desarrollo del niño, en oposición a la mayor relevancia que le confieren las empleadoras que están más en el hogar. Cierta visión más pragmática y menos rígida por parte de las empleadoras que trabajan fuera de sus hogares contrasta con una mayor esencialización de las empleadoras que no trabajan fuera de sus hogares. Asimismo, resulta interesante que, mientras el peligro para las empleadoras que trabajan lo constituye el hecho de llegar a perder cierta cuota de afecto, de confianza y de cariño que las pueda llevar a sentirse desplazadas en su rol de madres, para las empleadoras que no trabajan, el riesgo de la presencia de la trabajadora se manifiesta en la posible pérdida de poder y autoridad para imponer la forma, en definitiva, el *cómo* deben hacerse las cosas dentro del hogar cuando se trata de cuidar a los niños. También aparecen ciertos temores vinculados con prácticas culturales que las trabajadoras puedan transmitir a sus hijos (como vimos en el caso de Juana).

Sin embargo, existe una perspectiva común que guía la pedagogía y la ideología de las empleadoras y refiere a que el rol de la trabajadora doméstica siempre debe ser secundario al de los padres, con la menor intromisión posible respecto a la pedagogía y la enseñanza de valores, y la mayor distancia posible en relación con la corporalidad y la intimidad.

En el caso de las trabajadoras domésticas, encontramos que la trayectoria migratoria, la etapa en el ciclo vital y la generación operan como variables claves para generar interpretaciones y evaluaciones relativas a sus experiencias dentro del trabajo de cuidado de niños. En tal sentido, la trayectoria de Berta nos permitió iluminar un tiempo histórico al analizar el modo de implicancia afectiva que tuvo con sus primeros empleadores a lo largo de su vida. Este clivaje afectivo funcionó como una manera de construir pertenencia a la familia empleadora, algo que se vincula con su propio derrotero personal y familiar. También vimos que esto operó como una manera de construir movilidad social, a partir de la generación de una red de relaciones con las trabajadoras que fue recomendando, algo que se tradujo en un reconocimiento dentro del sector. En tal sentido, en la experiencia de Berta encontramos la convergencia de una identidad social ligada a una pertenencia familiar con quienes la emplean, con el orgullo de ser trabajadora doméstica y la reivindicación de una "cultura afectiva" que les permitió acceder a ciertos recursos materiales y simbólicos.

Luego, presentamos las distintas quejas y reclamos que expresan las trabajadoras en relación con las tareas de cuidado. La diversidad de criterios y razonamientos en disputa dan cuenta de cómo las trabajadoras domésticas explicitan discrepancias en relación con las concepciones ligadas a la crianza de los niños, algo que muchas veces termina dificultando o impidiendo su desempeño laboral cotidiano. La presencia de las empleadoras muchas veces pone en riesgo la autonomía de las trabajadoras y la gestión de la relación con los niños que cuidan. En términos de De Certeau (1996), la figura del empleador opera imposibilitando la "productividad de las micro-resistencias", a partir de que les niega la posibilidad de movilizar prácticas autónomas de cuidado y de regular los límites y posibilidades de las relaciones afectivas con quien cuida.

Por último, destacamos la relevancia de la dimensión afectiva y la "carga" sentimental en las distintas formas y modalidades que adoptan las finalizaciones de los vínculos laborales. La dimensión moral, afectiva, sentimental que está contenida en la relación laboral que involucra tareas de cuidado de niños dificulta definir de manera taxativa los límites y fronteras entre ambas partes de la relación, teniendo, como vimos, consecuencias negativas mayoritariamente para las trabajadoras. Además, esta condición vuelve compleja la posibilidad de que este vínculo afectivo como relación laboral pueda ser regulado de manera completa, medirse de un modo uniforme o valorarse objetivamente. Por todos estos motivos, encontramos que el clivaje afectivo dentro de la tarea de cuidados opera como una arena de disputa y como una herramienta heurística desde donde analizar representaciones en torno a la familia, la maternidad, el cuidado, el amor, la naturaleza, el trabajo y el contrato.

TERCERA PARTE

FINALES

Capítulo 5
Conflictos en la intimidad compartida

A lo largo del libro, hemos venido mostrando cómo se configura un víncu-lo entre sujetos sociales que se encuentran próximos en el espacio, pero dis-tantes socialmente. Aunque ya destacamos distintos niveles de acuerdos y ne-gociaciones, en esta parte nos centraremos en los procesos de finalización de los vínculos laborales en los que están implicadas relaciones afectivas signifi-cativas. Siguiendo a Diana Vaughan (1984), consideramos que las finalizacio-nes de los vínculos sociales tienen ritmos y *tempos* distintos para cada uno de los sujetos. Así, entendemos que son relatos que, en general, marcan dos tran-siciones. Siempre es una de las dos partes la que inicialmente se siente afuera de la relación, mientras la otra desea que continúe. Analizando la historia de las separaciones de relaciones de pareja en Estados Unidos, la socióloga enfatiza en las transiciones que se producen cuando una de las partes comienza a sen-tirse incómoda. En ese sentido, remarca la importancia de quién inicia el pro-ceso de la separación, aunque reconoce que en relaciones de este tipo es difícil identificar "quién es el iniciador y quién es dejado atrás. [...] En el curso de una relación, estos papeles pueden invertirse: una persona asume el papel de ini-ciador en un momento y la otra actúa para terminar la relación en otro mo-mento. Cómo se invierten esos papeles es, en realidad, uno de los aspectos más intrigantes del proceso".

A partir del análisis de los casos escogidos para este capítulo demostraremos cómo la relación entre las partes transita por diversos estados y fases hasta llegar a un tipo de finalización de la relación laboral que está íntimamente vinculado al grado de afectividad que se fue tejiendo a lo largo del tiempo. De ello se sigue que, en la forma que adquiera la resolución del vínculo, estará implicado el grado de relación que se haya consolidado previamente (1984: 23).

Pueden ser variados los motivos por los cuales surgen en la relación entre tra-bajadoras y empleadores/as momentos de tensión: la imposibilidad de hacer ex-plícito un reclamo de índole salarial por parte de una trabajadora doméstica que es considerada "como de la familia"; la dificultad de un empleador/a de percibir reclamos económicos por parte de una trabajadora a quien siente "como una amiga"; las dudas y reflexiones de las trabajadoras domésticas cuando se enfrentan a la posibilidad de realizar un reclamo legal; la incredulidad de los/as empleadores/as cuando se enfrentan con un reclamo laboral o legal. Todos estos elementos desencadenan desacuerdos y conflictos que pueden derivar en procesos de ruptura del vínculo laboral, a la vez que revelan la complejidad de la relación y la imbricación de los universos sociales que se ponen en tensión ante la posibilidad de la disolución de la relación laboral.[1]

Especial interés tendrá la instancia de los conflictos que pongan en riesgo la continuidad de la relación, ya que es en estas situaciones cuando se presentan paradojas para pensar el modo de funcionamiento de la ideología del individualismo moderno. En este sentido, la perspectiva desarrollada por Louis Dumont (1992) nos permitirá analizar algunos de los comportamientos desde los significados contrastantes que se derivan de la ideología individualista y moderna como sistema de ideas-valores (Stolcke, 2001: 8).[2] Utilizando la concepción de jerarquía[3] del autor, veremos cómo se articula en la práctica con la ideología moderna del individualismo. Comprendiendo la complejidad de la articulación de la propuesta, indagaremos en aquellos umbrales de tolerancia de la desigualdad y de la jerarquía que se activan en situaciones determinantes o conflictivas que están

---

[1] En definitiva, como bien lo retrata Roberto Da Matta, la matriz que guía la relación cotidiana en el espacio doméstico está estructurada en relaciones personalizadas, cercanas, de cierta intimidad y confianza, que formando el núcleo de la moralidad en juego tienen una gran relevancia, sobre todo en aquellos espacios en los que las leyes del Estado y de la economía no penetran (1997: 200).

[2] Para comprender las cambiantes concepciones del individuo "pone en perspectiva" el individualismo occidental observándolo desde el holismo que caracteriza el sistema de castas en la India tradicional. Este ambicioso programa comparativo le conduce, a su vez, a una crítica metodológica y epistemológica de la antropología social y de la sociología convencionales, que desembocará en una suerte de *perspectivismo comparativo* –Dumont lo denomina una sociología comparativa– que nada tiene que ver con el individualismo ni el holismo o sociologismo metodológicos, sino que se entiende como alternativa metodológica para confrontar el problema de la relación entre individuo y sociedad, que es la marca indeleble de la modernidad.

[3] La idea de jerarquía del autor no es la que el sentido común prescribe como "una cadena de órdenes superpuestas o de seres de dignidad decreciente" (1992: 370). Jerarquía no es sinónimo de poder político en Dumont. Antes que un problema de grados, lo jerárquico es una dimensión que atañe a la relación con la totalidad, o mejor, de la relación que las partes de un conjunto tienen con el todo. Ese todo tiene un alcance superior que engloba, preexiste, configura e iguala a sus partes, que le son consubstanciales. Compartir un ideal ubica a los individuos al interior de un conjunto normativo en el que quedan subordinadas las diferencias individuales. Cumplir ese ideal los hace sentirse por encima del resto, al tiempo que los iguala entre sí. Según el autor, existe una diferencia entre el igualitarismo que toda sociedad individualista y moderna proclama, y aquel que profesa: ni todas las sociedades holistas acentúan la jerarquía en idéntico grado, ni todas las sociedades individualistas, la igualdad, lo que supone que sendas modalidades pueden convivir entre sí.

cruzadas por relaciones de intimidad. Asimismo, las tensiones y acuerdos con las trabajadoras domésticas iluminan las condiciones de permeabilidad e impermeabilidad de las fronteras que se logran establecer y que se exponen de una manera particular en las instancias de conflicto y cuando hay vínculos intensos de afectividad entre las partes.

El punto de partida y la densidad del vínculo afectivo que se genera entre una trabajadora y quien lo emplea es un punto de observación privilegiado para comprender las modalidades que adopta la resolución del conflicto. Así, podremos ver en la primera sección que un reclamo laboral por parte de una trabajadora se presenta al principio para la empleadora como un conflicto vinculado con lo emocional/afectivo y, al mismo tiempo, la dificultad en la realización de un reclamo desde un marco legal y de derechos por parte de la trabajadora constituye un eje desde el cual podremos analizar la matriz relacional del conflicto. De este modo, expondremos a modo de hipótesis, cómo una dinámica afectiva se constituye en el tamiz a partir del cual se moldean los ajustes o desajustes de la relación laboral, y muchas veces quedan desdibujados los límites y alcances del marco estrictamente laboral/contractual.

En una segunda parte del capítulo, exhibiremos, a partir de la trayectoria de Patricia como empleadora, el carácter procesual de la relación con distintas trabajadoras domésticas. Postulamos, en este sentido, que reconstruir la historia de las empleadoras con distintas trabajadoras domésticas nos permite analizar los procesos de distanciamiento y acercamiento, teniendo en cuenta, en particular, la relevancia que tiene el ciclo de vida femenino (Jelin y Feijoó, 1983) y las identidades de género en la conformación de cierto tipo de vínculo en el servicio doméstico. Aunque partimos de las comparaciones e interpretaciones que la propia empleadora realiza, no abandonamos una mirada relacional, puesto que reconocemos que son las condiciones presentes en ambos lados (y momentos) de la relación las que hacen posible o no cierto tipo de vínculo laboral y afectivo.

Sección 1

5.1. Reclamos que angustian

5.2. De la ilusión a la realidad

La primera vez que llamé a María[4] para comentarle de mi trabajo me dijo que no sabía si iba a poder responder porque hablar de eso la "movilizaba". Como era una de las primeras entrevistas, tampoco insistí demasiado, aunque me causó intriga el motivo que la llevaba a no querer hablar del tema. Inesperadamente, a las dos semanas recibí un llamado de ella. Me contó que había conseguido mi teléfono por medio de una conocida en común y manifestó su disposición a tener la entrevista. Cuando llegué, rápidamente buscó justificar lo sucedido en nuestra anterior comunicación, aduciendo que no había sido un buen día para que la entrevistase y otras cuestiones laborales.

Cuando comenzamos, María realizó la siguiente observación:

> Estoy entrenada después de lo que pasó… Aunque yo estoy muy desilusionada […] Mirá, yo no sé si seré muy ingenua, pero a mí me parece que, en general, me toman por boba… Es que yo pienso que a mí me cuesta, como a muchas de mis amigas, actuar como patronas. Yo, de verdad, creí que tenía una amiga con Susana, pero cuando me hizo un reclamo económico y se puso firme, ¡¡vos vieras!!.

El primer elemento que se desprende de la explicación de María remite al reconocimiento que hace de su propia cualidad como "buena patrona". Esto significa —y apareció en muchas entrevistas— no tratar a la trabajadora como tal, sino más bien ser "amiga de la trabajadora". De allí, su dificultad para jerarquizarse como patrona. Así, la categoría "amiga" supone preocuparse por los problemas de la trabajadora, hablar con ella, estar interesada en sus cuestiones personales, así

---

[4] María tenía cuarenta y cinco años cuando la entrevisté en el año 2007. Nació en Formosa, tiene dos hijas, es psicóloga y es divorciada. Hija de una familia de clase media alta de su provincia, su padre estuvo en desacuerdo cuando ella tomó la decisión de venir a Buenos Aires a vivir cuando tenía 28 años. Aunque inicialmente su intención era perfeccionarse profesionalmente, su idea de migrar hacia Buenos Aires tenía que ver con un modo de vida para ella. Los primeros tiempos fueron muy duros, ya que no encontraba trabajo fijo ni tampoco tenía muchas amistades en la ciudad. Luego, por intermedio de un amigo de un tío consiguió trabajo como perito en el ámbito de la Justicia de la Ciudad, y tres años después abrió su consultorio junto a una colega. Dos años antes de tener a su primera hija, se casó con Roberto. Desde que llegó a Buenos Aires, vivió en la casa de una tía en Caballito hasta que se mudó a Almagro con su marido. Actualmente, vive en Boedo.

como ayudarla, instruirla y ser afectiva con ella (Kofes, 2001: 179). En tal sentido, esta figura aparece contenedora de un lenguaje que impide a las empleadoras visualizar a quien contratan en su calidad de trabajadora, con sus derechos, obligaciones y deberes. A su vez, se alejan de sus responsabilidades[5], por tratarse de una categoría teñida de componentes afectivos y emocionales.

Sin embargo, la cuestión de ser "amiga" de la trabajadora aparece como algo impensable, por ejemplo, para la madre de María. Recuerda: "Siempre las vieron como enemigas –al menos, no como amigas– o personas que podían hacer algo malo". En este sentido, reconoce que brindar un ambiente de trabajo menos hostil y generar mejores condiciones laborales había sido una manera de construir su propia identidad en relación con su rol de patrona.

No obstante, recuerda que, cuando llegó a Buenos Aires y se casó con su actual marido, debió adoptar el rol de "patrona". En tal sentido, afirma que la relación que entabló con Susana[6] fue una experiencia de la que aprendió mucho y que le sirvió para "poder poner en su justa medida algunas cosas". Susana fue quien primero trabajó en su casa y quien más tiempo lo hizo. Además, fue la única que lo hizo bajo la modalidad sin retiro. Luego de esta experiencia, María no quiso contratar a nadie para que durmiera en su hogar y cuidara de sus hijas.

Cuando Susana empezó a trabajar, María estaba en el "peor momento" con el marido y acababa de tener a su primera hija. Como el grueso de las empleadoras que también trabajan, su mayor preocupación en ese tiempo pasaba porque su trabajadora pudiera cuidar bien a su hija menor y que pudiera hacer "mínimamente" las tareas domésticas.[7]

María destaca cómo en las primeras charlas había notado la "buena madera" de su nueva trabajadora, a quien contrató para que cuidara de su hija mayor cin-

---

[5] Al mismo tiempo, Kofes destaca que, en el discurso de las empleadoras, la categoría "amiga" es la que mejor expresa el sentido de una sensación compartida entre mujeres. Esta aspiración aparece como sinónimo de igualdad (2001: 179).

[6] Susana nació en Tucumán (Argentina) hace 41 años, tiene secundario incompleto, actualmente está casada y tiene siete hermanos. Cuando llegó a Buenos Aires en 1995 para trabajar tenía 19 años. En Tucumán había trabajado desde los 16 años como trabajadora doméstica "cama adentro" y no había sido una experiencia positiva para ella. Dos de sus cinco hermanas estaban trabajando en la ciudad como trabajadoras domésticas y le consiguieron el primer empleo que tuvo con cama en la casa de una familia de un barrio cerrado del Gran Buenos Aires. Trabajó solamente tres meses allí porque según ella no le pagaron lo que le habían dicho inicialmente y porque una amiga de su hermana, al dejar de trabajar en la casa de María, le ofreció ese trabajo. Cuando comenzó a trabajar en la casa de María tenía veintitrés años y para los fines de semana alquilaba una pieza junto a su hermana en el barrio de Boedo.

[7] Tal como mencionamos en el capítulo precedente, el orden de prioridades aparece como un discurso unívoco entre las empleadoras.

co días a la semana. María empezó a trabajar más y el marido a viajar por su trabajo de productor musical, lo que llevó a que Susana tuviera que pasar cada vez más tiempo con la hija de ambos:

> Llegamos a un acuerdo para que se quedara algunos días de la semana a dormir, porque a mí me creaba un conflicto intelectual. No me terminaba de cerrar que se quedara todos los días a dormir, tenerla todo el día metida sin nada que hacer, que no tenga su espacio [...] Porque, por un lado, yo veo un resabio de esclavitud, pero por otro lado, a mí me servía porque me viene bien, porque, por ejemplo, puedo salir con mi marido los viernes y estoy más relajada porque no tengo que volar.

Por su parte, Susana, desde su punto de vista, recuerda esta misma situación y destaca la gran cantidad de horas de más que trabajaba, sin remuneración extra. Al mismo tiempo, describe lo "entregada" que se sentía con la hija de María, e incorpora un elemento importante en su reflexión: "Yo no tenía problemas en ese momento de quedarme más horas[...] Aparte, ella sabía que yo estaba sin familia".

María deja entrever su malestar cuando estas alteraciones de horarios generaban trastornos en la vida de Susana, que también debía cuidar algunas noches a la hija de una de sus hermanas que trabajaba. Sin embargo, busca justificar la relación entablada con su hija en la disposición casi natural de Susana para cuidarla:

> Para serte sincera, yo notaba que no se sentía bien en ese tiempo, porque yo estaba todo el día afuera, pero compensaba, qué sé yo. Le gustaba y la pasaba bien con mi hija, porque ella tenía como una cosa maternal. Siempre la tuvo [...] y es que, en verdad, tenía un trato que ni yo tenía... Y a la beba, sobre todo la primera, ¡vos tenías que verla! Le hacía caso a ella más que a mí.

En este punto, resulta interesante destacar cómo cuando Susana se refiere a la hija de María, por momentos se emociona. Lo que más le "duele" de haber dejado de trabajar allí es no haber podido encontrarse con su "hijita", como le dice a la hija mayor de su empleadora.

Aunque Susana no tenía mala relación con sus primas, casi no podía verlas los fines de semana porque dos de ellas tenían novio y la restante salía mucho por las noches, algo que a ella no le gustaba. Estos elementos hacían que se sintiera "sin familia" en Buenos Aires y facilitaron que se crearan condiciones para que ingresara en su nuevo trabajo en condición de "como de la familia".

La cotidianidad del vínculo y la cercanía llevaron a que compartieran otros ámbitos y experiencias. En este sentido, ambas mencionaron al hecho de compartir las vacaciones, aunque, como veremos, con interpretaciones distintas.

5.3. Un mar, dos interpretaciones

Vaughan reconoce en un estudio sobre las relaciones conflictivas de pareja que las separaciones comienzan cuando una de las partes de la relación comienza a guardar un secreto sobre la intimidad de la pareja. Al guardar este secreto, la persona comienza a sentir incomodidad en la relación, ya que no puede expresar una disconformidad que luego se transforma en un indicador que saldrá en disputas futuras (1984:13). En tal sentido, cuando indagamos en un episodio mencionado por ambas como significativo, encontramos que guardaba distintos sentidos e interpretaciones para cada una y para el futuro de la relación.

Susana comenta que, durante los primeros años, la familia de María le había ofrecido acompañarlos en las vacaciones. Había rechazado la propuesta porque no conocía tanto a los empleadores y por "cierta vergüenza". Pero más adelante, y producto de la relación que se estaba gestando con la hija mayor, se animó a aceptar.

Así, por tres años consecutivos, Susana aceptó no tomarse vacaciones y acompañar a la familia a Villa Gesell. Explica que uno de los motivos de esta decisión se relaciona con la posibilidad de conocer el mar, aunque enfatiza que el entusiasmo duró poco, ya que rápidamente percibió que el trabajo allí era en algunos aspectos hasta más fuerte que el de Buenos Aires. Además de las tareas que debía cubrir con los hijos, se le agregaban los hijos de una pareja de amigos: "Terminaba cargando a los propios y a los ajenos, porque los amigos de ellos eran bien avivados. Siempre los dejaban conmigo y encima un día casi me ahogo".

Por su parte, María presenta estos viajes como aquellos en donde Susana cumplió el sueño de conocer el mar. Con respecto a las tareas, sostiene: "Descansaba bastante yo creo, porque nosotros estábamos mucho con los nenes y ella tenía libertad para hacer lo que quisiera".

La peor experiencia que recuerda Susana fue una tarde –de las tantas en las que se encargaba de llevar al grupo de hijos de los amigos de su empleadora al centro de la ciudad– que se perdió. No solo lloró, pidió ayuda y hasta entró en un shock emocional, sino que también padeció la ofensa de los padres de los otros chicos que estuvo cuidando: "Sabían que yo no conocía la ciudad y quién sabe lo que les podía pasar conmigo. Fijate, ¿no?, porque los dejaban toda la tarde con una provinciana que no conocía nada y después me venían a decir que no los había cuidado. Yo me sentí muy mal". Agrega que ninguno se hizo cargo de la enorme responsabilidad que habían depositado en ella, ni empatizaron con la angustia que había pasado. Solo reconoce que María le dijo: "Como ella me decía, 'somos las dos muy despistadas, Susi. Esas cosas pasan'. Fue la única que no me dijo que era poco más que una asesina, porque yo esa tarde pensé en no trabajar más".

Susana describe esta escena y se la nota dolida. Reconoce que lo que más la afectó fue que su propia empleadora no respondiera ni le pidiera disculpas. Cuando la consulto sobre si comunicó de alguna manera su malestar ante estas situaciones en las vacaciones, me responde que no. Aunque no podemos afirmar que este aspecto haya sido la principal causa de la finalización del vínculo, encontramos que en la divergencia de interpretaciones sobre el mismo hecho emerge la posibilidad de la insatisfacción y de la incomodidad de Susana como uno de los vectores para las futuras tensiones. A continuación, indagamos en otro de los aspectos que comenzó a horadar el vínculo.

5.4. Como un soldado

Susana cuenta que, luego de tres años de estar trabajando con ellos, María se enteró de que su marido estaba teniendo relaciones con otra mujer. Las hijas tenían cuatro y seis años y comenzaron a tener dificultades en el colegio. Susana recuerda que, en muchas oportunidades, tuvo que ir a las reuniones de padres del colegio porque "María no estaba bien". En otras ocasiones, terminaba buscando a las hijas por el colegio y el jardín, manifestando su entera disposición a estar al lado de María en esa situación:

> La señora y el señor me ayudaron mucho, eso tengo que reconocer. Cuando pasó lo del accidente de mi sobrina, y mi hermana estaba tan mal, yo no podía más, y ellos siempre me dijeron que era normal lo que me estaba pasando, que no me preocupara porque yo estuve una semana que estaba por dejar todo.

Cuando María descubrió que su marido le estaba siendo infiel, por primera vez decidió confesar algunas cuestiones personales a Susana. Luego de amenazas y situaciones de violencia, decidió cambiar la cerradura del departamento. Esto modificó el vínculo entre ellas, estrechando aún más los lazos. Aunque Susana confiesa que en ese momento estaba muy mal por sus propios problemas familiares, afirma que su empleadora le había manifestado que la necesitaba "como un soldado" porque estaba pasando por una situación muy desafortunada. Por este motivo, decidió no contarle sus problemas, sino que más bien se dedicó a "ayudar en lo que pudiera".

Esta nueva situación en la que Susana se transforma en ciertos momentos en una confidente de María la llevó a ilusionarse: "En esa estábamos como amigas

[…]Porque ella me contaba y me preguntaba todo. Sabía todo lo que pasaba, estaba ahí para lo que ella quisiera". Mientras que hasta ese momento solo ella había compartido sus problemas personales y familiares, a partir del conflicto de pareja María comenzó a hacerlo también.

Así, al grado de implicancia afectiva que se había logrado producto de esta situación debemos agregarle las cada vez más estrechas relaciones de cuidado con las hijas. Ambas cuestiones explican la densidad e intensidad del vínculo en ese momento.

En el lenguaje de la guerra, constituirse en un soldado significa 'servir a alguien'. Más aún, la etimología de la palabra "soldado" viene del latín "sueldo", que significa no solo servir a alguien, sino estar obligado a hacerlo. Una vez terminada la etapa de la conflictiva separación, y a partir de nuevos intereses y necesidades, la relación de María y Susana cambiaría de manera radical.

Durante el período más intenso de disputas y tensiones dentro de su trabajo, la madre de Susana se enfermó y debió viajar casi cuatro veces en un mes y medio. Recuerda la sensación de responsabilidad que sintió cuando, luego de haber llegado a Tucumán en su último viaje, recibió un llamado de María, quien le pedía que volviera lo antes posible porque la madre de ella también estaba mal de salud y debía viajar a su provincia natal de urgencia: "Yo decía, '¿No podía buscar otra? ¿Por qué todo conmigo?' Me acuerdo que mi hermana me dijo que le hablara y le dijera que yo también tenía una vida y que así no podía seguir".

Durante el tiempo que Susana estuvo cuidando a las dos hijas, mientras María estaba en Formosa, su propia madre falleció. Debió esperar unos tres días para poder viajar a velarla en Tucumán. A partir de entonces, cambió la relación.

En ese tiempo, Susana comenzó una relación con un novio, y un año después empezó a pensar en mudarse con él. Cuando le contó a María acerca de esa idea, ella se ofreció a salir como garante ante una inmobiliaria para que pudiera alquilar. Inclusive, le sugirió personas y contactos para conseguir mejores precios y hasta la acompañó a ver el primer departamento.

Un año después del fallecimiento de su madre, Susana comenzó a viajar a Tucumán más seguido porque el hijo de una de sus hermanas tuvo un accidente fatal. En uno de los viajes, la llamó a María y le pidió quedarse más tiempo. Estuvo casi un mes en Tucumán y María recuerda que en ese tiempo se le pasaron los peores "fantasmas" por la cabeza:

Es que, en verdad, yo la había dejado ir, pero le di muchas vueltas, ya que a ella la veía que en la familia la estaban poniendo en un lugar que a ella no le hacía bien. Lloraba mucho, yo la sentía, charlábamos, y bueno, cuando me dijo que se quería ir a ayudar a su hermana con su mamá, ahí le dije que era mi opinión, pero que a mí no me parecía.

Susana conocía la opinión de María respecto a su tendencia a "ayudar a todos en la familia", aunque ya no compartía la insistencia que comenzó a tener con el tema. Esta discrepancia latente se vio reflejada con mayor énfasis cuando volvió de Tucumán.

María revela en la entrevista que reconoció un "cambio en la personalidad de Susi". La sentía distante, comenzaría a faltar más seguido y a retirarse para pernoctar con su pareja. La nueva modalidad de trabajo acordada le permitió reducir la cantidad de tiempo que destinaban a conversar.

Susana reconoce: "Empecé a hablarle menos de mis cosas y a resolver yo o a preguntarle a mi marido". Este relato exhibe el comienzo de una transición. Susana comienza a dejar de confesar todos sus secretos y compartir sus temas personales hasta alejarse definitivamente de la relación. Por su parte, María expresa su dificultad para interpretarla: "Yo igual veía que seguía como con algo adentro".

Susana empezó a advertir una ausencia de compromiso por parte de María frente a su situación económica apremiante. Las complicaciones familiares se sumaban a la intención de hacer unos arreglos en su nuevo hogar para vivir con su pareja. En el corto plazo, prefirió comenzar a trabajar en tres departamentos por horas, antes que hacer explícito el reclamo económico a su empleadora: "Llegó un momento que sentí que iba a explotar, que mi vida es mi vida… que tenía todo adentro y necesitaba la cabeza limpia".

Cuando estaba a punto de realizar un reclamo concreto de aumento del veinticinco por ciento,[8] sufrió una lesión lumbar que la dejó casi un mes sin trabajar, producto de la cantidad de trabajos que había asumido. Pero, sobre todo, destaca que los momentos previos a los dolores lumbares, ella estaba muy pendiente de la organización del cumpleaños de diez años de la hija de María, algo que la tenía "muy estresada", ya que el festejo iba a ser en la casa de la niña y con más de treinta chicos y quince adultos: "Era el cumple de diez de una nena que era una hija para mí. Y ella estaba muy contenta, también la mamá que la iba a ayudar, y eso te estresa". Vaughan destaca que, para quien decide iniciar la disputa en un vínculo afectivo, muchas veces aparecen elementos que, por la propia proximidad, logran opacar la continuidad del reclamo. La autora destaca cómo el hecho de tener amigos en común y actividades compartidas lleva a que una de las partes de la pareja pueda concretar su reclamo (1984: 139).

---

[8] Esto lo había consultado con dos amigas y su hermana. Esta modalidad es frecuente entre las trabajadoras domésticas. En algunos casos, a ello se le agrega alguna consulta al propio Ministerio de Trabajo o al Sindicato de Trabajadoras Domésticas.

Un año después, pudo "tomar fuerzas" para realizar el reclamo a su empleadora. Su hermana, que había trabajado en el servicio doméstico, el hermano que era camionero y su marido fueron esenciales para impulsarla en la decisión de solicitar un aumento de sueldo. Inclusive, lo había charlado con una amiga, también trabajadora doméstica, quien le indicó que le hablara de los derechos que ella tenía como trabajadora, pero le dijo que no aceptara nada que no fuera una mejora económica "real". No obstante, en el relato que nos transmite Susana sobre la situación que generó para pedir el aumento aparecen otros elementos: "La agarré un día que no estaban las chicas. Le dije que le hacía un té, todo, y directo, le dije que quería que me aumentara, que me ayudara con eso. Y le expliqué lo de los arreglos en mi casa, el crédito, que era todo cierto y que necesitaba la plata".

Aunque María encontró el reclamo inicialmente "razonable", manifestó que su situación económica no era la ideal como para poder brindarle el aumento solicitado. Le comunicó que se comprometía a realizarle un aumento gradual hasta llegar al cincuenta por ciento del aumento que le había pedido. Como Susana conocía de cerca la situación de María, la pérdida de pacientes en el consultorio y los problemas que estaba teniendo para poder cobrar el dinero por alimentos que recibía para sus hijas por parte de su exmarido, los primeros meses –y ante la ausencia de un resultado concreto luego de la primera charla– decidió no reclamarle con mayor ímpetu y aceptar la propuesta.

5.5. De la necesidad al derecho

Susana decidió asesorarse mejor no solo con las amigas y los compañeros del trabajo de su marido que concurrían a su casa, sino por intermedio de un abogado que le consiguió un amigo de su marido que trabajaba en un sindicato. Este, desde el primer momento, le infundió una "fuerza" importante para enfrentar la situación que hasta el momento no había tenido. El abogado le indicó que fuera con problemas concretos: "Me decía, pero no tuyos, sino legales que serían para ella si no hacía algunas cosas que nunca había hecho [...] Igual, para mí todo esto seguía siendo mucho más difícil cuando tenía que hablar porque María me daba vueltas".

El involucramiento afectivo trae aparejado que trabajadoras y empleadoras conozcan las dificultades y los problemas que están atravesando ambas. Este aspecto intercede en la posibilidad de transformar un reclamo realizado como "amiga" o "trabajadora" considerada "como de la familia" en una demanda estrictamente legal y pensada en términos de "derechos".

Conocer los problemas, deseos y expectativas de sus empleadores, muchas veces puede llevar a las trabajadoras a no saber o no poder conducir sus reclamos desde una lógica de derechos. Al mismo tiempo, el espacio de la casa o de la familia, como ámbitos donde priman las relaciones personales, de cercanía e intimidad, vuelven más difícil el pasaje de un tipo de demanda a otra.

Finalmente, percibimos desde el relato de Susana que el planteo hacia su empleadora se centra en un reclamo de "falta de consideración". Es decir, analiza las prácticas de su empleadora en términos del "trato" y se aleja de una relación laboral/contractual. Además, al personalizar el problema, lo aleja de un reclamo laboral, como lo sugería el abogado.

Las ideas de la consideración y del trato siguen quedando de esta manera libradas al criterio de la empleadora, quien dentro de una especie de ficción de parentesco opera como cabeza de linaje que distribuye recursos y dones (Courtis y Pacceca, 2006). Estos condicionamientos para la realización de un reclamo laboral nos apuntan rasgos personalizados de los vínculos. En casos como el de Susana, las trabajadoras domésticas se sienten "agradecidas" con sus empleadoras y creen que no deben ser lo contrario, "desagradecidas". Aquello sería mal visto y reprendido dentro del código de las moralidades personales que guían el universo familiar (Da Matta, 1997: 252-253).

Un tiempo después de esta primera charla, la situación económica para Susana se volvió aún más complicada. Por primera vez, se vio obligada a pedir una inmediata respuesta a su empleadora. Recuerda que nuevamente hizo todo lo que el abogado no hubiese pretendido: "Le hablé del tiempo que estaba yo con ella, de todo lo que yo había logrado ahí, que ella lo sabía, y que yo apreciaba mucho la ayuda que me dio en momentos feos de mi vida, pero que ahora yo estaba con problemas para llenar la olla, como quien dice, y la necesitaba sí o sí".

A la vez que para María seguía siendo difícil brindarle la totalidad del aumento demandado, el trabajo tanto tiempo "invalorable" de su "mano derecha", para ese tiempo constituía una actividad secundaria en el esquema de necesidades para su hogar. Sus hijas estaban más grandes e independientes, y las actividades que tenían durante el día hacían que la presencia de Susana no fuera imprescindible. De forma elíptica, María le aseguró que podían encontrar otro arreglo donde ella trabajara menos días, si es que a ella le convenía utilizar esos días para conseguir otro trabajo: "Yo tenía las chicas más grandes y ya estaba mi madre viviendo en Buenos Aires [...] Creo que Susana quería otra cosa, y yo no se la podía dar. Por eso, trataba de facilitarle, si ella quería agarrar otro trabajo y el mío no le servía. Eso lo habíamos hablado".

Finalmente, Susana resolvió arreglar y trabajar menos tiempo en la casa de María y así poder conseguir otros trabajos. A pesar de no seguir el consejo del abogado de enviar una carta documento a su empleadora, comenzó a sentirse mal en la casa de María porque notaba que había un dejo de indolencia de parte de quien hasta ese momento consideraba alguien incondicional desde su llegada a Buenos Aires. A pesar de haberle manifestado su intención de otorgarle un aumento escalonado, a los dos meses Susana dejó de concurrir por unas semanas, tras conseguir un trabajo fijo en un puesto de venta ambulante en la feria La Salada. Al tiempo de haber empezado, comenzó a su vez a trabajar con su nuera dos veces por semana en dos ferias locales y decidió de una semana para la otra dejar el trabajo en el servicio doméstico.

Susana menciona que lo hizo de manera gradual, aunque reconoce que recibió críticas: "El trabajo que conseguí tenía que empezar al otro día [...] muchas horas y era una oportunidad también para salir de lo doméstico [...] Algunas se enojaron, pero en verdad me porté bien con quienes se portaron bien conmigo. A nadie dejé a pata". A pesar de haber invertido tiempo y dedicación en este nuevo emprendimiento, al año se quedó sin un ingreso fijo y debió retornar a varios hogares como trabajadora con retiro. En esa ocasión, no pensó en volver a trabajar con María porque, según expresa: "Yo ya estaba para otra cosa, no sé. Pasaron muchas cosas... y yo no quería. Tampoco me buscó". Cuando volvió a trabajar, revela que sintió cierta tristeza porque en su memoria el trabajo doméstico estaba asociado al cuidado de dos niñas que ella "quería mucho, casi como a mis hijos".

Para paliar ese alejamiento, y como lo hacen la mayoría de las trabajadoras que tuvieron una relación de implicancia afectiva con los hijos de sus empleadores, Susana siguió llamando a las hijas de María para los cumpleaños de ambas y para navidad. La última vez, conversó un rato con María, pero sintió que no le había perdonado la forma en que se había alejado: "Me hizo sentir, cuando la llamé, que yo la había dejado en banda, con las dos hijas, de un día para el otro, y no es así. Yo necesitaba irme y le dejé a mi sobrina que es de confianza".[9] Susana revela que, en realidad, la había llamado para poder hablar con las "nenas" y para contarle que estaba embarazada. La situación de tensión que se vivió en la conversación hizo que decidiera no volver a llamarla nunca más.

Por su parte, cuando María se refiere a la forma que adquirió el proceso de finalización del vínculo describe que se sintió muy dolida por la forma intempestiva que utilizó Susana para dejar el trabajo. Desde una cierta melancolía,

---

[9] Nuevamente, aquí queda expuesta la importancia de las redes de recomendación personalizada que funciona desde los núcleos de confiabilidad más cercanos de los empleadores hasta los que manejan las trabajadoras.

reconoce que nunca tuvo ni tendrá una relación tan afectiva ni cercana con una trabajadora y que hoy en día toma recaudos para "establecer vínculos que después te marcan". También, hasta el día de hoy sigue hablando de lo "desubicado" y lo "descolocada" que se sintió ante una demanda laboral que le hizo alguien con quien ella había pasado tantas cosas. También destaca como un aspecto negativo la "manera de irse", a la que considera una actitud propia de "trabajadoras con quienes no te une nada". Recuerda que, tal fue su "desazón", que durante mucho tiempo no quiso entablar vínculo alguno con las trabajadoras domésticas que iban a trabajar a su casa. Así, la densidad del vínculo y el final abrupto que tuvo con quien "era como alguien más de la familia" hicieron que prefiriera no tener más a una persona en su casa. Porque, según destaca en relación con sus cualidades personales, "no va a haber una como Susi, y yo me encariño mucho, y después me llevo estas sorpresas. Por eso, nunca más".

* * *

Según pudimos analizar a partir de la historia retratada, el complejo conjunto de intereses, lógicas y expectativas que se entrecruzan entre trabajadora y empleadora ayudó a configurar fronteras que primeramente aparecían como infranqueables. De esta manera, las ideas de "traición", "angustia" y "desilusión" expresadas por parte de la empleadora, y las ideas de "ayuda", "atención" y "comprensión" esgrimidas por la trabajadora alejan toda posibilidad de pensar que los dominios y esferas pueden funcionar aisladas unas de otras sin entrar en contacto, al mismo tiempo que ponen en el centro la discusión de las escalas de interacción (Weber, 2001).

En estos casos, se torna difícil encaminar una demanda contractual sin que quede "mezclada" con los vínculos personales y de proximidad que se viven y expresan en términos de la integración de la trabajadora doméstica en una familia o en una lógica de parentesco.

En la instancia del conflicto por un mejoramiento en las condiciones laborales, vimos que la dificultad de Susana para aislar los dominios la llevó a considerar el "compromiso" que sentía con María y sus hijas como un elemento que podría afectar sus trabajos futuros. Cuando manifiesta "si te encariñás, ya es otra cosa", revela la necesidad –por primera vez, y seguramente producto de su trayectoria y de su posible experiencia posterior– de participar de un universo distinto, en donde la capacidad de manejar (inhibiendo o revelando) emociones y sentimientos puede redundar en un mejoramiento en las condiciones de trabajo.

Retomando el planteo de Neiburg (2003) y su definición de intimidad, encontramos cómo ante el reclamo laboral de Susana su empleadora sintió que había perdido confianza y, por ende, intimidad con su trabajadora. A partir del primer reclamo, se produjo entre las dos una especie de hiato en términos de la proximidad y confidencialidad que venían desarrollando hasta el viaje de Susana a Tucumán. De la misma manera, la trabajadora luego se sentirá mal anímicamente por no recibir de parte de su empleadora (que no la consideraba su amiga, pero que tenía un muy buen "trato" con ella) una respuesta acorde con el grado de intimidad y confianza alcanzado. Así, Susana perderá la confianza en María, que hasta ese momento se fundaba en la capacidad de responder a sus necesidades y expectativas. Ante la inesperada actitud de su empleadora, ciertos lazos construidos a partir de la proximidad y de un conjunto de valores comunes y compartidos (como formar parte de la familia y no simplemente ser la trabajadora), se vieron resquebrajados.

Sección 2

En esta sección nos centramos en la trayectoria de una empleadora para acercarnos a los distintos tipos de relación que construyó con quienes trabajaron en su hogar a lo largo de las distintas etapas de su ciclo vital. Desde su relato, reconstruimos la dinámica y la flexibilidad de las *posiciones* en las que se ubica en diferentes etapas de su vida y que le han permitido establecer diversos tipos de relaciones, acuerdos y rupturas con las trabajadoras domésticas que ha contratado. Estos momentos constituyen escenarios donde pueden verse expresadas las tensiones, intensidades y sentidos que adquiere una relación en la que se entremezclan las lógicas de reciprocidad y distinción a lo largo del vínculo y donde pueden verse superpuestas dimensiones como la etapa en el ciclo vital, la dimensión generacional y las expectativas de una empleadora con las distintas trabajadoras domésticas que contrata.

5.6. A imagen y semejanza

Patricia tiene cincuenta años, es escultora y nació y vivió hasta los veinte años en Mar del Plata, cuando decidió junto a su marido de ese tiempo viajar a Buenos Aires para trabajar. Cuando llegaron, vivieron en un conventillo de la zona sur de la capital porque, , según recuerda, eran "muy hippies". Años más tarde, se separó de su marido y se fue vivir junto a sus tres hijos (de ocho, quince y veintitres años) a Barracas. Necesitaba una persona que la fuera a "ayudar" tres veces por semana. Recuerda que conoció a Cecilia porque cuando ella vivía en La Boca con su exmarido, la trabajadora doméstica de ese momento decidió volverse a Paraguay, pero le recomendó a la prima. Cuando Cecilia llegó a la ciudad no conocía más que a su empleadora y los barrios aledaños donde había trabajado unos meses. Patricia recuerda que, aunque ella no tenía intenciones más que de la limpieza —ya que los hijos tenían actividades casi hasta las cinco de la tarde—, prontamente comenzaron a tener una relación de intimidad, producto de que Cecilia comenzó a contarle "la vida terrible que había tenido en Paraguay y acá cuando llegó". Abusos sexuales por parte de un tío, trabajo sin remuneración en los algodonales de su país, explotación y maltrato en los hogares donde se desempeñó como trabajadora doméstica conforman un conjunto de aspectos que a Patricia la habían "sensibilizado mucho en su momento".

Luego de un año de trabajo, Cecilia queda embarazada. Como no sabía quién era el padre y ante la ausencia de familiares en el país, Patricia decide acompañarla durante el embarazo y le consigue un médico pediatra y un lugar en el hospital de su barrio para tener a la hija. Patricia recuerda que esta reacción "fue algo humanitario que creo que cualquiera hubiera hecho".

Una muestra del grado de afectividad del vínculo se expresa en que el nombre que elige Cecilia para su hija fue sugerido por su empleadora.

En ese tiempo, la situación se complicó también para Patricia, ya que su hijo mayor (Alberto) comenzó a sufrir sus primeros brotes sicóticos. Estas circunstancias llevaron a que Alberto, durante los siguientes cuatro años, se recluyera cada vez más en su casa, perdiera amigos y relaciones. En ese tiempo, la relación de Alberto con Cecilia comenzó a ahondarse, ya que estaba todo el día en la casa y la acompañaba en las labores y actividades, así como en el cuidado de la hija de Cecilia, que concurría cotidianamente a su hogar: "Ella participó mucho de eso y le tenía mucho afecto a mi hijo y, de alguna manera, mientras ella estaba en casa, colaboraba con situaciones fuertes, que para todos también eran nuevas y difíciles".

El hijo mayor terminó siendo el testigo de casamiento de Cecilia un año y medio después. Patricia reconoce que esa "sensibilidad" que le vio desde el primer día a Cecilia se complementaba con una búsqueda de mejoramiento de su situación personal y familiar. Esta tendencia a "querer progresar" la encontraba al expresar que cuando Cecilia había llegado "no sabía trabajar y aprendió todo, en realidad, conmigo. Porque yo le enseñé a cocinar, le enseñé a limpiar, le enseñé… Ella es a imagen y semejanza de lo que soy yo. Ahora es una mina, casi te digo perfecta, como doméstica".

Patricia relata que no solo aprendió a cocinar, sino que Cecilia le agregó su impronta. Si, por un lado, la relación entre Cecilia y el hijo mayor era fundamental por la compañía y la contención que significaba, Patricia comenzaba a notar que el vínculo se estrechaba aún más: "Se iba convirtiendo en alguien cada vez más parecido a mí […], alguien que yo podía dejar encargada de todo, cerrando los ojos, era como si estuviera yo en la casa".

En marzo de 2001, Patricia perdió el socio de su negocio y la situación económica comenzó a deteriorarse. Ante las dificultades para seguir pagando las cuotas del geriátrico de su madre, decidió llevársela a la casa. Por lo tanto, Cecilia debió también ocuparse del cuidado de la anciana de 90 años. Para ello, comenzó a trabajar más tiempo y a llevar al trabajo a su hijo, que tenía dos años.

Unos meses después, Patricia comenzó con retrasos cada vez más pronunciados en el pago del salario de Cecilia. Como una manera de compensar esta situación, además de permitirle traer el hijo a su casa, le había ofrecido que sus hijos podían cuidar de los de ella mientras iba a otros trabajos. Al mismo tiempo, creció la relación entre la madre de Patricia y el hijo de Cecilia: "Como la de una abuela, le cantaba, le hacía regalitos todo el tiempo. ¡No sabés cómo se querían!".

Cuando Cecilia ya llevaba trabajando seis años, surgieron algunas dificultades a raíz de la ocupación por parte de desconocidos de una casa abandonada lindera a lo de Patricia. Tapiaron la entrada y tuvieron varias experiencias de desalojo por la policía. A Patricia se le ocurrió que allí podrían vivir Cecilia y su familia, y consultó con su vecina, quien estuvo de acuerdo: "Era una manera de ayudarla, porque ella estaba con los dos hijos y el marido. Vivían en una casilla en un lugar alejado. Imaginate que mudarse a esa casa para ellos era un gran cambio".

A partir de ese momento, Cecilia comenzó a vivir junto a su familia en la casa lindera. Un año más tarde, Patricia comenzó a sentir cada vez más invasiva su presencia: "Y empezaron a crecer. Hicieron los techitos, arreglaron la cocina, y poco a poco fueron creciendo, creciendo. Iban terminado una habitación, otra habitación…", describe.

Con el tiempo, la madre de Patricia comenzó a tener más problemas de salud y necesitó que Cecilia fuera a trabajar más días y horas. Ella iba con sus dos hijos, se quedaba a comer y muchas veces los hijos de Patricia se los cuidaban. Estas situaciones extendidas en el tiempo llevaron a que Patricia considerara que el vínculo había sobrepasado la relación empleada-empleadora.

> Ya había otra cosa. Yo, obviamente, hacía que nunca les faltara ropa. Nunca les faltaba… Entonces, bueno, se terminó de confundir todo […] Un exceso de… ¿Cómo te puedo decir?… De confianza, demasiado… Yo creo que a ella le abrí demasiado la puerta en todos los aspectos. Me hice cargo de muchas cosas de ella y de su familia.

Esta confusión se fue articulando con una sensación de incomodidad que comenzó a tener Patricia con relación a ciertos consumos y a un estilo de vida que buscaba imitar Cecilia:

> Ella sentía que podía avanzar en su casa, tener una casa amplia, con más comodidades. Siempre, obviamente, iba a haber diferencias entre las comodidades de mi casa y las comodidades de la de ella, pero siempre ella sentía que tenía que imitarme en todo […] Esto era así: si yo, suponete, compraba sábanas de puro algodón, porque me parecía, ella ya estaba pensando que, en realidad, ella tenía que estar comprando sábanas de puro algodón […] Se iba armando su casa a imagen y semejanza de la mía también.

Este aspecto nos convoca a pensar, siguiendo a Pierre Bourdieu (1988), en aquellos resortes sutiles de diferenciación clasista que encontró este autor en su estudio sobre el gusto en las sociedades contemporáneas. Fue más allá del simple análisis del consumo cultural como un poderoso marcador de *status*, para indagar en torno al *habitus* de clase. Es decir, en los esquemas de disposiciones duraderas que gobiernan las prácticas y los gustos de los diferentes grupos sociales, que resultan en sistemas de enclasamiento que ubican a los individuos en una determinada posición social no solo por su dinero, sino también por su capital simbólico. Hasta en los detalles insignificantes, como la manera de hablar o la forma de mover el cuerpo, estaría inscripta la ubicación de un sujeto en la división social del trabajo (Reygadas, 2004). En tal sentido, los *habitus* crean distancias sociales y límites, que se convierten en fronteras simbólicas entre los grupos sociales.

Si bien la imitación de sus consumos culturales y de un cierto estilo de vida habían llevado a Patricia a cuestionar este acercamiento (físico y simbólico) de su trabajadora, fue la iniciación en una agrupación religiosa lo que terminó de convencerla de la distancia que se había establecido entre ambas. Cecilia había comenzado a participar de los "testigos de Jehová" por intermedio de su marido, quien además ocupaba un cargo institucional en la agrupación. "Te hablaba de otra manera. Eran como una familia. Ellos iban… ¿viste?, todos juntos, todas las semanas, bien vestidos, con esa ropa formal, mujeres con pollera larga, hombres de traje, y los hijos también […] Iban a predicar y después iban casa por casa, pasaban con días fijos", describe Patricia.

Dos semanas después, se produjo una charla en el garaje de la casa, que también era la puerta de ingreso de la casa de Cecilia, que se transformó en un "punto de inflexión" en el vínculo. En palabras de Patricia: "Me agarró cuando estaba sacando el auto y me tiró, así, una expresión como '¿por qué no corrés el auto?'.[10] Ella se negó, y Cecilia continuó: "Bueno, Patricia, nosotros necesitamos crecer porque los chicos, porque esto, porque bla, bla, bla[…] me dijo, 'pero ¿por qué vos te pones así? Vos no tenés ningún derecho, porque vos hiciste tu vida'. O sea, hacía estos planteos, ¿no?, como diciendo 'vos tuviste todas las comodidades, ¿por qué no nos dejás a nosotros?'".

Todos estos avances eran leídos por Patricia como producto de las creencias inculcadas en la agrupación religiosa:

En el sentido de esta cosa ambiciosa. Para mí es muy claro esto: viste que, para los testigos de Jehová y para casi todas las religiones evangelistas, está esta cosa de la filosofía de la prosperidad, una teología de la prosperidad. Eso lo sentí muy fuerte, el cambio que hubo en ella a partir de que empezó a estar con los testigos. Esta cosa del querer crecer económicamente era lo fundamental. Te digo que yo lo sentí como una avalancha.

En ese momento, se enteró de que Cecilia había intentado alquilarles a otros vecinos, para obtener dinero, parte del garaje que ella le había cedido. Cecilia le insistió a Patricia en que no podía poner más el auto en el garaje porque su familia necesitaba el dinero, a lo que ella respondió:

Y vos no podés poner más un pie acá, en esta casa. Le dije directamente 'sos una hija de puta' porque no daba para otra cosa. 'El auto lo voy a seguir poniendo porque, obviamente, no te voy a preguntar a vos si lo pongo o no lo pongo'. Y se fue. A la media hora vino. Vino llorando, pidiendo disculpas… que bueno… que se le había ido la mano y que bueno, que yo la disculpara… Por supuesto que le dije 'no, no pisás más esta casa'.

A los quince días del episodio, Patricia recibió una carta documento donde Cecilia le demandaba quince mil pesos en concepto de indemnización por despido, jubilación, aportes patronales y daños morales. Patricia se sintió muy mal

---

[10] El garaje tenía espacio a ambos costados del auto, tanto para el descenso del conductor como para el pasillo de ingreso al hogar de Cecilia.

por la situación y tuvo una descompensación ese mismo día. Contestó las cartas documento, aunque a las tres semanas Cecilia desistió de seguir con el juicio. Patricia lo interpretó como producto de una reflexión posterior de su trabajadora: "Habrá pensado 'esta mina a mí me dio todo', porque realmente vivió muy cómoda durante todos esos años. Con una fuerte ayuda y además contención, ¿entendés?… Yo la sostenía muchísimo, era una mina sola acá. Entonces, supongo que a lo mejor habrá recapacitado y habrá dicho 'no, yo no puedo seguir adelante con esto'". Sin embargo, fue la intervención de la madre de Patricia que seguía en contacto con Cecilia y su familia quien la hizo desistir.

La "polenta" y las "ganas de salir adelante a pesar de todo", que era uno de los atributos que Patricia reconocía en la trayectoria de Cecilia, se habían transformado en una tendencia "desmedida" por mejorar su situación, al punto de llegar a cortar la relación entre ambas. Actualmente, Cecilia sigue viviendo con el marido y sus dos hijos en el terreno que queda ubicado a quince metros de la casa de Patricia.

La dinámica de los vínculos que Patricia construye con sus trabajadoras domésticas entraña lógicas y sentidos al mismo tiempo complejos y contradictorios. En la historia de la relación entre Patricia y Cecilia hemos visto cómo las distintas acciones simbólicas han operado tanto para la generación de fronteras y diferencias como también para afirmar ciertas continuidades y afinidades en realidades que de otro modo serían discontinuas, fragmentadas y desiguales (Reygadas, 2004: 79).

Así, las actitudes que había mostrado Patricia ante la situación de desprotección de Cecilia en sus primeros momentos, daban cuenta de una disposición que no podría leerse solamente desde la mirada racional y calculadora del *Homo oeconomicus*, sino como una actividad que contribuye a crear redes de asociación y reciprocidad que preservan la paz y mantienen el flujo de las relaciones sociales. En tal sentido, la relación que habían consolidado durante largo tiempo se había constituido en un vínculo de reciprocidad hasta el momento del reclamo de Cecilia que devino en la ruptura definitiva.

En primer lugar, el lugar en que situó a su trabajadora doméstica como producto de su creación, le permitió a Patricia distinguirse de ella a partir de exhibir su poder de proveedora de recursos y conocimientos. En ese sentido, aparecen reflejadas en la configuración inicial del vínculo aquellas cualidades que los estudiosos de la reciprocidad advierten: en las donaciones e intercambios ceremoniales está presente la lógica de la distinción. Donar es una manera de adquirir status, de obligar a adquirir una deuda con el donante.

A Cecilia, esta posibilidad de acceso a un conjunto de conocimientos la ubica en un lugar de mayor preparación, a la vez que este ascenso funciona como un aspecto distintivo de Patricia como empleadora. Esta dualidad que recorre todas las construcciones simbólicas y que pueden excluir e incluir, elevar y denigrar, disolver como reforzar clasificaciones, erigir y derribar fronteras, así como legitimar a los poderosos o cuestionar la dominación adopta dinámicas concretas en cada interacción particular.

De hecho, podemos pensar que la mudanza de Cecilia a la esquina de la casa de Patricia se debió a una necesidad de la empleadora para que no ocuparan un predio lindero al propio. Vimos que esta acción, que se realizó con un objetivo particular, terminó teniendo otras consecuencias. Así, tal como lo destaca Reygadas (2004) citando a Godbout (1997), aunque las relaciones sociales se organizan a partir de las asimetrías que existen en los recursos de poder de los participantes, en las interacciones sociales hay siempre cualidades emergentes, un proceso puede modificar la correlación de fuerzas, además de que se pueden producir consecuencias no buscadas. Así, la acción inicial que tendía a resolver el problema de la ocupación de ese espacio por personas desconocidas y de condición vulnerable terminó generando un contexto de mayor equidad para Cecilia, pero de mayor conflicto con Patricia. Así, además de verla más tiempo por semana, comenzó a poder ver los avances económicos expresados en el crecimiento de la infraestructura de su hogar y en las nuevas necesidades. En tal sentido, observar la dinámica que se produce en las fronteras entre los grupos sociales nos permite descubrir la dialéctica entre la igualdad y la desigualdad.

De acuerdo con Reygadas, las fronteras entre los grupos sociales nunca están fijas, sino que son constantemente cruzadas, reforzadas, desafiadas, levantadas, transgredidas, reconstruidas. En tal sentido, las interacciones entre las personas se encuentran condicionadas por dichas fronteras, pero a la vez las modifican en forma constante. Lo interesante para nuestro caso resulta de la cuarta característica de estas fronteras, referente a las distancias sociales que marcan.

El grado de tolerancia no es fijo, está inscripto en una dialéctica entre procesos que apuntan a promover la igualdad y otros que la naturalizan y legitiman. Podemos pensar, entonces, que el reclamo de Cecilia puso en cuestión el umbral de tolerancia de la desigualdad: "El grado de desigualdad que se tolera en una sociedad tiene que ver con qué tan distintos, en términos culturales, se considera a los excluidos y explotados, además de qué tanto se han cristalizado esas distinciones en instituciones, barreras y otros dispositivos que reproducen las relaciones de poder" (2004: 15).

Pero para ello debemos reconstruir el proceso que derivó en la ruptura definitiva. El primer indicio que aparece en el relato de Patricia emerge a través de la metáfora del "crecimiento" y la "avalancha", reconociendo en la ampliación de sus necesidades de consumo y en las nuevas ideas religiosas dos vectores que potenciaron el conflicto. Las sucesivas situaciones retratadas crearon un escenario particular para el planteo de Cecilia que derivó en su despido.

En tal sentido, todos los elementos que se desprenden de la relación analizada nos invitan a pensar en la necesaria y constante producción y reproducción de las barreras y fronteras morales, simbólicas y afectivas que permiten sostener los límites materiales, económicos y políticos. De alguna manera, al realizar este reclamo, Cecilia está promoviendo la apertura de un "cierre social" (Lamont y Fournier, 1992)[11] y la ruptura de la barrera que permitía crear y recrear una distancia cultural y social entre ella y su empleadora. Esto, en parte, se refleja en el tono de la reacción: echarla automáticamente y nunca más querer volver a verla. Un límite se había cruzado y, si no se marcaba, en el futuro no habría retorno.

Como veremos a continuación, Cecilia no fue la primera trabajadora doméstica de Patricia. Seguiremos analizando las relaciones que ella estableció con otras trabajadoras y, a través de estas, revelaremos que, de acuerdo a las distintas etapas de la vida de Patricia, varían los registros de distancia y proximidad que le resultan tolerables y legítimos para cada momento.

5.7. Demasiado servicial

Cuando recién había nacido el hijo más pequeño de Patricia y estaba casada, contrató a Marta[12] para trabajar bajo la modalidad con retiro para limpiar y cuidar de sus hijos. En ese tiempo, Patricia trabajaba en una empresa durante más de ocho horas diarias, lo cual la hacía estar alejada de la casa: "Yo laburaba como una negra en ese momento. Diseñaba muebles y ella me ayudaba muchísimo. Era

---

[11] Max Weber habló de los cierres sociales que permiten la exclusión y el acaparamiento de recursos y oportunidades, procesos que están ligados de manera directa con operaciones simbólicas que establecen qué características se requieren para pertenecer a un grupo de *status*, al que se le ha asignado cierta estimación social, positiva o negativa (1990: 684 y ss.)

[12] Marta tenía cincuenta y siete años cuando comenzó a trabajar con Patricia y había venido de Mendoza cuando cumplió los treinta y dis años. Tenía seis hijos y veinticuatro nietos. Desde los quince años había trabajado en diversas fincas de importantes personalidades de esa provincia, donde recibían a familias de alto poder adquisitivo, presidentes y personalidades del mundo. Cuando migró hacia Buenos Aires con su marido y tres de sus seis hijos, lo hizo para trabajar en una familia de altos recursos de la zona norte de la ciudad. Luego de unos años de trabajar con retiro, comenzó a trabajar por horas en diversos hogares, entre los cuales ganó una importante reputación en el rubro, gracias a la calidad de su trabajo.

una mina que estaba todo el día en la casa y dejaba en sus manos toda la casa". Marta vivía en un hotel a tres cuadras de lo de Patricia, junto a su marido y su yerno, lo cual facilitaba que en muchas ocasiones se quedara hasta más tarde: "Yo la llamaba y me quedaba tranquila porque ella se podía quedar. Y cuando no podía, me decía. Pero nunca me hizo problema".

La ductilidad en el manejo de las cuestiones ligadas a lo doméstico, además del vínculo afectivo creado con su hijo menor, comenzaron a traer consecuencias que retrata de manera peculiar:

> Estaba mucho tiempo en casa y, naturalmente, comenzaba a invadir tus espacios. Por ejemplo, a mí me gustaba cocinar los sábados para mi familia. Entonces ella, que muchas veces venía para ayudarme con alguna cosa, no le gustaba que yo cocinara. Se sentía celosa, siempre decía "¿no quiere que lo haga yo? O cuando yo me levantaba para levantar los platos, ella decía: "no se levante", ¿viste? Como que siempre fue así, de ser servicial y demás. Que las pantuflitas del señor cuando llegaba…. ¡qué sé yo!…Éramos muy celosos de nuestra intimidad.

En tal sentido, la participación de Marta comenzó a tener consecuencias negativas tanto para la creación de un espacio de intimidad como en la propia construcción de la identidad de Patricia como madre-esposa (Kofes, 2001):

> Mis amigas me decían: 'Nooo, Marta no existe'. Marta era una mina que vos llegabas y… Y a mí hasta me molestaba, porque no era mi forma. Vos llegabas y ella 'Señora, ¿por qué no se pega una ducha?, tome una Bayaspirina, yo le tengo preparado el tecito…'. Estaba acostumbrada a trabajar con una gente quizá de un nivel social muy alto, ¿entendés? En donde estas cosas eran repetidas. Entonces, ella las seguía practicando conmigo. Venía gente a casa y ella preparaba una gran cena, un servicio que no te puedo contar lo que era.

En el mismo relato, Patricia reivindica un aspecto que distinguía a Marta de las demás, que resulta al mismo tiempo un factor que le trae consecuencias negativas. Todos estos comportamientos y actitudes de Marta fueron llevando a que la relación se volviera más tensa. A pesar de ello, el vínculo con su hijo menor y la extrema confianza y seguridad que le brindaba Marta constituían elementos de gran relevancia y que impedían una salida abrupta de la relación. Entonces, la estrategia consistió en buscar un arreglo para que el fin de la relación fuese "lo menos traumático para las dos". Al año y medio, Marta manifestó la posibilidad de retornar a Mendoza, su provincia natal, para cuidar a uno de sus nietos que tenía problemas respiratorios. Diversos viajes que hizo durante ese tiempo por este motivo facilitaron la decisión de Patricia, quien ya había comenzado a buscar a otra persona, quien en los primeros tiempos la reemplazó solamente en la cocina y para cuestiones puntuales, pero que terminó sustituyendo del todo a Marta, cuando retornó definitivamente a su provincia.[13]

Finalmente, resulta interesante la reflexión de Patricia:

> Nunca fuimos distantes, en general, del personal doméstico. Somos… esto es un error, en realidad, que me doy cuenta que con Cecilia pasó esto, de tener una relación muy de protección, de estar preguntando por su vida, y es un error porque empiezan a aparecer estos temas que tienen que ver con la vida, las necesidades, y ahí no podés mirar para otro lado.[14]

Independientemente de la experiencia que tuvo con cada de una de las trabajadoras en particular, en su relato Patricia revela haber "aprendido" sobre las relaciones que desde hace unos años prefiere entablar con quien contrate para realizar trabajo doméstico en su hogar. A continuación, presentamos el relato de Patricia acerca de su actual trabajadora doméstica, a quien describe como la "persona ideal", "el punto justo".

5.8. El punto justo

Noelia tiene cincuenta y un años, tres hijos y es viuda. Vive en Dock Sud junto a sus hijos y tiene un comedor infantil en su barrio. Es la actual trabajadora de Patricia, quien la conoció por medio de la trabajadora de una amiga suya en una reunión. Patricia manifiesta sentirse "tranquila" porque Noelia "sabe ubicarse en su lugar", y revela algunas de las características que la diferencian de otras trabajadoras: "Es una mina de acá [Ciudad de Buenos Aires], muy formada. Terminó la secundaria, con un nivel intelectual altísimo, hija de un sindicalista. No trabajó de doméstica nunca, es la primera vez que trabaja, pero es una mina realmente muy eficiente. Este es otro tema, es otro tipo de mujer".

A partir del siguiente relato, establece una asociación entre estas características y los comportamientos que desarrolla como trabajadora: "La veo más plantada, con mucha autonomía. Con… ¿cómo te puedo decir? En algún nivel, la encontrás un poco más par. Pero, justamente, como tiene un nivel mucho más alto,

---

13 Esta reemplazante era Cecilia.

14 En tal sentido, y como lo vimos más arriba, Patricia interpreta que la diferencia de apropiación de esa cualidad de ella como empleadora, se pudo ver expresada en las propias circunstancias que se generaron en los momentos de finalización de estos vínculos laborales.

la mina también guarda distancia. Sabe que tiene que guardar distancia, ambas sabemos que hay que guardar distancia. Entonces, ella se ubica en su lugar".

Desde el primer día, le paga la jubilación y la obra social, además de dos aguinaldos anuales. Estos derechos, sin embargo, no fueron producto de algún reclamo de Noelia, sino de una decisión luego de la experiencia que tuvo con Cecilia: "Ella no me pidió, pero yo se lo ofrecí… No, yo a partir de lo que pasó con Cecilia, dije 'no, no tengo más a nadie'. Pero después pensé que, para tener una trabajadora, hay que hacerle los aportes, porque una vez que me quemé…".

Hasta el momento, hemos descripto la manera en que se construyen y desgajan los vínculos de Patricia con sus trabajadoras domésticas. A continuación, nos serviremos de algunas cuestiones teóricas para analizar los relatos que construye Patricia para explicar la diversidad de finales que tuvieron las relaciones laborales con quienes contrató.

5.9. Distancias, ciclos y modernidad

Mary Douglas utiliza la noción de "registro de dignidad" como "una buena manera de designar la distancia del cuerpo real como expresión de respeto. La gama entre el respeto y la intimidad proyecta un indicador espacial de uso social […] El indicador de la distancia puede aportar información compleja, no solo sobre un valor único por el respeto, sino también sobre relaciones altamente diferenciadas" (1966: 26). La metáfora espacial puede servirnos en la interpretación y en la diferenciación propuesta por Patricia entre las tres trabajadoras domésticas. La opción por la distancia no constituye una preferencia aislada, independiente de los demás valores de Patricia ni de la situación en la que se encuentra actualmente, sino que se inscribe en una escala en la que cada individuo jerarquiza comportamientos y necesidades en función de sostener un ideal cultural.

Ahora bien, en un encuentro fortuito con Patricia encontré una lógica explicativa de las diferentes relaciones con las trabajadoras domésticas.[15] Explícitamente, me habló del uso del "usted" como una marca que le permite en la actualidad explicar los diferentes tipos de vínculos. De la siguiente manera, Patricia expone su lectura comparativa de los hechos:

---

[15] Habían pasado unos meses desde la última entrevista que había tenido con Patricia en su hogar, cuando pasé por delante de su local de ropa en el barrio de San Telmo. Luego de saludarla, me menciona que se estuvo acordando de nuestra charla, ya que la semana anterior había recibido una carta documento por una demanda de Cecilia ante el Tribunal del Servicio Doméstico.

Yo me quedé pensando lo que hablamos la otra vez, y me di cuenta de que fue esta cosa del tuteo, que se puso desde el primer momento con ella [Cecilia] […] En general, yo jamás tuteé a ninguna de mis trabajadoras domésticas. La única que me tuteó de entrada fue Cecilia, entonces yo la empecé a tutear… El tutear es una cuestión simbólica, pero establece inmediatamente la relación de un vínculo. ¿Viste que los paraguayos tienen una modalidad de tuteo? Ellos no pueden tratarte de usted. Entonces, vos fijate cómo es, la mina ahora me hace una denuncia. Una relación de usted, quieras o no, establece una relación de distancia".

En un notable estudio sobre sociabilidad en la Ciudad de Buenos Aires, Guillermo O´Donnell, al analizar las diferencias en las interacciones entre interlocutores cariocas y porteños en los rituales de jerarquía e igualdad, destaca la relevancia de que la pregunta para el caso brasileño no se realiza en "vocé", sino en "usted". En contraste con los cariocas de Da Matta (1997), el "superior" porteño trata al otro de "usted", en el mismo acto en el que trata de colocarlo en una posición inferior, "en su lugar". Cuando no lo hace, tanto en este contexto como en otros que también pretenden reforzar jerarquías, una respuesta frecuente es: "Y a usted, ¿quién le dio permiso para tutearme?", con las palabras "usted" y "permiso" fuertemente recalcadas. Desde ésta aguda observación (una de las pocas sobre rituales de jerarquía e igualdad en Buenos Aires), O´Donnell revela cómo en Río de Janeiro, quienes trabajan como taxistas, mozos o dependientes de almacenes *sirven bien*. Sin necesidad de que el "superior" establezca la distancia, son ellos mismos quienes colocan la distancia social existente. Nuevamente, aparece el contraste con Buenos Aires: "sus equivalentes suelen hacer una serie de aproximaciones, gestos y omisiones para lograr algo tal vez antipático: dejar en claro que están sirviendo, que están trabajando" (1983:07).

En tal sentido, Cecilia conoce los derechos a "crecer" y a "lograr algo más" para ella y su familia, que le correspondían. En tal sentido, que le dijera a Patricia una frase que la descolocó, no hizo más que "ensuciar" o "manchar" la jerarquía, que en el mismo acto fue cuestionada y ridiculizada. Pero, como lo menciona O´Donnell, estos "momentos de equiparación" tienen que ser puestos en el contexto de una jerarquización social que, como vimos, es impugnada y al mismo tiempo reforzada. Aunque menos jerarquizada que en Brasil, encontramos en estas escenas una muestra de la complejidad de una sociedad que puede ser al mismo tiempo igualitaria –o "equiparadora"– y autoritaria y violenta. La ausencia del empleo del "usted" como marcador lingüístico de la distancia social en la relación con su trabajadora, se transformó en una herramienta que horadó los límites simbólicos que sostienen fronteras sociales entre ambos grupos sociales.

¿Pero cómo podríamos exponer aquellos factores que volvieron insostenible la relación de Patricia con dos de sus trabajadoras domésticas?. Por un lado, encontró una explicación infantilizadora del comportamiento de Cecilia, presentándola como alguien que reclamaba después de haber sido cooptada tanto por una agrupación religiosa como por las convicciones de su propio marido. Aquí aparecieron referencias a la forma en que su trabajadora fue modificando sus comportamientos hasta volverse palpablemente influenciable. En el caso de Marta, y paradójicamente, su personalidad y su historia, aquello que en un primer momento la había vuelto distinta al resto de las trabajadoras domésticas por su "espíritu" y "vocación de servicio", se había transformado en un "servilismo insoportable".

Finalmente, el caso de Noelia resulta en extremo relevante porque supone la existencia de un "caso exitoso", por varios motivos. La lectura de su experiencia le permite reconocer una regla básica para sus futuras actuaciones como empleadora, que resulta bastante extendida, tanto en las entrevistas como en algunos manuales destinados a las amas de casa que fueron consultados. De alguna manera, y parafraseando a Dumont, en el caso de Noelia, aparecen presentes los rasgos idealizados por la cosmovisión moderna. Esto es, la posibilidad de que se pueda dar el ideal individualista liberal: la igualdad en libertad. Al mismo tiempo, en la descripción que realiza de su actual trabajadora doméstica, así como en la lectura de su rol como empleadora, encuentro un compromiso con el punto de vista que reconoce la necesaria separación de las esferas como una garantía del mejor funcionamiento de estas (Zelizer, 2009).[16]

Pero esta idea funciona más como una forma de regular la distancia social y actuar frente a los procesos de jerarquización social en las relaciones con las trabajadoras domésticas, que en el sentido propuesto por Zelizer. De allí, que Patricia considera que establecer una distancia afectiva con sus trabajadoras domésticas podrá permitirle generar arreglos laborales que no comprometan la continuidad de la relación. Un ejemplo en este sentido es la decisión de contratar de manera legal a la trabajadora doméstica, como reaseguro frente a la posibilidad de ser demandada judicialmente. Así, la "distancia justa" aparece como un paradigma "moderno" de las relaciones que pretende desarrollar en la actualidad con quienes contrata, siendo la separación de los universos sociales una garantía

---

[16] Como ya fue explicitado en la introducción del capítulo, según esta autora, esta doctrina postula la necesidad de separar la esfera de los sentimientos, de la solidaridad y de los afectos, de otra, que podría estar más asociada al mundo laboral, racional y donde predominan el cálculo y la eficiencia. "Abandonadas a sí mismos, continúa exponiendo la teoría, cada una de estas esferas funcionaría de una manera automática y satisfactoria. El contacto entre ambas trae aparejada como consecuencia una contaminación moral" (2009: 22).

para el sostenimiento de su intimidad. En tal sentido la siguiente cita de Zelizer (2009) enmarca el conflicto en una teoría de largo plazo: "Los analistas sociales del siglo XIX han dado por sentado de una manera reiterada que el mundo social se organiza alrededor de dos principios que compiten entre sí y que son incompatibles: *Gemeinshaft* y *Gesellshaft*, atribuciones y logros, sentimientos y racionalidad, solidaridad y egoísmo. Su mezcla, señala esta teoría, contamina a ambos; la invasión del mundo afectivo por la racionalidad instrumental agota aquel mundo, mientras la introducción de la afectividad en las transacciones racionales es fuente de ineficiencia, favoritismos, amiguismos y otras formas de corrupción. Solo los negocios limpios de aspectos sentimentales pueden resultar verdaderamente eficientes" (2009: 24).

*   *   *

En las tres historias exhibimos los modos diferenciales de construcción de fronteras, acercamientos y límites culturales de simultánea homogeneización y distinción con las diferentes trabajadoras en la trayectoria de una empleadora. Así, mientras que Cecilia había sido instruida a "imagen y semejanza" de Patricia, estableciendo un trato casi de "criada",[17] los conocimientos aprehendidos no fueron suficientes para que Cecilia reconociera las fronteras sociales que las separaban y debían ser respetadas. Se podría pensar que el reclamo de Cecilia se inscribe en una lógica de igualdad con respecto a su empleadora. Es aquí donde emergen de manera dramática los límites de la metáfora usada por Patricia acerca de la "imagen y semejanza" y de que se habrían "sobrepasado los límites de una relación patrona-criada". Tanto los consumos como el tipo de vida que comenzaba a llevar Cecilia requerían de una expansión y de nuevos recursos económicos, que podrían ser alcanzados a partir de que Patricia la "comprendiera". Si bien Patricia no negaba las válidas intenciones de Cecilia por buscar "crecer" y mejorar su vida, de alguna manera estaba traspasando una frontera social y simbólica.

Este punto conecta las historias de Cecilia y Marta, ya que también puso en cuestión el umbral de tolerancia de la desigualdad, aunque de manera inversa. Debido a las particularidades de Marta, así como por el momento que estaba vi-

---

[17] La figura de la "criada" aparece en numerosas entrevistas como una metáfora de una trabajadora que llega a la casa de la familia que la emplea por intermedio de una tía, prima o madre y que el arreglo era que se le pagaba muy poco dinero (y en este caso lo recibía quien la había llevado) o se obligaba a la familia a proveerla de comida, ropa y materiales y tiempo para concurrir a la escuela de la ciudad. Cabe aclarar que estas historias aparecen profusamente entre empleadoras que actualmente viven en Buenos Aires, pero que nacieron y se criaron en ciudades y provincias del interior del país.

viendo Patricia, durante un tiempo considerable no se dieron conflictos ni tensiones con potencia. Patricia era más joven, tenía hijos que necesitaban ser cuidados y tenía una casa grande que mantener, ya que trabajaba todo el día y era quien, al mismo tiempo, se responsabilizaba del trabajo doméstico. Pero también Marta, con cincuenta y siete años, habiendo sido la "criada" de una familia mendocina de alcurnia y con una gran experiencia en el servicio doméstico, consideraba al hijo de Patricia como su nieto, al marido de Patricia como su patrón y había logrado una amplia autonomía en el trabajo. La articulación de ambos elementos configuraron un vínculo en donde con el tiempo Marta comenzó a comportarse como alguien que podía manejar los tiempos, las relaciones y las actividades de la casa. Los comportamientos y actitudes "serviles" –que habían sido fuente de elogios de sus amigas– se transformaron, por un lado, en una fuente de deslegitimación de su propio rol como madre y esposa, al mismo tiempo que devinieron en una fuente de conflicto. En ese momento, sintió un "exceso" de servilismo y buscó la mejor manera de terminar la relación laboral. Patricia esperó hasta que Marta decidiera retornar a su provincia para no exponer los verdaderos motivos del despido. Al mismo tiempo, por las características de Mart,a hubiera sido impensable una ruptura abrupta de la relación.

Su relación con Noelia es más reciente, aunque desde su discurso parece haber en los comportamientos y valores de esta trabajadora una combinación perfecta para mantener el vínculo en el tiempo sin sucumbir en conflictos. Considera un valor positivo que sea la propia trabajadora quien busque mantenerse distante, con una menor implicancia afectiva y reconoce una actitud más profesional en el trabajo. Que Noelia le pidiera que la regularizara desde el principio, que puedan hablar de política y que ella sienta que comparte el hogar con una persona que conoce sus límites, es algo que Patricia considera esencial para tener una trabajadora en la actualidad.

En el discurrir de las descripciones y comparaciones, esta última relación laboral se acerca a un discurso propio del "*management* doméstico" (De Las Casas, 2007; Fainsod, 2008), centrado en la necesidad de autonomización de las esferas como garantía de un efectivo funcionamiento. De allí que cuando describe los atributos positivos que encuentra en Noelia (instruida, conocedora de sus derechos, menos cercana afectivamente con ella y su familia, entre otros), enfatiza lo positivo que tiene el funcionamiento de esferas separadas en su experiencia con trabajadoras domésticas.[18] En este sentido, Viviana Zelizer (2009) propone el

---

[18] La experiencia de la modernidad se apoyó esencialmente en la idea de que debía haber una separación radical entre diversas dimensiones existenciales. En este sentido, se ha vuelto corriente la

concepto de "mundos hostiles" para definir áreas distintas que deberían mantenerse separadas. De allí que el contacto entre ambas pueda provocar una "contaminación moral" que en el discurso de Patricia emerge como la fuente de la mayoría de sus dificultades con las trabajadoras, al no haber podido mantener ciertas distancias y marcar límites que hubiesen posibilitado el funcionamiento autónomo de las esferas.

Ahora bien, quisiéramos dejar abiertas preguntas revisionistas en la historia de la relación de Patricia con las tres trabajadoras para complejizar su postura actual y los posibles escenarios para cerrar esta sección: ¿Cómo haría Patricia si volviese a tener hijos menores, viviera sola en una casa como la actual y debiera trabajar más de doce horas diarias teniendo que soportar las consecuencias de una crisis económica?, ¿podría mantener la distancia y no involucrarse en una relación afectiva? ¿Cómo juegan las dimensiones ligadas al ciclo vital femenino para ambas partes de la relación y cómo afectan la constitución del lazo, la continuidad y el desenlace posterior? ¿Cómo hubiera resuelto el problema del retraso en el pago de haberes si hubiese tenido contratada a Noelia?

---

creencia en la existencia relativamente autónoma de cada una de esas esferas de valor, sean relativas al trabajo, la religión, la economía, la política o la ciencia. De cierto modo, fueron las Ciencias Sociales quienes se ocuparon de pensar y contribuir a consolidar esta idea sobre tal separación. La contaminación o contacto entre ambas esferas tendería desde esta perspectiva a una polución de los espacios, fusionando público y privado, intereses y pasiones.

Capítulo 6
Cuando el conflicto se hace (o no) ley

No hay nada más drástico que el paso del mundo de las personas al universo de los individuos. Es como si fueran dos mundos distintos pero se alimentan, y, al contrario de lo que puede suponer nuestro pensamiento más lineal, se complementan de un modo complejo. (Da Matta, 1997: 178)

La realización de demandas judiciales ante los empleadores[1] constituye una de las maneras que encuentran las trabajadoras domésticas para buscar una solución a lo que consideran una situación injusta. Por el lado de la parte empleadora, en cambio, ser demandados judicialmente es parte del universo de temores cotidianos al cual refieren constantemente y, en la mayoría de los casos, los juicios aparecen interpretados como un hecho que consideran injusto, desconsiderado y para el cual buscan una reparación. En general, ese sentimiento es mucho más intenso cuando los juicios son iniciados por aquellas trabajadoras con quienes establecieron relaciones de mayor confianza y más extendidas en el tiempo. En estos casos, la demanda es percibida como un acto de deshonor que suscita una fuerte indignación. En este sentido, en la respuesta de la parte empleadora ante una demanda legal, no se encuentra el simple descargo impersonal, técnico o meramente legal que se puede encontrar en buena parte de los juicios laborales.

Por el contrario, dada la naturaleza particular del vínculo que unió a las partes, en la respuesta podemos encontrar el entrecruzamiento de las dimensiones, lógicas y códigos, personales y afectivos, que se actualizan en las relaciones cotidianas entre empleadores y trabajadoras domésticas.[2]

---

[1] En este capítulo utilizaremos el genérico de "empleadores" o "parte empleadora" ya que las demandas judiciales y sus respuestas engloban al colectivo familiar que recibe el juicio.

[2] El sentido otorgado a esta acción puede ser explicado por el código de las moralidades y las relaciones personalizadas imperante en los vínculos que mantienen los empleadores con las trabajadoras domésticas, en donde una demanda de este tipo es percibida, como vimos en la cita que inicia el capítulo, como la intromisión de una lógica universal, individualizada, pública e igualitaria

Las respuestas judiciales de la parte empleadora serán entendidas como "narrativas morales" (Vianna, 2009). Estas narrativas nos permitirán indagar en dimensiones afectivas y morales, que se fueron construyendo durante la relación; en representaciones estigmatizantes que existen sobre las personas que se desempeñan como trabajadoras en el servicio doméstico de Buenos Aires; y en los reclamos legales que se actualizan como profecías autocumplidas, cuando los empleadores se enteran de que han sido demandados.

En el tipo de demandas que analizamos, es revelador que las narrativas más utilizadas apelan a estereotipos de clase que incluyen el robo, la deshonestidad, la ingenuidad y un cuestionamiento de la "fibra moral" de las denunciantes. Estas respuestas serán entendidas como acusaciones morales que pretenden deslegitimar un reclamo legal, a partir de la utilización de un lenguaje distinto al que usualmente se emplea en el universo de los juzgados laborales.

Seguiremos el estudio de Luis Cardoso de Oliveira (2004), quien presta atención a las dificultades o tensiones que se presentan en las demandas judiciales cuando, antes que la simple restitución de un daño comercial o laboral, se busca dar visibilidad –y tener una reparación– para lo que se vive como un insulto moral o acto de desconsideración personal. O sea, cuando la percepción de deshonor o de indignación experimentada por el actor que ve su identidad negada, disminuida o insultada no encuentra en los instrumentos institucionalizados el medio adecuado para viabilizar la definición del evento como una agresión socialmente reprobable, ni mecanismos que permitan la reestructuración de la integridad moral de los concernidos. Continuando con la propuesta del mismo autor, nos interesa incorporar la problemática del don y su potencial interpretativo, para la comprensión de la dimensión moral de los conflictos. Para comprender tanto los comportamientos de las trabajadoras domésticas al realizar la demanda judicial como las actitudes que se esperan por parte de los empleadores, lo que indica el carácter irreflexivo de los actos.

Pero la sensación de indignación y la necesidad de reparación que expresan los empleadores cuando reciben una carta documento son similares a los sentimientos de falta de reconocimiento o desconsideración que expresan las trabajadoras domésticas cuando evalúan la posibilidad de realizar una acción judicial.

En ese sentido, abundaremos en la importancia de la coerción moral como elemento de inhibición de los reclamos judiciales de las trabajadoras domésticas.

---

en un contexto de relaciones personalizadas, cruzadas por los afectos y la cercanía, como es el hogar moderno. Como lo resume el propio Da Matta: "Las leyes solo se aplican a los individuos y nunca a las personas: o mejor dicho, recibir la letra dura y fría de la ley es volverse inmediatamente individuo" (Da Matta, 1997: 242).

Esto nos permitirá indagar en la compleja trama de relaciones que se dan entre las deudas morales y las deudas jurídicas (Sigaud, 1996). Desde la trayectoria y la narrativa de una trabajadora doméstica, buscaremos demostrar cómo operan en el funcionamiento de equilibrios delicados de las relaciones laborales con sus empleadores las obligaciones morales, los intereses, las redes de relaciones sociales y las dependencias recíprocas, que ponen en juego los límites y las posibilidades de ruptura del vínculo cuando aparece en el horizonte la oportunidad de realización de un reclamo judicial. Así, veremos la fuerza de los lazos sociales que se anudan entre empleadores y trabajadoras, y que generan una carga emocional y un conjunto de obligaciones que vuelven remota la posibilidad de realizar un reclamo ante el Tribunal de Trabajo para el Personal de Casas Particulares (en adelante TTCP). El nexo entre las dos secciones del capítulo es cómo los sujetos tramitan las tensiones entre las dimensiones afectivas y legales cuando aparece la instancia jurídica como posibilidad de resolución de un conflicto.

Por un lado, las respuestas de la parte empleadora cuando los vínculos son de larga duración muestran una moralización y una personalización de la demanda que aparece desde una clave de derechos. Por otro lado, las dificultades que encuentran las trabajadoras domésticas para concurrir al sistema judicial reside en la preeminencia de una lógica del "honor", la "gratitud", la "consideración", que termina anteponiéndose a una demanda por sus derechos (Sigaud, 1996).

Tomando estos elementos en consideración, nos proponemos en una primera sección analizar las respuestas judiciales de los empleadores a las demandas que realizan las trabajadoras domésticas ante el TTCP[3] y exhibir las distintas narrativas que son utilizadas cuando las relaciones con las extrabajadoras domésticas han sido de confianza y extendidas en el tiempo.[4]

En una segunda sección, a través de la historia de una trabajadora doméstica, haremos una reconstrucción de las tensiones y los conflictos que se generan en distintos momentos de la relación, de qué manera se ponen en juego los límites y las posibilidades de ruptura, para revelar cómo funcionan los delicados equilibrios entre las deudas morales y las deudas jurídicas.

---

[3] Dicho Tribunal funciona en la sede del Ministerio de Trabajo de la Nación en la Ciudad de Buenos Aires, que es la única ciudad en el país donde funciona desde la reglamentación del Estatuto del Servicio Doméstico en 1956, atendiendo únicamente demandas judiciales de hogares dentro del distrito.

[4] Ambos elementos constituyen las variables que me permiten reconocer relaciones de este tipo. Algunos de los indicadores que utilicé para detectar estas variables refieren a la extensión en el tiempo de los vínculos laborales, así como las relaciones de proximidad y de cercanía afectiva que se desprendían de algunos indicadores (fotos, cartas, descripciones, relatos) que emergen de los expedientes judiciales del TTCP.

Sección 1

6.1. Juicios, acusaciones e indignación

El inicio de demandas judiciales constituye una de las maneras que encuentran las trabajadoras domésticas para buscar una solución a lo que consideran una situación injusta. A pesar de que esta práctica ha ido aumentando de manera considerable en las últimas dos décadas,[5] a partir del trabajo de campo realizado no he encontrado ninguna trabajadora doméstica que admitiera haber realizado algún reclamo judicial, así como ninguna que conociera a alguien que hubiera llevado adelante esta acción. En general, no les gusta hablar del tema. La respuesta más común que encontré consiste en negar la existencia de dicha práctica, o de conocerla, pero siempre a través de una persona muy lejana a su red de conocidas. Asimismo, es frecuente que se haga referencia a las personas que realizan un juicio contra sus empleadores como aquellas que han infringido una norma implícita dentro del código de la relación entre ambas partes. Así, en todos los casos expuestos, queda claro que el juicio aparece como un acto que transgrede una norma social, una regla que ha sido acordada.

Por su parte, la recepción de una carta documento de la trabajadora doméstica constituye para los empleadores que establecieron una relación de confianza de larga data con las denunciantes un acontecimiento muy significativo. De las numerosas entrevistas realizadas se desprende que quienes habían sido denunciados realizaban una lectura retrospectiva de los hechos que, según ellos, revelaba que la aparición de la demanda judicial no hacía más que confirmar una desconfianza y una sospecha previa sobre quienes hasta ese momento se habían desempeñado como trabajadoras de confianza.

Este hecho refleja que, como lo sugerimos en la introducción del capítulo, para los empleadores, lo que se juega es mucho más que un reclamo laboral o la propia pérdida de dinero que podría acarrear el juicio. En tal sentido, la falta de visibilidad del insulto moral y la impermeabilidad del poder judicial a las demandas para la reparación de las ofensas que no siempre son traducibles en evidencias materiales, constituyen problemas más amplios y significativos de lo que normalmente se imagina.

---

[5] Aunque no se disponen de datos oficiales, según pudimos reconstruir sobre la base de datos extraoficiales del TTCP, la cantidad de denuncias presentadas viene aumentando desde el año 2000, con un pico entre los años 2002 y 2005. Sin embargo, desde el 2006 en adelante, el promedio de demandas judiciales iniciadas es de alrededor de 4000 casos anuales, con un pico en el año 2014 de más de 7000 casos.

En un estudio sobre los procesos de resolución de disputa en Juzgados de Pequeñas Causas en Brasil, Cardoso de Oliveira presta atención a las dificultades que se presentan en las demandas judiciales cuando se busca dar visibilidad al insulto moral o al acto de desconsideración –derivado de la falta de reconocimiento– como una agresión objetiva, merecedora de reparación. Así, el autor destaca: "la percepción de deshonor o de indignación experimentada por el actor que ve su identidad negada, disminuida o insultada no encuentra instrumentos institucionalizados adecuados para viabilizar la definición del evento como una agresión socialmente reprobable, ni mecanismos que permitan la reestructuración de la integridad moral de los concernidos" (2004:26). No obstante, el autor reconoce en su estudio que la reacción de los actores frente a la experiencia del insulto es recurrentemente expresada en testimonios, (Berger, 1983) comentarios, reacciones discursivas y diversas manifestaciones de indignación, donde percepción y emoción acostumbran a estar fuertemente asociadas, como dos caras de la misma moneda. Pero lo interesante para nuestro caso reside en la importancia de la alteridad o del carácter dialógico del reconocimiento, que no puede ser expresado de forma adecuada en el plano exclusivamente formal, sino que exige "de *alter* y *ego* intercambios sustantivos de palabras o gestos (símbolos, en general) que representan, a los ojos de ambos, manifestaciones mutuas de consideración y aprecio" (op.cit.: 27).

El mismo autor brasileño incorpora la problemática del don y su potencial interpretativo para la comprensión de la dimensión moral de los conflictos. Utilizando la discusión de Mauss (1979) sobre las obligaciones recíprocas en el análisis empírico de cuestiones de orden moral, con el objetivo de proporcionar un significado más palpable para la relación entre las dimensiones de justicia y solidaridad, el autor destaca que los intercambios o las obligaciones de dar, recibir y retribuir simbolizan no solo la afirmación de los derechos de las partes, sino también el reconocimiento mutuo de la dignidad de los socios, cuyo mérito o valor para participar de la relación sería formalmente aceptado.

En esta interesante relación entre la problemática del don y el insulto moral en la resolución de los conflictos, Cardoso de Oliveira (2004:28), realiza una aguda observación: el conflicto parece estar asociado a la ausencia del don, percibida por las partes como un insulto. Esto es, la falta de reconocimiento o los *actos de desconsideración*, característicos de la percepción del insulto en los dos casos, podrían ser aprehendidos como situaciones en las cuales la ausencia de don es percibida como la negación, expresada en el rechazo a compartir el *hau* con el socio y, consecuentemente, como la negación del estatus o el rechazo de la identidad del interlocutor. Lo interesante de su planteo para nuestro caso reside en que nos permite analizar a las dos partes de la relación en los procesos de disputa, donde aparece la demanda judicial como posibilidad o como hecho.

De este modo, veremos que tanto los comportamientos de las trabajadoras domésticas al realizar la demanda judicial como las actitudes que se esperan por parte de quienes las contratan indican el carácter irreflexivo de los actos. En tal sentido, las respuestas y las acciones de las partes no tienen solamente un objeto material o utilitario, sino que también están fundadas en la "calidad del lazo social" entre las partes. Así, el vector de las disputas lo constituye un tipo de lazo, relación e interacción social que para alguna de las partes, en algún momento se volvió ofensivo. De esta manera, y tomando la idea de Godbout (1998) y de Cardoso de Oliveira, interpretamos la relevancia que tienen "la duda y la deuda siempre presentes en el don", que son siempre "más valorizadas que los ideales de certeza y control, característicos del contrato y de la perspectiva que orienta las prácticas vigentes en el ámbito del sistema judicial" (2004: 28).

Finalmente, al analizar los expedientes judiciales del TTCP, encontramos que la contestación de los abogados de los empleadores al reclamo legal de sus trabajadoras domésticas exhibe el sentimiento de falta de reconocimiento o de "desconsideración" al que creen haber sido sometidos a partir de esa demanda. En tal sentido, si hasta ese momento ese sentimiento constituía un elemento que emergía de las entrevistas con empleadores/as, a continuación, podrá verse expresado en los expedientes desde las narrativas morales de los empleadores, que operan como cuestionamientos dirigidos a las denunciantes.

6.2. Tribunal de Trabajo para el Personal de Casas Particulares

De la lectura de más de cuarenta y tres expedientes del TTCP entre los años 1991 y 2009, pude concluir que los motivos que llevan a que la mayoría de los juicios no lleguen a un arreglo entre las partes tiene que ver menos con motivos ligados a las condiciones del empleo en sí, que con las cuestiones personales y afectivas que se ponían en juego.[6]

---

[6] Hasta la sanción de la nueva legislación para las trabajadoras de casas particulares en 2013, las únicas pruebas relevantes en un juicio dentro del tribunal eran aquellas que podían demostrar o negar que las trabajadoras domésticas habían trabajado igual o más de cuatro días y cuatro horas a la semana. Consejeros, audiencistas y miembros del TTCP argumentan que lo determinante hasta esa fecha eran las "pruebas materiales" que las trabajadoras domésticas exhibían para demostrar la relación laboral existente. A estas pruebas materiales se le agregaban testigos que pudieran agregar

Según datos extraoficiales, al TTCP ingresan alrededor de cuatro mil casos anuales. El setenta y cinco por ciento (alrededor de tres mil) se solucionan con algún tipo de arreglo de partes, es decir, sin necesidad de una sentencia del tribunal. A este tipo de juicios, tanto los audiencistas como los abogados, los denominan "bien llevados". Esto significa que, en general, terminan antes del año de haberse comenzado, por intermedio de un arreglo de partes, que consiste en la resolución del diferendo y que se puede realizar en cualquier instancia del juicio.[7]

Por tanto, los juicios que llegan a una sentencia por parte del TTCP constituyen un cuarto del total y poseen una estructura lógica similar en los argumentos que los abogados utilizan para responder a las acusaciones de las denunciantes. Así, se halló que en casi la totalidad de los casos donde la contestación a la demanda incluía dimensiones personales o de la moralidad de la trabajadora doméstica, tenían escasísimas posibilidades de finalizar en un período menor a los tres años. Al mismo tiempo, en el grueso de los casos donde estas dimensiones son incorporadas a los expedientes judiciales, encontramos que las relaciones entre las partes guardaban una importante extensión en el tiempo y una alta carga de afectividad.[8]

Si bien negaban la existencia del trabajo y, por lo tanto, las condiciones de trabajo que denunciaban las trabajadoras, era el tenor de las contestaciones y las representaciones que se actualizaban en ellas lo que, en realidad, otorgaba un nuevo matiz al juicio. Más precisamente, en estas presentaciones, que tenían lugar sobre todo en las contestaciones de la demanda, los abogados de los empleadores, al mismo tiempo que negaban la existencia de las condiciones de empleo denunciadas, se referían al carácter y a las cualidades personales de las denunciantes (Hadley, 2009: 18) como cuestiones para ser consideradas por los jueces. En este sentido, es revelador que las narrativas más utilizadas tienen que ver con estereo-

---

ambas partes como elemento central de definición. Según la norma que rigió desde el Estatuto del Servicio Doméstico (Decreto Ley N° 326/56), fijado en el año 1956, eran consideradas asalariadas del servicio doméstico aquellas trabajadoras sin retiro o quienes trabajaban como mínimo 16 horas semanales distribuidas en cuatro días de cuatro horas para un mismo empleador.

[7] En este sentido, la dinámica del TTCP es muy diferente a la de otros juzgados laborales, ya que la figura de la mediación se encuentra presente en todas las instancias del conflicto y es alentada por los miembros del tribunal.

[8] La afectividad implicada a la que aludo estaría dada tanto por la cantidad de años de la relación como por el tipo de trabajo y la modalidad en la que se desarrolla. Así, en su gran mayoría, encontré que en estas demandas la tarea predominante había sido de la de cuidado de niños o ancianos. Además, en más de la mitad de los casos, en algún momento las trabajadoras se desempeñaron sin retiro. Si lo hicieron "con retiro", fue con una asiduidad mayor a tres veces por semana. La duración mínima de la relación laboral dentro de los casos analizados fue de tres años y la máxima de treinta y seis.

tipos de clase que incluían el robo, la deshonestidad, la ingenuidad y un cuestionamiento de la fibra moral de las denunciantes. Estas respuestas serán entendidas como acusaciones morales que pretenden deslegitimar un reclamo legal.

Siguiendo el análisis que propone Adriana Vianna cuando analiza los procesos judiciales de "guarda" de niños en Río de Janeiro, a continuación repararemos en el "lenguaje moral que atraviesa los 'derechos'" considerando el modo en que son convertidos en asuntos en disputa y representación, entendiendo que reparar en los dichos sacramentados en los autos es, entre otras cosas, mirar la conversión de legalidades en moralidades, en obligaciones, en gratitudes, en expectativas (2009:04).

Pero cuando hablamos de la forma en que aparece la moral en este lenguaje, lo hacemos pensándola no como un conjunto relativamente estable de presupuestos, sino como un objeto de lucha. Más que pensar en la moral en singular, nos interesa pensar en moralidades, entendidas como un campo de enunciados sobre intenciones, actos y condiciones en las cuales esos actos fueron realizados; un campo capaz de ser descrito a partir de los dichos de los actores, del contexto en que tales dichos fueron producidos y de su poder en tanto argumentos, esto es, de dichos destinados a determinado fin.[9] En este punto, se plantea, entonces, otra cuestión: ¿cómo entender tales moralidades en medio de situaciones construidas a través de declaraciones efectuadas a especialistas investidos de autoridades diferenciadas y dedicados a la búsqueda de una decisión judicial?

En general, las contestaciones de los abogados de los empleadores exhiben la "injusticia" a través de calificativos y categorías de acusación que se actualizan en su calidad de recursos discursivos a través de los cuales se delinean, en el embate de los procesos, las justicias e injusticias sufridas. Mostraremos, igualmente, que existen gradaciones en el tipo de acusaciones que realizan los abogados de los empleadores a las denunciantes.

En tal sentido, veremos la relevancia que tiene la acusación de robo en la dinámica de los juicios. Entendemos que este tipo de acusación es un caso extremo en los juicios que se presentan ante el TTCP, ya que los jueces no la incorporan en la sentencia porque nunca sirven como prueba. Estas acusaciones apuntan a poner en duda la honradez y la confiabilidad de la denunciante, al mismo tiempo que buscan situar la sospecha en el universo de lo "público". Asimismo, garantizan la no resolución del conflicto antes de llegar a la instancia de la sentencia final por parte del TTCP.

---

[9] Signe Howell (2005) defiende el uso del término en plural ya que permite contemplar tanto discursos como prácticas, incluso en sus contradicciones.

Al no servir como prueba material para la causa, se presenta como una estrategia discursiva tendiente a construir una interpretación del conflicto que derivó en los tribunales. En general, la mayoría de los allanamientos tienen resultados negativos. Por tanto, solamente podía expresar una sospecha previa de los propios empleadores. Sin embargo, algunas preguntas quedaban sin respuesta: ¿cuáles eran los motivos que llevaban a los empleadores a presentar esas pruebas ante el TTCP? ¿Qué significados guardaba en la presentación ante el TTCP el hecho de haber sospechado de las trabajadoras domésticas? Así, en estos casos es donde mejor se visualiza la incapacidad que tienen los empleadores (y sus abogados) para situar el conflicto en el plano de lo meramente jurídico.

6.2.1. La profecía autocumplida

Siempre hay brujería y posiblemente uno no puede erradicarla de su vida. Uno está seguro de tener enemigos y no siempre puede acusarlos de brujería. Hay que aceptar algún riesgo. Así, cuando el zande dice que una pérdida se debe a la brujería, simplemente está manifestando su disgusto con las frases usuales que evocan tales situaciones, pero no debemos suponer que sus emociones están profundamente conmovidas ni que corre de inmediato a descubrir quiénes son los brujos responsables de su desgracia. Nueve de cada diez veces no hace nada. Es un filósofo y sabe que en la vida hay que aceptar lo malo junto a lo bueno. (Evans Pritchard, 1977: 103)

Las traiciones parecen engordar durante el sueño. Pero al despertar suelen estar siempre cumplidas. Desde la que se identifica con la patrona y hasta se les pegan algunas cosas… casi sin querer… hasta la que no se identifica tanto y roba miles de dólares […]La opinión de Carlos fue más contundente: "Por definición, todas roban". No quise creerle. Pero cambié de opinión el día que descubrí que la mucama que había cuidado de mi hijo como si fuese suyo se había llevado cosas de mi casa, como si fuesen suyas: una computadora portátil, aunque tuvo el cuidado de dejar el estuche, una máquina de fotos, un perfume, cuya caja también dejó, y, hasta donde llegué, un precioso vestido tejido a mano. (Fainsod, 2009:170-17)

Al igual que los miembros de la tribu azande analizados por Evans Pritchard (1977) respecto a la brujería, los empleadores están acostumbrados a departir acerca de los hurtos cotidianos que entienden han cometido las trabajadoras domésticas que trabajan en sus hogares. La mayoría reconoce haber tenido varias experiencias al respecto. Sin embargo, no todos los empleadores responden acusando a la trabajadora doméstica de haberle robado cuando le realizan una demanda laboral. Ahora, esta imputación –según abogados, jueces y audiencistas del TTCP consultados– no solo constituye la acusación más extrema, sino que garantiza que el juicio no tenga ninguna posibilidad de acuerdo y deba llegar a la sentencia.

En uno de los juicios presentados en el 2006, la denunciante es Rosa, una trabajadora doméstica de cuarenta y seis años, oriunda de Entre Ríos. Ella declara haber trabajado diecisiete años para los mismos empleadores en la zona de Palermo, de lunes a sábado durante todo el día, sin ser remunerados sus honorarios con cargas sociales. Luego, asegura haber trabajado bajo la modalidad con retiro durante otros doce años. Afirma haber ingresado cuando tenía diecisiete años por intermedio de su tía, conocida de la familia de los denunciados. Al mismo tiempo, resalta que durante todo ese tiempo también trabajó al menos una vez por semana en fiestas y reuniones que realizaba la familia hasta las cuatro de la mañana.

El abogado de la denunciante puntualiza que desde 1989 los empleadores empezaron a hacerle firmar un "cuaderno de notas", sin entregarle copias de recibos ni constancias de aportes previsionales y de seguridad social. Se denuncia además que le comenzaron a hacer firmar un cuaderno en donde constaba "falsamente" como fecha de ingreso el 1 de julio de 1989 y en el que constaban retenciones de aportes previsionales y de Obra social. También manifiesta que la trabajadora presentó "constantes pero moderados reclamos ante tales irregularidades, pero trabajó de forma continua y eficiente, no siendo nunca objeto de sanciones disciplinarias". Sin embargo, el escrito plantea que la relación se hizo cada vez más "tensa", "primeramente por las objeciones que había efectuado porque en la 'especie de recibo' del que le daban copias figuraba una remuneración inferior a la real y, posteriormente, comenzaron a decirle que no podían mantenerle el sueldo porque era muy elevado.

A la presentación del abogado de la denunciante le sigue en el expediente una copia del allanamiento policial realizado en la casa de Rosa, en el que se intenta encontrar varios objetos de oro (tres pulseras, cuatro cadenitas y dos relojes). Como todas las copias de los allanamientos que aparecen en los expedientes que pudimos observar, el resultado es infructuoso, aunque igualmente es presentado ante el TTCP.[10]

---

[10] Una hipótesis que se puede elaborar de todo esto es que los abogados de los empleadores, con su anuencia, no solo buscan "ensuciar" un conflicto de índole laboral, sino también darle una impronta clasista, ya que no es menor reconocer que los jueces y los audiencistas, quienes deben dirimir el conflicto, son en su mayoría empleadores/as.

Por su parte, en la contestación de la demanda, el abogado de los empleadores reconoce que Rosa trabajó solamente tres años bajo la modalidad con retiro. En la misma contestación se puede entrever un relato que busca vincular los hechos por los que acusaron a la denunciante con dudas previas. Aunque sin validez alguna para el juicio, afirman que la "desconfianza" comenzó "tiempo antes, cuando un día y sin previo aviso la aquí actora se ausentó del trabajo [...], empecé a sospechar y a revisar la casa y noté las faltas".

Luego de esta intervención, aparece una nueva acusación de los empleadores de haber hurtado el cuaderno de control de pagos, prueba fundamental de la acusación de la denunciante. A dicha acusación se le adjunta la copia de una denuncia realizada por la empleadora un año y medio después de la presentación judicial de Rosa. En la causa se presentan cuatro testigos por parte de la trabajadora y dos por parte de los empleadores. En ningún momento es posible llegar a un acuerdo de partes antes de que se dicta la sentencia, que finalmente beneficia a la trabajadora. Sin embargo, el monto está muy por debajo del reclamado,[11] motivo por el cual los abogados de la denunciante realizaron una nueva presentación.

La sugestiva presentación de los acontecimientos y la dinámica causal que realiza el abogado es una constante en los juicios que se inician con la presentación de la copia de un allanamiento en el hogar de los empleadores.

Por su parte, está el caso de Beatriz, trabajadora doméstica de cincuenta y dos años, quien decidió iniciarles un juicio a los empleadores, con quienes afirma haber trabajado veintisiete años. En la presentación, se describe que la familia primero vivía en un departamento de tres ambientes de una zona de sectores medios de la Ciudad de Buenos Aires para luego mudarse a una casa más grande, en una zona de mayores ingresos. También se informa que tras la separación de los empleadores, ella continúa trabajando en el nuevo departamento de la empleadora en una zona de menores ingresos en la misma ciudad.

La exposición que realiza su abogado describe las condiciones laborales, las deudas de los empleadores y aporta una innumerable cantidad de pruebas materiales: desde fotografías familiares, postales dirigidas a Beatriz por estar a cargo

---

[11] Debido a que la legislación para las trabajadoras del servicio doméstico es poco ventajosa hasta la sanción de la nueva ley en 2013, en la totalidad de los expedientes el cálculo del que se valen abogados y contadores para realizar la liquidación siempre resulta menor al que lograrían por intermedio de un arreglo de partes durante el juicio. Por este motivo, muchas veces presencié cómo los audiencistas tratan de convencer a las trabajadoras para que accedan a llegar a un acuerdo, ya que las beneficiaría en términos de no perder tiempo y de una mayor remuneración. Igualmente, en los casos de robo, este tipo de estrategia por convencer a la parte denunciante resulta estéril debido a la posición de indignación que esgrimen las trabajadoras, según pude recabar de los funcionarios del TTCP.

de la casa, pasando por cartas personales de los hijos de los empleadores hasta notas personales donde se indica la realización de alguna tarea. La respuesta de los abogados de los empleadores es negar la relación laboral y luego reconstruir una escena familiar del cumpleaños de uno de los hijos de los demandados donde se habrían dado los primeros atisbos de la ruptura, a partir de comportamientos que habían sido detectados previamente por parte de su empleadora. Se afirma que en esa circunstancia se descubrieron "faltantes de dinero", luego de que se retirara la denunciante. La presentación relata que al otro día se le pidió explicaciones, pero que, ante la falta de ellas, se la "invitó a firmar un documento en el que afirma que nada se le adeuda". Aunque la trabajadora firmó ese documento, sus abogados expresan que fue debido a la "presión de seguir trabajando" y porque le habían manifestado que no iba a pasar nada.

Una vez más, la acusación de robo opera como una sombra que busca desprestigiar a quien realiza la demanda.

6.2.2. Las infantiles y los aprovechadores

En algunas de las presentaciones de los abogados de los empleadores, el rol de las denunciantes aparece como peligroso y amenazante para los denunciados. Al mismo tiempo, ubican a las trabajadoras en un rol pasivo e ingenuo frente a la capacidad persuasiva y hasta maliciosa de los abogados.

En este tipo de acusaciones, uno de los argumentos más utilizados consiste en presentar un relato en el que la trabajadora doméstica aparece como una persona de "pocos recursos" económicos y culturales que encontró en un abogado "aprovechador" la garantía de la consecución del juicio. La correlación entre ambas dimensiones se visualiza en la narrativa de los hechos que se reconstruye, aunque veremos los matices.

Para pensar estas cuestiones, describiremos el caso de una trabajadora doméstica de treinta y seis años, nacida en Paraguay quien afirma haber trabajado "en negro" durante siete años con el mismo grupo de jubilados, de lunes a viernes, de ocho de la mañana a siete de la tarde. Cuando el abogado de los demandados responde, organiza un relato en el cual busca exponer ciertas condiciones que llevaron a la trabajadora a "alistarse en la industria del despido". Posteriormente, describe: "La aquí actora comenzó a concurrir a nuestro domicilio con la voluntad de hacernos compañía unas horas". Luego se expone que la propia denunciante comenzó a pedirles de trabajar mayor cantidad de horas debido a "serios problemas monetarios" además de que se iría a casar y necesitaba más ingresos. Asimismo, el relato muestra a los empleadores solidarios y comprensivos con la denunciante:

En general, se la ayudaba con ropa, algún alimento o lo que necesitaba. Un buen día, nos dijo que se quería casar de cualquier manera. Y nos pidió que la tomáramos como trabajadora. El pedido no lo podíamos satisfacer. Es que no necesitábamos, ya, una trabajadora doméstica. No hubo forma de que entendiera. Y se ofendió. Así las cosas, al poco tiempo, comenzó el intercambio de las cartas documento. Es el camino más fácil: consulta gratis con un abogado laboralista; invención y armado del despido indirecto; remisión de telegramas laborales, también gratis; y aquí estamos, tratando de conseguir judicialmente algún dinero extra que nunca viene mal.

La presentación de los hechos de esta manera busca posicionar a los denunciados como víctimas de una estrategia judicial orquestada por el carácter lucrativo de un abogado. Se articulan en un mismo momento la cualidad de los denunciados con la ingenuidad de las denunciantes. Como espejo de esta actitud, se busca representar una imagen de los empleadores como personas que habían actuado de manera solidaria y hasta humanitaria con la trabajadora doméstica que reclama.

Como vimos, esta representación de los empleadores como personas que han sido abusadas en su confianza y buena fe entra en correlación con una serie de acontecimientos y dinámicas que atañen a la vida personal de la denunciante y que son presentadas como prueba de las motivaciones guiadas por un beneficio económico garantizado. Todos estos aspectos configuran la trama narrativa desde la cual los abogados de los demandados intentan deslegitimar el reclamo. En estos casos, se busca exhibir el carácter ingenuo y hasta inocente de las trabajadoras domésticas que se unen con los intereses inescrupulosos de sus abogados, que aprovechan tales condiciones para un beneficio personal.

Finalmente, encontramos que en estos casos la estrategia de la defensa consiste en mostrar la proximidad afectiva con la denunciante y la consecuente "bondad" desde la cual habían actuado en su calidad de empleadores. La sensación de indignación en la contestación exhibe la necesidad de dar visibilidad al acto de desconsideración o insulto al que se muestran sometidos los empleadores (Cardoso de Oliveira, 2004: 26). Al mismo tiempo, la insistencia en la "ayuda" que habrían propiciado los empleadores a la denunciante se inscribe en la búsqueda de reconstruir un escenario en donde el supuesto desinterés desde el cual habían actuado los denunciados se precipita ante la inescrupulosidad de sus abogados. Este último aspecto termina de instituir un argumento en donde la capacidad de agencia de quienes denuncian se reduce al mínimo. La falta de consideración hacia quienes las "ayudaron" y la imperiosa voluntad de aprovechamiento es una conexión que buscan revelar en sus presentaciones.

6.2.3. Como de la familia

En otros expedientes, como el de Julia (cuarenta años, trabajadora doméstica, reclama haber trabajado nueve años como trabajadora sin retiro para luego hacerlo tres años como trabajadora con retiro), emerge la figura de la trabajadora con "necesidades". En la presentación de los abogados de los empleadores se describe una situación de "necesidad" a la que habría respondido como "empleadora" y "amiga" quien aparece como denunciada. Resulta interesante el análisis de la descripción que elije realizar del contexto familiar y de la historia personal de la denunciante: "Su propia familia venía constantemente a mi casa y compartía la mesa con mi familia, tanto ella como su hermana y sus nietos. Todo ello porque durante un tiempo me pidió quedarse a dormir por un problema de desalojo que tenía en su hogar". Luego se afirma en el escrito que la denunciante trata de endilgarle la obligación de comprarle comida, pero que esto lo hacía la demandada por su propia voluntad. La presentación relata que "a los efectos de ayudarla y por sus pedidos", la demandada compraba productos para ella en el supermercado y también usaba el teléfono para llamar a su familia que vivía en el interior, "montos estos que siempre se comprometió a pagar y jamás lo hizo".

Después de la descripción de las prácticas de "asistencia" que tuvo con la denunciante, se advierte en el relato el propósito de exhibirla como un sujeto motivado por lograr un rédito económico, a partir de haber logrado una cercanía afectiva con la familia con la que trabajó:

> Así, cuando advirtió que mi posición económica involucionaba y yo ya no podía ayudarla como antes, comenzó a reclamarme la ayuda como si fuese una obligación de mi parte. Y, en lugar de colaborar conmigo, comenzó a actuar de forma extraña, a venir menos a mi casa. Y luego, recibimos en forma intempestiva una carta documento pretendiendo que reconociera una relación laboral inexistente a todas luces y pretendiendo además el pago de aportes patronales por una relación de amistad. Esto es impredecible y a todas luces una aventura judicial a la que la actora pretende llevarnos con todos sus engaños.

Encontramos que en los casos donde los empleadores se presentan como "amigos" o muestran a las trabajadoras como "parte de la familia", se exhibe una manifestación de la "retórica de la gratitud" (Vianna, 2009). En tal sentido, esta argumentación será utilizada para dar cuenta de aquellos relatos y reflexiones que tematizan la idea del compromiso o de la deuda moral establecida a partir de actos aparentemente gratuitos, en el sentido planteado por Marcel Mauss.[12] Esa retórica está compuesta tanto por aquellas expresiones que usan explícitamente la idea de la gratitud, como también las que apuntan a variadas formas de representación de esas deudas, como puede ser el hecho de "haber hecho mucho por alguien, estar haciendo el bien, ser reconocido, dar/recibir apoyo, dar/recibir asistencia". También la ingratitud forma parte de esta retórica de gratitudes: estar decepcionado, siempre haber cargado con gastos y otras formas de cuidado, estar dolido (s/d: 48).

Como advierte Mauss, la "cosa dada" liga al donador y al donatario en una misma trama de obligaciones, más compleja que la aparentemente simple ecuación del donador como aquel que queda en posición de crédito, y el donatario con la carga del débito. En tal sentido, lo interesante del relato del abogado de los empleadores es cómo se busca reconstruir las situaciones de intercambio entre las partes. Allí, el tiempo y la forma correcta de retribución, el riesgo de la quita completa como ruptura de las relaciones, y todo un sinnúmero de amenazas y peligros están presentes en cada tentativa de renovar o liquidar las relaciones instituidas a partir del don. Pero toda esta ingeniería es repuesta desde la supuesta amistad que habría ligado a la denunciante con los denunciados.

En estos casos, la expresión de gratitud cumple un doble papel: por un lado, el de solidificar la deuda, a través de su reconocimiento en una situación pública de carácter peculiar (el proceso y sus audiencias y autos); y, por otro lado, el de limitarla. En esos términos, es posible pensar la retórica de la gratitud como una estrategia discursiva y de comportamientos que implica no solo el reconocimiento de las deudas, sino también una forma de negociarlas. En tal sentido, la narrativa utilizada en el expediente vuelve explícito que hay una "cosa dada". O, dicho de otra forma, que la "ayuda" no se presenta solo como carga, sino como acción que, precisamente por estar ella misma anclada en una determinada representación de gratuidad –o de desinterés–, no debe ser totalmente resumida, ni tampoco traducida, a costos materiales.

Siguiendo a María Gabriela Lugones, podemos leer que la acción de la empleadora busca ser presentada como un "interés desinteresado", esto es, como una motivación que en principio se explicaría por sí misma. Además, la descrip-

---

[12] Me refiero, en este caso, a las proposiciones de Mauss del *Ensayo sobre el don*: "No son individuos, sino colectividades las que se obligan mutuamente, intercambian y contratan; las personas presentes en el contrato son personas morales –clanes, tribus, familias– que se enfrentan y se oponen, sea en grupos, cara a cara, sea por intermedio de sus jefes, o sea de las dos formas al mismo tiempo. […] En fin, estas prestaciones y contra-prestaciones son hechas de una forma sobre todo voluntaria, por medio de presentes, regalos, aunque sean, en el fondo, rigurosamente obligatorias, bajo pena de guerra privada o pública" (1979: 44-45).

ción de las prácticas y donaciones para ayudar a la denunciante representan señales del empeño que puede ser calculado y, a la vez, que nunca puede ser expresado claramente en términos materiales, ya que sirve como índice de la acción desinteresada que no espera paga inmediata, o no la espera en la misma moneda. En tal sentido, Lugones señala: "El costo del desvelo solo puede ser pagado por su propio reconocimiento. Así, los elogios al desprendimiento, a la generosidad y a la solidaridad no dejan de inscribirse en la lógica de las recompensas sociales posibles" ante el "ayudar" (2009: 23). Finalmente, y quizás como un caso extremo entre estos últimos en la economía moral de los procesos, lo constituya la "escena de la salvación" (Vianna, 2009) que presentan los abogados de los denunciados. Así, resultan frecuentes narrativas que buscan exhibir imágenes del rescate y de la salvación, construyendo una representación moral especialmente positiva de quienes ayudan a las trabajadoras domésticas.

Juliana llegó cuando tenía catorce años desde Formosa (hoy tiene treinta y siete, trabajó seis años sin retiro en la casa de los denunciados, y los restantes sin pernoctar). Es el caso emblemático de la trabajadora doméstica que llega "desde el interior", sin dinero ni contactos en la gran ciudad. Los abogados buscan hacer aparecer a las familias donde llegaron a trabajar como lugares de recogimiento. Esto sugiere, siguiendo a Lugones "un tipo peculiar de drama, el del rescate como proyecto embutido en el acto de abandono, el de la exposición como estrategia de salvación. La escena completa del abandono y del rescate se inscribe en un cierto campo previo de significados, que fija para aquellos que recogen un niño el papel de salvadores, incluso con los componentes dramáticos de la casualidad y de la coincidencia" (2009:37).

Cuando se presenta ante un tribunal como el del trabajo doméstico, este tipo de relato presenta una retórica predefinida sobre cómo fue contratada por primera vez y sobre las atenciones que le fueron brindadas a partir de ahí. El drama, representado aquí como suspensión y transformación de la vida ordinaria, es re-escenificado narrativamente a partir del contexto de la declaración, de modo que uno y otra –el drama narrado y la narrativa dramatizada– pueden ser tomados como parte de un mismo proceso performativo.

El momento del encuentro con la trabajadora es tomado como un momento límite, una divisoria de aguas en la trayectoria de todos: la trabajadora, sus futuros empleadores o sus "padres adoptivos" aparecen constantemente. Revivirlo, bajo la forma de su recomposición narrativa, crea una secuencia lógica entre diferentes momentos dramáticos.

En el caso en el que Juliana aparece como denunciante, la respuesta de su empleadora la presenta como una "chica que a los trece años de edad, se la recibió, crio, cuidó y educó como una más de la familia cuando llegó del interior y porque su familia era muy humilde y tenía pocos recursos".

En las distintas etapas ritualizadas del proceso –audiencias, declaraciones de testigos, presentación de pruebas–, los relatos deben ser tomados como actos performativos con poder no solo de argumentación, en el sentido de organización racionalizada de esa memoria y de su uso para un objetivo concreto, sino también de traer ritualmente a la escena lo ya vivido, de modo que esto pueda ser compartido de forma alegórica también por los demás presentes.

Las descripciones retratadas apuntan a la composición de un cuadro que va más allá de los indicios usualmente movilizados, como la adaptación o las "ayudas" brindadas. Hacen referencia a situaciones de rescate, de salvación, de cierta escena mítica que se actualiza en pequeños detalles, que carga siempre, como contrapunto, el fantasma de la no-salvación, de lo que hubiera sucedido con aquellas personas si no se hubiese dado el instante del recogimiento. Así, a los casos concretos, descritos a través de los ritos judiciales, se agregan elementos míticos cuya fuerza parece provenir de su supuesta atemporalidad, del "desde siempre" de las chicas que llegan desde el "interior" o desde los problemas que traen las trabajadoras, como el alcoholismo o los problemas conyugales congénitos, en los que aparecen sus empleadores como los salvadores.

La fuerza moral de la que están investidos los "salvadores" se debe a que, como lo muestra Lugones (2009), los "receptores" de esa ayuda asoman como optando por recibirla. Los "favores" aparecen como algo consentido. De allí que, en ambos casos, las historias de las trabajadoras buscan ser representadas como si estuvieran socialmente "en peligro" al momento de toparse con sus empleadores. Así, se funde un mismo momento dramático donde unos actuarían como fruto de la desesperación y la desesperanza, mientras que otros lo harían por ayudarlas e incorporarlas a sus familias.

El reconocimiento del sufrimiento del otro como capaz de motivar o justificar una acción se inscribe en la esfera de la generación de una lectura de sí mismo, necesariamente planteada en términos morales, por cuanto condiciona las formas a través de las cuales ese acto debe ser leído por otros, externos a la escena inicial, pero llamados a participar de ella en un momento posterior y profundamente decisivo, como el de la homologación de esa memoria de relaciones establecidas por compasión.[13]

---

[13] El trabajo de Boltanski (1993) es fundamental para pensar los diferentes niveles en que se puede procesar la relación entre la *piedad* (más general y abstracta) y la compasión (más local y vivida cara a cara), dos formas de representar la identificación emocional con el sentimiento ajeno –literalmente, esa com-pasión– y los compromisos morales o, como él llama, el *compromiso*.

Finalmente, queda claro que ante el TTCP el objetivo de estos relatos es también el de construir un relato, en realidad, una narrativa que los ubique en este caso como personas que obraron "de buena fe", con solidaridad, consideración y humanidad. Pero lo relevante es el hecho de que sea este relato uno de los principales ejes sobre los que se funda una defensa ante un tribunal dependiente del Ministerio de Trabajo.

*   *   *

Como hemos comprobado en los expedientes, el "lenguaje moral" que atraviesa el universo de los juicios en el TTCP busca reconstruir un conjunto de obligaciones morales, expectativas y lealtades que se fueron configurando a lo largo de la relación. Pero, sobre todo en los casos donde los denunciados no apelan a la acusación de robo como estrategia de contestación, encontramos un conjunto de lecturas morales sobre quienes ayudan o asisten y los que solicitan dicha ayuda, así como sobre la relación que se establece entre ellos. En ese sentido, las moralidades, como enunciados socialmente demarcados en torno del valor o del sentido moral de las acciones de los propios agentes y de aquellos con quienes están puestos en relación, traen en sí también una dimensión de exposición y reflexión sobre los sentimientos.

Aunque la exhibición de estos estados no forme parte de la resolución al menos explícita que toman los jueces del TTCP, queda claro que los sentimientos enunciados (angustia, indignación, frustración, entre otros) forman parte no solo de la dinámica de las relaciones allí retratadas y reconstruidas, sino también de la confrontación y de la composición de moralidades. Demostrar sentimientos, hablar sobre emociones en pleno desarrollo de estas experiencias judiciales, es siempre reconocerse inscripto en un orden de obligaciones, de modo que correr el riesgo de ser percibido (o tal vez, de percibirse) actuando de forma estrictamente pragmática es construir para sí un lugar moralmente insostenible. Así, pudimos reconstruir la manera en que estas narrativas construyen escenarios de sospecha que buscan ser utilizados estratégicamente por una de las partes.

Asimismo, las trabajadoras domésticas que reciben este tipo de contestaciones por parte de los abogados de los empleadores no guardan reparos en llevar el juicio hasta sus últimas consecuencias. Es más, creemos que lo hacen porque encuentran en las respuestas de sus empleadores una falta de reconocimiento, un acto de desconsideración o una afrenta moral que no logra ser subsanada por la vía jurídica (Cardoso de Oliveira, 2004).[14]

---

[14] Estando presente en una de las audiencias de partes, participé de una situación peculiar cuando el presidente del TTCP ingresó a comunicar a la trabajadora que el ofrecimiento que estaban ha-

Por último, consideramos que el objetivo de la sección se centró en poder evidenciar el enraizamiento que tienen las dimensiones morales en las disputas jurídicas, que podrían aparecer para algunas miradas como un ámbito en donde las dimensiones personales, afectivas, morales, operan en menor medida. En este punto pudimos indagar en el lenguaje moral y mostrar la existencia de imbricaciones y entrecruzamientos recomponiendo esferas que podrían aparecer como incompatibles u "hostiles" entre sí (Zelizer, 2009). Hemos visto en este sentido cómo desde las narrativas utilizadas por los abogados de los empleadores encontramos expuesta la dificultad que se presenta dentro del universo jurídico para distinguir esferas y universos de sentido que se superponen cotidianamente. De esta manera, fueron comprendidas como acusaciones morales que pretendiendo deslegitimar el reclamo legal, mostraron la relevancia que la lógica personal del universo moral del hogar tiene aún en los espacios institucionalizados y públicos como un juicio laboral.

Sección 2

6.3. Honor y gratitud en la inhibición del reclamo

"No vaya a ser cosa que en vez de una carta de renuncia me vayas a mandar una carta documento". Esa fue la respuesta de la empleadora (Irene, cincuenta y seis años) cuando Natividad (cuarenta y siete años, dos hijos, casada)[15] le informó su decisión de comenzar a buscar otro trabajo como consecuencia de no po-

---

ciendo sus antiguos empleadores iba a ser más del doble de lo que recibiría si seguía con el juicio. La trabajadora denunciante no aceptó la propuesta manifestando que prefería ver a sus empleadores tener que conseguir los testigos y concurrir y esforzarse por continuar en el juicio. Esta situación, que fue avalada por abogados del Sindicato de trabajadoras domésticas como algo común en juicios de este tipo, expone la situación de indignación moral y la necesidad de recomposición que están buscando las trabajadoras y que en estos casos excede lo estrictamente material.

[15] Comenzó a trabajar en Asunción de Paraguay cuando tenía quince años. Al cumplir los veinte llegó a Buenos Aires para trabajar sin retiro, por medio de una tía que trabajaba con los padres de Irene. Al mismo tiempo, su hermana trabaja con la prima de Irene, su sobrina limpia en lo de una amiga de Irene y su tía trabaja como niñera de los mellizos de la hija de Irene. Al mismo tiempo, la idea de Natividad es que su sobrina más chica pueda ingresar a trabajar con la hermana de sus actuales empleadores cuando cumpla los dieciocho años.

der contar con aumento de sueldo acorde con lo esperado, luego de dieciocho años de trabajo. La posibilidad de un juicio se presenta solapada en una ironía y no deja de generar incertidumbre. Sin embargo, logra su cometido: comprometer a Natividad a no iniciar la acción judicial.

Natividad había consultado un abogado acerca de las posibilidades que tenía de realizar y de ganar un juicio laboral. Él le aseguró que, con todas las pruebas que tenía, lo ganaría. Sin embargo, no lo llevó adelante y renunció cuando consiguió otro trabajo en el servicio doméstico.

La lectura de la dimisión de iniciar la demanda podría reducirse a una cuestión meramente jurídica o normativa y a las posibilidades de los individuos para realizar acciones judiciales. Sin embargo, siguiendo los estudios de Lygia Sigaud, nos interesa indagar desde otro ángulo estas acciones. En otras palabras, poder analizar "más allá" de las normas jurídicas, reconociendo la existencia de otras normas que están operando a la hora de analizar la conducta de los individuos. Como plantea la autora, es necesario evitar el siguiente error de algunos cientistas sociales cuando analizan las conductas de las personas en relación con las demandas judiciales:

> Como si estuvieran contaminados por el sesgo de los juristas, tienden a aislar las conductas y a examinarlas preocupándose solo por sus implicaciones en términos de cumplimiento o no cumplimiento de las normas jurídicas. Esto es lo que se observa, por ejemplo, en buena parte de los estudios sobre temas en boga relacionados con el derecho, como son los que toman por objeto la "violencia" o la "ciudadanía" (mi traducción, 1996:01).

Siguiendo con la perspectiva desarrollada por Sigaud, interpretamos que los cientistas sociales que proceden de esta manera no consiguen rescatar de forma positiva los comportamientos que están examinando y ni siquiera consiguen comprenderlos, sino solo constatar que no se corresponden con lo que sería "deseable". Si lograsen asumir una postura de mayor distanciamiento con respecto a los "problemas sociales" que presenta la relación de los individuos con el cumplimiento de las normas jurídicas –que no son sino cuestiones prácticas para los interesados en el orden jurídico– "podrían percibir que tales normas no poseen un *mana* que justifique por sí mismo el interés en ser respetadas y, sobre todo, podrían identificar otras normas con las cuales los individuos de carne y hueso están vinculados en sus relaciones con otros individuos" (mi traducción, (*ibid.*: 02).

En este sentido, consideramos que los comportamientos referidos a las acciones judiciales deben ser repuestos considerando no solo el grado de conocimiento (o desconocimiento) que tengan de sus derechos o con el grado de accesibilidad respecto al sistema judicial, sino dando cuenta de una mirada más compleja, en la que se repongan las redes de relaciones sociales, los intercambios y dependencias recíprocas, así como las obligaciones morales y los intereses de las trabajadoras domésticas. En ese sentido, la reconstrucción del vínculo cotidiano de una trabajadora doméstica como Natividad con sus empleadores más antiguos permitirá indagar en aquellos equilibrios fluctuantes de poder en los que se insertan las relaciones cotidianas y que tienen a la demanda judicial como una posibilidad para su resolución.

6.4. Cercanía y protección

Tal como hemos mencionado, Natividad comenzó a trabajar sin retiro cuando llegó de Asunción a Buenos Aires y tenía veinte años. Llegó recomendada por una prima. Antes había trabajado en la casa de una familia con cinco hijos en Asunción. Al principio, trabajaba sin retiro de lunes a sábado. A los tres años, comenzó a compartir las tareas con dos empleadas[16] que que realizaban trabajos por horas. La familia estaba compuesta por un varón que trabajaba como subgerente de una empresa, su esposa, que se dedicaba a ayudar en una fundación sin fines de lucro, y sus tres hijos, que tenían cuatro meses, y cinco y nueve años, respectivamente.

Como era la única trabajadora que pernoctaba, tenía un vínculo de gran proximidad con el hijo menor y con el resto de la familia. Lo primero que recuerda es que, cuando llegó, sus empleadores se interesaron en que ella finalizara sus estudios primarios. Los había abandonado a los diez años. Si bien reconoce que a su "patrona" siempre le gustaba decir que era una persona "generosa" y "buena" con las trabajadoras domésticas que contrataba, también le reconoce su calidad humana: "Ella estaba muy pendiente siempre de lo que me pasaba y cómo estaba yo". Admite que su empleadora la ayudó en distintos episodios de su vida: desde intervenir en el llamado telefónico a su exmarido por la restauración de su cuota alimentaria, pasando por brindar consejos a una de sus hermanas respecto a la posibilidad de abortar o de que el padre reconociera sus obligaciones con el hijo, hasta conseguir una silla de ruedas para su abuela.

---

[16]Una era de origen uruguayo y era la encargada de realizar las tareas de cocina y de cuidar a los niños tres veces por semana. La otra trabajadora era argentina y se encargaba de planchar y realizar las tareas de jardinería dos veces por semana.

La "generosidad" como valor constituye un prestigio que distingue a los empleadores entre sí. Como no todos se desempeñan de la misma manera, los criterios de comparación para Natividad transformaban su experiencia en algo inédito, sobre todo con respecto a la experiencia en Asunción. El trato diferencial se traducía en que cobraba su salario de forma legal y con los aportes previsionales en fecha. Pero no solo eran las retribuciones monetarias lo que la diferenciaba de otras trabajadoras, sino también el trato distintivo frente a las colegas que trabajaban con ella: "No las trataba igual. A mí sí es como que me tenía como su hija, me decía, nomás, así, pero no era así. Yo sabía, pero… bueno, hacía diferencia con las otras".

6.4.1 De la lógica individual a las "reinas del Mercosur"

Durante varios años, Natividad había sido la trabajadora más cercana a la familia, sobre todo en comparación con las otras dos colegas que trabajaban por horas. Sin embargo, comenzó a sentir cierto disgusto respecto a las reuniones nocturnas que los empleadores organizaban en la casa porque, de las tres trabajadoras, ella era la más afectada. Como trabajaba sin retiro, no podía tener un descanso acorde a sus necesidades. De la siguiente manera, describe la situación:

> Trabajábamos como negras…no teníamos descanso. Dos veces a la semana tenía invitados, quince, veinte invitados, y había que quedarse a la noche. Y, al otro día, arriba, los chicos a la escuela, y a la tarde lavar lo de la noche. De nuevo cocinar, porque no pedían nada, eran medio codito.[17] Y así, estábamos muertas.

Sumado a ello, los empleadores empezaron a atrasarse en el pago del sueldo de algunas semanas y de las horas extras. Evelyn, la uruguaya que trabajaba tres veces por semana, consiguió el Estatuto del Servicio Doméstico y lo leyeron un sábado en el que estaban las tres presentes. El objetivo era obtener algún beneficio de los derechos, aunque Natividad revela la dificultad para encontrar elementos a su favor: "La ley era un porquería […] estaba todo a favor del patrón, pero nosotras nos arreglamos todo a nuestro favor, lo que agarrábamos era lo que nos convenía. Entonces, le dijimos que teníamos derecho a tres horas de descanso".[18]

Evelyn refleja la imagen que tenían de Natividad en ese momento de la siguiente manera: "Estaba muy pichona la Nati. Ella decía que le daba un poco de

---

[17] El término se refiere a una persona tacaña, mezquina, que intenta realizar los menores gastos posibles.

[18] Uno de los pocos derechos que aparecen reconocidos en el antiguo Estatuto del Servicio Doméstico (vigente desde 1956 hasta el año 2013) es el de contar con tres horas de descanso semanales.

cosa, que podíamos esperar, pero nosotras con la otra chica estábamos cansadas y tampoco teníamos mucha relación con esos patrones". Sobre el mismo episodio, Natividad reconoce: "Yo durante toda la vida que trabajé me tragué todo, pero empecé a abrir los ojos con la uruguaya. Empezó a empujarme, a abrir los ojos para hablar, ¿viste? Yo era muy tímida, un pollito mojado".

En primer lugar, resulta interesante distinguir la relación con los empleadores de las trabajadoras domésticas que iban durante la semana y la relación que Natividad había entablado con la familia. La frecuencia y el contacto cotidiano llevan a que trabajadoras como Natividad se habitúen a un tipo vínculo personalizado. Al mismo tiempo, por ser quien pasaba más tiempo en el hogar y tener más responsabilidades, ocupaba un rol de mayor jerarquía con respecto a las otras trabajadoras. Esta personalización de los vínculos hace que "el estilo de dominación personal" se exprese en la relación cotidiana y de cara a cara y que lleva a que los patrones puedan conocer a sus trabajadores por el nombre y tengan una historia en común (Sigaud, 1996: 10). Este elemento adquiere más sentido por el hecho de que Natividad es la única trabajadora sin retiro de la familia y, al mismo tiempo, la más antigua y la que ingresa más temprano. Las dos trabajadoras que ingresaron posteriormente, lo hicieron bajo una modalidad que supone un menor involucramiento afectivo, como es el trabajo con retiro. Natividad lo describe con las siguientes palabras:

> Conmigo eran otra cosa, siempre estaban cuando yo necesitaba. Ellos siempre reconocieron que los dos siempre nos dimos lo mejor… porque es verdad, nos dimos afectos. Y cuando uno necesita, ellos me ayudaron, cuando yo tuve necesidad ellos estuvieron. Cuando me tuve que ir a Paraguay, ellos me sacaron el pasaje en avión que después yo le pagaba en cuotas; y yo, cuando ellos necesitaron, estuve y siempre voy a estar, ellos saben, ¿eh? […] Ellos son buena gente […] Yo no me puedo quejar porque mis dos hijos vivieron como si fueran hijos de ricos, porque no tuvieron ese despreciativo que hay en otros lados.

Así, desde su llegada se había acostumbrado a recibir de parte de sus empleadores un conjunto de atenciones, como también se había habituado a pedir la intervención y la opinión de sus empleadores en distintos temas. Como lo muestra Sigaud, estos hechos hacen que los trabajadores se sientan en deuda y reconozcan a sus patrones como "buenos" con ellos. También lleva a que los trabajadores busquen reequilibrar y devolver tales "favores", empeñándose en demostrar su gratitud siendo "leales" a sus patrones (1996:15). Esta manera de relacionarse con sus empleadores generó una "deuda moral" que le impedía pensar en la posibilidad de realizar un reclamo laboral, aun cuando reconocía que le debían dinero.

Mientras Evelyn propuso la opción de realizar un reclamo ante la justicia por parte de las tres trabajadoras, Natividad respondió que prefería hablar con su empleadora para intentar destrabar el conflicto y lograr las tres horas de descanso que les correspondía. Hablaron las tres y finalmente consiguieron lo que pedían.

6.4.2. Esperar y ser recompensada

Yo cuando me agarra una cosa acá [se toca el corazón] *prefiero irme; porque prefiero irme, a trabajar con resentimiento.* (Natividad)

Las situaciones de tensión se volvieron constantes desde el momento que Natividad realizó el primer reclamo y tuvieron su punto cúlmine cuando los empleadores le hicieron firmar un documento por el cual aceptaba cambiarse de categoría dentro de la Administración Federal de Ingresos Públicos (AFIP). La firma del documento implicaba la reducción de sus aportes y la pérdida de años de aportes jubilatorios.[19]

Cuando se enteró, consultó a un abogado. Lo paradójico fue que llegó a esta persona por intermedio de Evelyn, la trabajadora doméstica uruguaya a quien habían echado años antes, con quien seguía en contacto, y que se había hecho amiga del abogado de sus empleadores. Lo llamó como una trabajadora cualquiera, le contó su caso y se enteró de que tenía muchas posibilidades de ganar el juicio. Luego habló con su empleadora y le planteó la necesidad de volver a cambiar de categoría, tal cual se lo había manifestado el abogado. Su empleadora le respondió que después lo hablaría con su marido. El lunes siguiente le dijo que no se podía y que si quería mayores detalles que se comunicase nada menos que con el abogado de la familia. Natividad comenta de manera risueña que todavía se acuerda que su empleadora no levantó la vista cuando le mostró el teléfono y le dijo que ya había hablado con el mismo profesional.

Hasta ese momento, Natividad tenía alguna esperanza en lo que haría el empleador, ya que, cuando había habido problemas o cuando se trataba de temas de dinero, él intervenía: "Él no aparecía mucho nunca, porque siempre o estaba de

---

[19] Varios abogados laboralistas especializados en el tema manifestaron que este tipo de prácticas son comunes en aquellos empleadores que quieren obviar el pago de la antigüedad jubilatoria de la trabajadora doméstica, haciéndose responsables del pago a partir del momento de la firma. Pasados dos años de la firma de este documento, los empleadores quedan exentos de responsabilidad alguna ante los pagos de los años anteriores al momento de la jubilación. El hecho es que a partir de ese momento, cuando se jubile la persona, recibirá aportes que se pagan dentro del nuevo sistema de jubilación para las amas de casa otorgado por el gobierno nacional.

viaje o no estaba en la casa. Pero las veces que hubo lío, salió a dar la cara porque ya no nos podíamos ver más con la señora". Sin embargo, esta vez no fue así. Natividad siguió trabajando durante los meses posteriores buscando que la echaran, pero eso no sucedió: "Yo me fui encima de ellos, les dije que había hablado con un abogado, pero no dijo nada, no levantó los ojos por mí. Ella no es tonta, aguantaba porque sabe lo que yo le podía hacer…".

Mientras destaca que se fue "encima de ellos" como una manera de exhibir su descontento, mostrándole con sus propios abogados que estaban equivocados, utiliza el singular para hablar del comportamiento estratégico que su empleadora adoptaba, supuestamente para no despedirla y que ella iniciara acciones legales.

Luego de haber visto por segunda vez al abogado, Natividad pensó en varias oportunidades en iniciar un juicio a sus empleadores. Inclusive, habló con un segundo abogado y reconoce que tenía las pruebas y testigos suficientes para ganarlo: "Tenía todo a mi favor. Los comprobantes, a las chicas que las echaron que me salían de testigos".

Cuando le pregunté por qué no había hecho el juicio, me respondió que había sido el marido, por un lado, el que la paró, diciéndole que no valía la pena; y, por el otro, su tía, la que le había conseguido el trabajo en su momento, quien le manifestó que, por experiencia, si ella hacía eso, no la iban a tomar más.

El marido de Natividad estaba desempleado desde hacía varios meses y la tía de Natividad es quien organizó una red de trabajadoras domésticas en la que está inserta ella. En este punto la idea de la "mancha" de la red, que puede tener como respuesta el hecho de realizar una demanda legal contra sus empleadores se explica por el contexto de relaciones directas e indirectas en la que está inserta Natividad. En estas redes superpuestas existe una cierta acumulación de confianza, muchas veces construida por generaciones de mujeres trabajadoras y empleadoras, y garantizada por el conocimiento de quienes serán recomendadas para trabajar, así como de quienes serán los contratantes. Una demanda legal puede resquebrajar la lealtad de toda la red.

Natividad considera que siempre ha sido una persona a la que le cuesta reclamar, aunque también reconoce el "cariño" con el hogar donde trabajó más de quince años. En sus palabras, interpreta el proceso que la llevó a buscar otro trabajo como producto de una actitud poco ligada a su personalidad, al mismo tiempo azarosa e inesperada para ella: "Me sorprendí yo también, porque no soy de pelearme. Me cuesta mucho desprenderme de algo…llego hasta ahí para decirle y no le digo… Pero llegó un día una amiga, me dio el número, y yo –para joder ¿eh?– me fui y llamé. Me entrevisté y le di el número de mi referencia de donde trabajé 18 años".

Por un lado, Natividad reconoce que para ella es un "orgullo" haber logrado el reconocimiento de su trabajo con sus empleadores después de tantos años. Al mismo tiempo, resulta interesante la importancia que tiene lograr este tipo de recomendación como estrategia de mejoramiento de las condiciones laborales para las trabajadoras domésticas.

Natividad no se arrepiente de haber desistido del juicio y así lo explica:

> El tiempo me dio la razón. Porque yo tenía bronca, mucha [...], pero no me arrepiento hasta el día de hoy. Porque si explotás, tirás años a la basura y le jodés la vida al resto, porque la que hace juicio no queda bien vista.

El día que Natividad fue a buscar trabajo, lo hizo por una amiga que le consiguió una entrevista con los empleadores con los que trabaja actualmente. Cuando le pidieron referencias, dudó en brindarlas, aunque una amiga le recomendó que las diera. Delante de ella, su futuro empleador que la estaba entrevistando llamó a los empleadores. Cuando cortó el teléfono, la miró y le dijo que la felicitaba porque le habían dado excelentes referencias de ella. Natividad no pudo esconder las lágrimas. A la semana, la llamaron, y comenzó a trabajar donde lo hace actualmente. Gana casi el doble y puede ir con uno de sus hijos. Ingresar con esa confianza, le permitió conseguir mejorar sus condiciones laborales y también sentirse reconocida tras recibir esas referencias, algo que buscaba hace tiempo. Cuando le pregunto cómo quedaron las cosas con sus empleadores más antiguos, detalla:

> Quedamos como amigos de toda la vida. Hoy me llaman para ver si me tratan bien en el trabajo nuevo, me dicen que si necesito conseguir otros trabajos, me dan referencias, o yo les llamo a los chicos [hijos de sus empleadores] para los cumpleaños. Todo bien quedó.

Por un lado, la realización de un juicio puede significar para muchas trabajadoras domésticas la pérdida de referencias de sus antiguos empleadores y de otras trabajadoras para lograr una continuidad dentro del servicio doméstico. Al mismo tiempo, el hecho de recibir buenas referencias puede constituir un ascenso en términos de las condiciones laborales que se consiguen en el nuevo trabajo. Así, vemos cómo la lectura retrospectiva de Natividad se basa en las nuevas condiciones laborales con sus actuales empleadores, quienes le pagan casi el doble que los anteriores, en donde además trabaja un treinta por ciento menos del tiempo, tiene la facilidad de manejar sus horarios, y cuenta con una confianza absoluta.

* * *

En el relato de Natividad, la recompensa moral por las buenas referencias y el reconocimiento de su trabajo que logra por parte de sus anteriores empleadores son tan importantes como conseguir una indemnización por los dieciocho años de trabajo en su hogar. En este sentido, resulta interesante reconocer la importancia que tienen las referencias para consolidar y construir un mejoramiento en las condiciones de trabajo de las trabajadoras domésticas. El hecho de poder concurrir al trabajo con uno de sus hijos, tener la posibilidad de pedir algún día libre y contar con vacaciones y aguinaldo, constituyen algunos de los componentes que para Natividad se derivan de haber desistido de realizar la acción judicial y, por tanto, haber sido recomendada como "algo más que una trabajadora". En tal sentido, este plus de confianza que le permitió ingresar "como alguien de la familia" a su nuevo trabajo, fue leído como el reconocimiento anhelado por ella, en un hogar donde había trabajado durante dieciocho años y traducido en una recompensa en términos de un mejoramiento laboral y económico.

Esta valoración de la personalización del vínculo pudo verse expresada en el tratamiento diferencial que recibió por parte de su empleadora, quien reconocía cierta desazón por la actitud de beligerancia que había asumido junto a sus compañeras de trabajo mediante el reclamo por las horas de descanso. Tales trabajadoras, por su parte, como no tenían una relación de proximidad con sus empleadores, habían logrado establecer una relación de mayor distancia y menor responsabilidad respecto a las obligaciones morales. Esto las hacía más "desprendidas" de una relación personal, cercana y de protección como la que había consolidado Natividad.[20]

En definitiva, en la reconstrucción de los *tempos* y de los ritmos que tuvo una relación de más de dieciocho años con una misma familia, encontramos la importancia que tiene la dimensión moral en la inhibición de los reclamos judiciales. La posibilidad del reclamo legal aparece en el relato de Natividad como un elemento al cual teme su empleadora, así como una herramienta de la cual se vale ella misma para establecer los límites de su reclamo.[21] De esta manera, encon-

---

[20] En el estudio ya citado, Sigaud (1996) analiza de manera comparativa que el hecho de no conocer las historias de los trabajadores hace que la "dominación impersonal" de los patrones con ellos cree las condiciones sociales para que les realicen juicios laborales. Por otro lado, muestra que en el caso de los trabajadores que tienen un trato personalizado con sus patrones, las dificultades para realizar cualquier demanda judicial se funda en las obligaciones contraídas a partir de la protección y las ayudas recibidas.

[21] Como bien lo resume Sigaud: "No se espera de aquel que fue amparado por el patrón y con quien contrajo una deuda moral que vaya a la Justicia para acusarlo [ya que] son las deudas morales las que anulan las deudas jurídicas" (mi traducción, 2004: 133).

tramos que el modo en que se configura el vínculo y el proceso de finalización suponen ritmos distintivos para ambos agentes. Como es propio de las relaciones de intercambio, los individuos que participan creen que lo hacen desde la más plena libertad, ya que, como lo señalaba Marcel Mauss (1979), todos consideran que lo pueden hacer, sin dejar de cumplir con las obligaciones de dar, recibir y devolver. En este punto, la connotación moral de la cual está investido el reclamo de derechos es aquello que les permite ocultar de sí mismos todo lo que estos comportamientos deben a la coerción moral.

De allí que las dimensiones morales ("honor", "vergüenza", "lealtad", "traición", "humillación", "dignidad"), como lo vimos en el caso de Natividad, es aquello que termina ocultando los intereses que cada uno de los individuos tienen para asegurar la continuidad de sus relaciones. Así, la gratitud y la consideración que sentía Natividad por aquellas actitudes que habían tenido sus empleadores durante tanto tiempo no la inhibían de plantear sus descontentos ante una situación laboral adversa para ella. Sin embargo, sus planteos, más o menos directos y, en algún momento, con una gran intensidad y decisión, no lograron traducirse en un reclamo judicial concreto.

De manera llamativa, la no realización del reclamo judicial termina siendo explicada *ex post facto* como la mejor salida que pudo haber encontrado, ya que esta omisión tuvo efectos positivos para ella. No solo mejoró sus condiciones laborales cuando consiguió un mejor trabajo a partir de haber sido reconocida "como de la familia", sino también le permitió un reconocimiento por el que había estado pugnando. En este punto, se entiende que la realización de un reclamo judicial hubiese inhibido al empleador de la deuda moral que tiene contraída. En ese sentido, haber sido "desagradecida" hubiese supuesto la imposibilidad de recibir mayores compensaciones como las anteriormente dispensadas por sus empleadores.

Consideraciones finales

En las páginas anteriores, describimos las relaciones sociales entre trabajadoras domésticas y empleadores/as, dos grupos sociales contrastantes que comparten un espacio de proximidad como lo es el hogar, en este caso, de los sectores medios de Buenos Aires. Nos interesamos por mostrar la productividad que la lógica afectiva tiene para explicar la configuración de relaciones de desigualdad en un contexto donde prima una concepción igualitarista que se inserta en el horizonte más amplio de la cultura moderna.

El punto de partida reconoce que la dimensión afectiva se convierte en un factor clave tanto para comprender las formas en que se procesan las desigualdades, como las maneras que los individuos encuentran para negociar vínculos laborales en un ámbito tan singular como el hogar de las clases medias. Particular énfasis otorgamos al hogar, desde su condición de lugar de trabajo y de ámbito de intimidad y privacidad, entendido como un espacio con su propio lenguaje y, por tanto, con sus propios códigos, prácticas y maneras de construir relaciones.

A lo largo del libro, mostramos de qué modo la coexistencia e imbricación de aspectos laborales y afectivos forman parte de la cotidianidad del vínculo, y la incidencia de la afectividad en cómo se organizan los límites morales y los contornos de los vínculos laborales. La descripción de la interacción social y de las categorías morales que allí se movilizan nos permitió exhibir que las personas combinan de formas muy heterogéneas aspectos sentimentales con cuestiones económicas, dimensiones personales con elementos racionales, y cuestiones emocionales con factores legales. En otros términos, hemos visto cómo la *afectivización* de las relaciones laborales, así como la *racionalización* de los vínculos afectivos, constituyen movimientos de solapamiento que remiten a la forma en que se organizan las relaciones sociales dentro de este espacio. Tales lógicas que coexisten cotidianamente son difíciles de comprender si se imagina que el mundo separa de una manera tajante la racionalidad y la afectividad en esferas autónomas. En tal sentido, hemos revelado las condiciones bajo las cuales la vida afectiva y la dimensión laboral se complementan una con otra, siendo esta particular articulación aquello que le brinda singularidad al modelo de relación que se construye en este ámbito.

Demostramos cómo la afectividad presente en la relación que se establece entre las trabajadoras domésticas y sus empleadores/as opera como un dispositivo que al mismo tiempo promueve y obtura relaciones, brinda espacio para los reclamos, pero obstaculiza la posibilidad de concreción de los derechos; genera solidaridades y proximidades, pero dificulta la consecución de contratos formales.

El espiral afectivo le permite a una trabajadora doméstica conseguir mejores condiciones laborales, al mismo tiempo que la inhibe de realizar reclamos que mejorarían su posición. Esta lógica funciona como un tamiz a partir del cual se procesan las relaciones de desigualdad y se negocian las condiciones de los vínculos laborales. Pero el tamiz no funciona en el vacío, sino inscripto en relaciones de desigualdad y de poder de larga duración. La dimensión afectiva opera como una manera de resolver moralmente una tensión de clase en un contexto como el de Buenos Aires en donde las fronteras se vuelven permeables dada su singular configuración socio-histórica. Dicha porosidad se articula con una "pasión por la igualdad" que se potencia desde la irrupción del peronismo, y la conformación de sectores medios heterogéneos que perciben que la construcción de su posición social está siendo disputada, y muestra límites porosos que es necesario actualizar cotidianamente. Si esta configuración pudiera pensarse con matices para el caso de Argentina, en la Ciudad de Buenos Aires encontramos que la combinación de ambos factores tiene como resultado una tensión constante por delimitar las fronteras.

A los fines analíticos, y reconstruyendo la temporalidad del vínculo, organizamos el libro en tres momentos: el del ingreso, el de la gestión de las tareas domésticas y el de las instancias de conflicto y de posible ruptura de la relación entre trabajadoras y empleadores/as.

El momento del ingreso es una instancia privilegiada de condensación de las representaciones, prejuicios y opiniones que los sectores empleadores movilizan ante la necesidad de contratar a una trabajadora doméstica. El hecho de que alguien de menores recursos ingrese en la vida cotidiana de otro u otros, entre objetos y personas que le son ajenos, genera en todos los casos un estado de incertidumbre que produce tensiones con el modelo de intimidad dominante en esos ámbitos y obliga a importantes negociaciones. En este momento, las redes brindan seguridad en un ambiente de incertidumbre y desconocimiento. El antídoto ante una persona externa y extraña al hogar de los sectores medios, que pertenece a una clase social distinta, con valores diferentes, es una red social moralmente construida entre empleadores/as parecidos/as entre sí.

Pero lo interesante es que las redes sociales tienen el mismo objetivo para las trabajadoras, quienes necesitan ingresar en un ambiente seguro, confiable y bien pago. Las redes superpuestas entre trabajadoras y empleadores/as contienen, en muchos casos, un conjunto de valores, prácticas, conductas y regulaciones laborales apropiadas. Este entramado de personas que se conocen más o menos directamente configura los límites de las acciones y garantiza cierta previsibilidad en el comportamiento de las trabajadoras (para los/as empleadores/as) y condiciones laborales dignas para ellas.

Tanto empleadores/as como trabajadoras, cuando se produce un conflicto que se estima puede derivar en la culminación de la relación, remiten muchas veces a los contactos iniciales que forjaron las redes sociales entre las partes para buscar una explicación, una salida o una solución al menos transitoria. Pareciera que estos podrían responder ante la incertidumbre de lo que pueda deparar un conflicto por ser los garantes de la ligazón inicial.

El hecho de haber elegido enfatizar en la descripción del tipo de redes sociales que se desarrollan en el ingreso al trabajo sin retiro para las trabajadoras domésticas, así como subrayar la presencia de representaciones vinculadas con un modelo de reclutamiento anterior en el tiempo, no supone desconocer la relevancia que tiene en la actualidad el trabajo con retiro como producto, entre otras cosas, de las importantes transformaciones que se dieron en términos sociodemográficos, arquitectónicos y urbanos. El análisis apuntó más bien a poder contraponer las modificaciones que sufren las redes sociales en las últimas tres décadas, pero registrando aspectos poco considerados de esa transformación.

Los testimonios seleccionados permiten observar que cuando se articularon ambas redes de relaciones (trabajadoras/empleadoras) emergió una cadena superpuesta de interdependencias claramente generizada, siendo mujeres las que en su mayoría participan en toda su extensión y profundidad. El rol de las mujeres como responsables "naturales" de la realización de las tareas del hogar se extiende también a la gestión para que dicha realización sea concretada. He podido encontrar cierto diálogo entre las condiciones ponderadas y reconocidas por las empleadoras y las propias experiencias y trayectorias laborales de las trabajadoras domésticas. Elegimos el caso de las migrantes de origen paraguayo porque en la forma de organización de sus redes sociales opera un gran empeño por sostener un trabajo esforzado y una postura disciplinada ante sus empleadoras, que a su vez reivindican en sus relatos. De todos modos, la asociación de ambas cuestiones no supone un encastramiento virtuoso y cotidiano que enlaza sin conflictos las necesidades y condiciones de unas con las expectativas y deseos de otras, sino que más bien ello me permitió indagar en la forma de configuración de un mapa simbólico de la alteridad que opera en el proceso de reclutamiento y selección dentro del empleo doméstico.

Separar las tareas de limpieza de las de cuidados, para los capítulos relacionados con la gestión, permitió pensar ambos dominios y explorar en profundidad las características propias y las modalidades dentro de las relaciones que se establecen entre ambos agentes sociales. De esta manera, descubrimos que la movilización de criterios y estándares diferenciales ligados a los saberes domésticos obedecen a fronteras morales y límites sociales que, al mismo tiempo que pueden aparecer separando grupos sociales, también se convierten en demarcaciones que los vinculan. Las diferencias entre los saberes ligados a la limpieza y aquellos vinculados con los cuidados de niños actualizaron fronteras simbólicas y culturales desde las propias concepciones, prácticas y perspectivas.

En este punto, lo doméstico, por tanto, se organiza sobre la base de una idea de normalidad en donde la limpieza y un tipo de cuidado conforman una ética, es decir, sentimientos morales que legitiman tales saberes. Al reconstruir las numerosas críticas, sobre todo de las empleadoras, pude encontrar que al mismo tiempo que las diferencias aparecían expresadas en distintas "maneras de hacer" las tareas, se mostraban fundadas en una diferencia cultural previa. En ese sentido, los saberes ligados a la limpieza emergen como dimensiones culturales que legitiman la distancia social.

Los saberes vinculados a la higiene expresan una distancia cultural con las trabajadoras domésticas, algo que debe resolverse a partir de la capacidad de control y supervisión de las órdenes impartidas –por parte de quienes ofician– de las dueñas de casa. Estos conocimientos fundan su existencia en sistemas de clasificación más amplios. Como lo demuestra Mary Douglas (1966), la suciedad y la limpieza son valores relativos dependientes de sistemas de clasificación de una sociedad que permiten develar aspectos profundos del orden social y moral. Así, tanto las actitudes como los comportamientos de las empleadoras para evitar la presencia de suciedad fueron analizados como formas de significar y simbolizar modos de clasificar a los otros. Al mismo tiempo, estos sistemas de clasificación tienen la particularidad de activarse en un espacio como el hogar, que es siempre algo más que un espacio geográfico o un objeto físico conmensurable; es, sobre todo, una entidad moral, una provincia ética dotada de positividad, una esfera de acción social, un dominio cultural institucionalizado (Da Matta, 1997).

Las empleadoras reconocían una "impermeabilidad cultural" de saberes respecto a las trabajadoras domésticas, lo que hacía necesario el otorgamiento de indicaciones lo más precisas posibles. De esta manera, reconstruimos desde las prácticas y discursos la importancia del ideario higiénico que las empleadoras profesan o esperan ver realizado. Y además vimos que esto requiere de la aplicación de un conjunto de técnicas más o menos desarrolladas para su concreción.

Al preguntar sobre las mismas cuestiones relacionadas con la limpieza a las trabajadoras domésticas, podemos trazar un conjunto de nudos problemáticos que se vinculan entre sí. La presentación de las experiencias de ambas por separado se planteó con fines analíticos, lo que no significa que lo estén en la realidad, sino que se trata de un diálogo y de un mundo comunicacional tenso, con ejes y vectores desde donde cada una reconstruye sus propios sentidos y acciones.

El arreglo y organización de la casa de mujeres de sectores medios es revelado como un ordenamiento que sigue una clasificación propia de las sociedades burocratizadas, donde las apreciaciones estéticas, de orden y de limpieza son reveladas desde una gestión del hogar que desea optimizar espacios y tiempos. En tal sentido, las nociones de "eficiencia" y "eficacia" son utilizadas como paradigmas que organizan la gestión cotidiana de las tareas y tienen un rol central, al igual que dimensiones ligadas al hecho de si la empleadora se encuentra o no en el hogar, si trabaja de manera formal fuera de ella, así como la variable generacional. La capacidad para que los criterios requeridos por las empleadoras puedan ser aplicados por las trabajadoras está relacionada con el grado de supervisión y control de la realización del trabajo.

En términos más generales, encontramos que factores como la condición de actividad, la etapa en el ciclo vital, la dimensión generacional y la configuración ideológica para el caso de las empleadoras, por un lado; y la experiencia de socialización, la dimensión generacional, la etapa en el ciclo vital y las expectativas en torno al servicio doméstico para el caso de las trabajadoras domésticas, configuran distintos modelos de relación. Las interacciones entre ambos agentes sociales responden a orientaciones recíprocas que nos alertan sobre el carácter interdependiente del vínculo, que es también cambiante, elástico y flexible.

En esta dinámica del vínculo revelamos la dificultad que tienen las empleadoras que se encuentran más tiempo fuera de sus hogares para sostener un criterio de la "eficiencia", por el cual las tareas sean realizadas de la mejor manera y en el menor tiempo posible. En el otro polo se ubican las empleadoras que, pudiendo estar más tiempo en el hogar, encuentran en el hecho de brindar directivas y supervisar las tareas una identificación arraigada en un rol de "ama de casa". Así, se vuelve esencial que las trabajadoras que contratan sepan respetar las indicaciones y observaciones que guardan exactitudes y especificidades. La capacidad de brindar el ejemplo de manera directa le otorga cierto derecho y legitimidad para controlar y hacer respetar su propio estilo o "manera de hacer" que se presenta como la correcta dentro de cada hogar.

Por otra parte, vimos a trabajadoras domésticas que, por su edad, trayectoria laboral y etapa en el ciclo vital prefieren empleadores/as que sean más estrictos/as y jerárquicos/as, pero que sepan hacer el trabajo, ya que esto les permite manejar mejor sus horarios y lograr una mayor autonomía.

Otro aspecto relevante fue la particular tensión entre el conocimiento y la capacidad de mando y obediencia que aparecían con mayores o menores niveles de acuerdo y tensión en función de las posturas y las trayectorias de empleadores/as y trabajadoras. El conocimiento de dichos saberes vuelve legítimo el ejercicio de autoridad por parte de las empleadoras: "quienes mandan deben conocer" es una fórmula que se legitima en las conversaciones con ambas. Por su parte, la obediencia de las trabajadoras ante ciertos saberes estaba asociada al conocimiento de estos. Aunque hay trabajadoras que comparten esta visión acerca de los saberes y su relación con el ejercicio del poder, existen otras que sostienen una mirada más "pragmática" acerca de la relación entre conocimiento y autoridad. En tal sentido, para estas trabajadoras el hecho de conocer los criterios y patrones de domesticidad para ser aplicados en su trabajo constituye la fuente de confianza que requieren para organizar sus itinerarios laborales y sus estrategias de movilidad dentro del servicio doméstico.

Si bien los criterios ligados a la limpieza del hogar aparecen con un mayor predicamento entre las empleadoras de sectores medios respecto a los saberes vinculados con las tareas de cuidado de niños, cuando enfatizaban la distancia cultural con quienes trabajan en sus hogares, del trabajo de campo se desprende que la diferencia –expresada en las mayores quejas de las empleadoras al respecto– era más retórica que real. La "naturalización" cultural de la tarea de cuidados aparece como un primer reaseguro de las empleadoras en relación con ese tipo de trabajo en tanto y en cuanto son mujeres las que los realizan.

Sin embargo, es notorio que también las empleadoras movilizan criterios y exigencias específicas vinculadas con un modelo de crianza que debe respetar un conjunto de procedimientos, técnicas y reglas que se sostienen en categorías morales y valores asociados a la maternidad. En este punto, estar presentes para poder supervisar y controlar ciertos aspectos de las tareas de cuidado que consideran prioritarios, y en los cuales manifiestan desconfianza hacia quienes contratan, es un aspecto fundamental en la organización de sus itinerarios cotidianos (laborales y personales).

No obstante, las tareas vinculadas con el cuidado aparecen como menos proclives a la separación entre dimensiones procedimentales o instrumentales de la tarea y aspectos relacionales o ligados con los sentimientos. De allí que la manera de evaluar y gestionar la tarea de cuidados de niños encuentre mayores dificultades en torno de mantener un criterio homogéneo y estandarizado en todos los casos.

La última parte del libro se concentró en los procesos de finalización de los vínculos laborales entre trabajadoras y empleadoras en casos signados por una importante implicancia afectiva y atendiendo a la diversidad de maneras de negociar en el marco de conflictos donde se entretejen esferas que aparecen teóricamente como antagónicas e irreconciliables.

Durante los momentos de crisis, lo que aparecen son dudas, reflexiones y desencuentros en torno a la confusión de dominios de la vida social y desacoples entre las esferas de la racionalidad y la afectividad.[22] Los aspectos que se ponen en juego en los procesos de finalización de los vínculos exponen los esfuerzos que en algunos casos pueden llevar adelante los sujetos para diferenciar una relación de otra. Iluminar el proceso por el cual un vínculo laboral finaliza nos permite comprender el modo en que la dinámica del conflicto ayuda a separar lo que está fundido. Los reclamos, planteos y disputas son leídos como el cruce de un límite o de una frontera que se había establecido entre las partes, sobre todo, cuando existe un alto grado de implicancia afectiva.

La imposibilidad de hacer explícito un reclamo de índole salarial por parte de una trabajadora doméstica que es considerada "como de la familia"; la dificultad de un empleador de percibir reclamos económicos por parte de una trabajadora doméstica que la considera "como una amiga"; la imposibilidad de una empleadora de "dar" una compensación "moral" a una trabajadora doméstica; las dudas y reflexiones de las trabajadoras domésticas cuando se enfrentan a la posibilidad de realizar un reclamo legal; la incredulidad de empleadores/as cuando se enfrentan con un reclamo laboral o legal constituyen ejemplos que fueron expuestos y que permiten revelar la dificultad que reviste constituir un límite y separar universos sociales y esferas de la vida social cuando aparecen claramente entretejidas.

Si las cercanías y proximidades entre ambas partes constituyen elementos que configuran la relación, el hecho de que la relación laboral y el conflicto se desarrollen en el espacio del hogar aumenta el carácter personalizado de la disputa.[23]

---

[22] Como bien lo demuestra Zelizer, es el temor a la confusión de una esfera por otra aquello que lleva a los seres humanos a realizar un "trabajo relacional" que les permite trazar las diferencias entre las fronteras y definir las formas, los objetos y los escenarios que se corresponden con uno u otro tipo de lazo. En tal sentido, los actores hacen esfuerzos por distinguir "lo que la relación es de lo que no es" (2009:57).

[23] En el espacio del hogar "Solo tenemos personas, y los papeles se ven como complementarios: viejo/joven; hombre/mujer; padres/hijos; padre/madre; marido/mujer; familia/empleada doméstica; sala/cuarto, etc. En consecuencia, en la familia y en la casa se elimina el individualismo y cualquier comportamiento individualizante se percibe como una amenaza a la vida del grupo" (Da Matta, 1997: 245).

Las controversias presentes en los procesos de finalización de los vínculos laborales expresan los límites a los que llegan relaciones que, en general, se manejan por los carriles individuales. De allí que busquen resolverse por las mismas sendas en las que fueron organizadas: redes personales de contacto, la personalización de las discusiones, la individualización de los problemas, la moralización de una disputa legal, entre otras. Surge de todo ello que las disputas presentes en los momentos de ruptura sean interpretadas en términos morales y personales.

Las demandas judiciales de las trabajadoras domésticas ante el Tribunal del Trabajo Doméstico pasan de situar a las demandantes en un rol cotidiano y particular, esto es, singularizado —con nombre y apellido, con una historia, una familia, una relación social con sus empleadores/as y sus familias—, a un papel universalizante, en este caso, el de trabajadora y ciudadana que reclama por sus derechos. Estos momentos, sobre todo en los casos que se coronan con un reclamo legal concreto, son vistos por sus empleadores/as como un "desencantamiento". Los/as empleadores/as admiten a partir de una acusación moral que las trabajadoras domésticas optaron por resolver un conflicto personal mediante herramientas lógicas y racionales. En tal sentido, este conflicto supone la superposición de dominios, en cuanto que la demanda legal, universal e individualista irrumpe en un espacio que hasta ese momento había estado signado por relaciones morales, personales, relacionales.

En el Tribunal de Trabajo Doméstico, las respuestas de las demandas judiciales se revelan como narrativas morales que son utilizadas por los abogados defensores de empleadores/as para desprestigiar el reclamo ciudadano de las trabajadoras domésticas. Mientras que las trabajadoras reclaman el pago de sus haberes adeudados, costos médicos, licencias por enfermedad e indemnizaciones por haber sido despedidas de manera injusta, las contestaciones de empleadores/as (cuando se trata de relaciones extensas en el tiempo y de una importante afectividad en juego) se dirigen a impugnar sus cualidades morales (exponiéndolas como malas madres, señalando ciertas incompetencias técnicas, cierta ingenuidad y hasta acusándolas de ladronas y de maltratar a niños o ancianos). La moralidad también se superpone con las racionalidades y lógicas que movilizan las trabajadoras domésticas cuando se produce un conflicto o la posibilidad de una ruptura.

Finalmente, como al comienzo del libro, volvimos al caso de Natividad, que evidencia la complejidad que supone para una trabajadora iniciar un reclamo laboral. En la lógica en donde se inscribe la relación con sus empleadores/as es clave la red de relaciones de la que participan sus familiares y opera como uno de los motivos que la inhibe de finalmente realizar el reclamo. De ello emerge que la evaluación que realiza no es solo moral o afectiva, sino también económica y racional, ya que es una condición *sine qua non* para recurrir a una instancia judicial contar con otro trabajo para tener la estructura para soportar el tiempo que lleva la resolución de una demanda judicial. En este sentido, pensar que las trabajadoras domésticas no utilizan más seguido las herramientas jurídicas a disposición por desconocimiento o falta de interés en regularizar su situación es producto de una mirada etnocéntrica que desatiende las condiciones en las cuales las trabajadoras domésticas negocian las relaciones laborales y que desconoce el universo de oportunidades laborales en el que se inscriben sus trayectorias.

El formato y la dinámica que adoptan las relaciones sociales analizadas pueden ser pensados en otros ámbitos y vínculos sociales. Tanto la relación de un psicoanalista con su paciente, la de un abogado con su cliente, la de una prostituta con quien utiliza sus "servicios", así como la del becario con su director de tesis, entre otros múltiples casos, constituyen ejemplos en donde el entrecruzamiento de dominios de la vida social aparecen constantemente y tornan fértil la posibilidad de realizar una comparación con otro tipo de relaciones y espacios geográficos. Por ello, el entrecruzamiento de dimensiones aparentemente irreconciliables e incompatibles, lejos de constituirse en una dificultad, ha sido un elemento central para reflexionar en torno a la particular dinámica que adquiere dicha relación social.

La historia epistemológica de Occidente es en parte la historia de la esferización del mundo, de la separación de universos que en el dominio de la vida social aparecen unidos. Mantener las esferas separadas, tanto en Argentina como en el resto de América Latina, obedece más a un esfuerzo teórico y analítico de los investigadores que a una cuestión concreta presente en las relaciones cotidianas de empleadores/as y trabajadoras del hogar. No hay una esfera económica sin tradiciones laborales, así como no hay una esfera privada sin lógicas utilitarias o racionalidades económicas.

Lo interesantes es que la imbricación e hibridación constitutiva de las relaciones sociales retratadas en este libro guarda una especificidad que no puede eludir una consideración histórica y cultural. En tal sentido, este trabajo se propone como un punto de partida para estudios que busquen profundizar en los procesos de superposición y solapamiento de dimensiones afectivas, mercantiles, emocionales, racionales, legales, reconociendo las configuraciones culturales e históricas en las que se inscriben. La necesidad de comprender junto lo que algunos estudios plantean de manera separada se inscribe en un movimiento que plantea repensar la perspectiva clásica y norteurocéntrica de las ciencias sociales.

Por último, la relación entre empleadores/as y trabajadoras nos permite reflexionar sobre aspectos más amplios desde donde pensar la reconfiguración relacional de vínculos en los que se ponen en juego la desigualdad, la intimidad y el trabajo remunerado. Este aspecto ilumina un proceso más amplio que en el futuro nos permitirá trabajar comparativamente no solo la relación entre sectores sociales diferenciados en un espacio determinado, sino también la misma relación entre regiones y zonas geográficas diferentes.

A continuación, analizamos el impacto y las implicancias de la nueva ley para trabajadoras de casas particulares, indagando en los alcances y las repercusiones que tuvo en las relaciones cotidianas. En el cierre, exhibimos algunas aristas de un caso conflictivo y paradigmático como el del exministro de Trabajo de la Nación y su trabajadora doméstica, en donde se podrán ver reflejadas varias de las dimensiones desarrolladas en el libro.

¿Amigas o patronas? ¿Trabajadoras o "como de la familia"? Algunas consideraciones sobre el Régimen Especial de Contrato de Trabajo para el Personal de Casas Particulares

El trabajo de campo para la tesis doctoral que antecede a este libro se realizó entre 2006 y 2011, y el 13 de marzo de 2013 se sancionó la ley N° 26.844, el Régimen Especial de Contrato de Trabajo para el Personal de Casas Particulares. Lo que sigue es una mirada de las consecuencias, implicancias y repercusiones que tuvo la reglamentación en las relaciones entre trabajadoras y empleadores/as hasta nuestros días.

La integración de un mayor número de trabajadoras en un sistema contributivo de protecciones sociales, a través de la reforma de la normativa y de un programa de "formalización", tiene sin dudas un impacto significativo.[24] Por un lado, supone un mejoramiento de las condiciones de vida de una de las categorías

---

[24] Desde la sanción de dicha legislación en marzo de 2013 se ha elevado el número de regularizaciones del 3% en 2003 al 25% en 2017 (Pereyra, 2017).

más desfavorecidas; también en relación con la extensión de las posibilidades de acceso a los derechos sociales; y en términos de la instalación del tema en la escena pública. De este modo, el Estado argentino equipara los derechos y obligaciones de las trabajadoras del hogar con el resto de los asalariados, y promociona así un cambio radical en el estatus legal de este colectivo, que pasan de ser "sirvientas a trabajadoras" (Jaramillo Fonnegra, 2013).

La política de regularización del sector se propuso explícitamente saldar una "deuda social" referida al "atraso notable en la regulación normativa de este sector laboral" buscando "modernizar el sistema de relaciones laborales". El proyecto, que consta de cincuenta y siete artículos, se propone sustituir el Decreto Ley N°326 dictado en el gobierno de facto de 1956, por tratarse de una herramienta "anacrónica y ajena al contexto jurídico vigente". La búsqueda de una mayor regulación de horarios y la determinación de las tareas dentro del sector se inscribe en el horizonte por lograr una mayor racionalización de los vínculos entre trabajadoras y empleadores/as. A diferencia de la reglamentación previa que existía para el sector –un decreto del año 1956 que establecía derechos muy acotados para estas trabajadoras–, desde esta nueva legislación se busca equiparar las condiciones de trabajo del sector con las del resto de los asalariados amparados bajo la Ley de Contrato de Trabajo (LCT).

Desde su sanción, diversas e interesantes investigaciones (Canevaro, 2018; Pereyra y Poblete, 2015; Tizziani, 2013) han indagado en el impacto que tiene la regularización a partir de los siguientes interrogantes: ¿Cómo son afectadas las prácticas cotidianas por la nueva legislación laboral? ¿Cómo operan en las actuales circunstancias las políticas que buscan "sacar" a las trabajadoras domésticas de las relaciones "tradicionales"? ¿Cómo conciben las trabajadoras y los/as empleadores/as las ventajas que conlleva esta nueva forma de relación? ¿Cómo se podrían articular "viejas" y "nuevas" prácticas? ¿Qué hacer cuando aquellas prácticas que son cuestionadas desde "afuera" constituyen la fuente más importante para la continuidad de estas mujeres en el servicio doméstico? ¿Cómo son procesadas las negociaciones en un contexto como el hogar de los sectores medios?

De estas indagaciones, emergen algunas consideraciones sobre las que es necesario seguir ahondando, como las siguientes:

1) A pesar de los enormes avances que plantea la ley, del trabajo de campo de años recientes surge que el terreno sobre el que busca influir guarda una singularidad que no es posible encontrar en otros espacios laborales. En el hogar, las relaciones de proximidad, afecto e intimidad se entrecruzan con las ló-

gicas legales y regulaciones laborales. El solapamiento de lo laboral y lo afectivo, así como del lenguaje de los derechos y de la moral, fue visible en las estrategias, evaluaciones y negociaciones desplegadas por empleadores/as y trabajadoras domésticas cuando aparece la posibilidad de regularización del sector. Tomar en consideración el punto de vista de los agentes sociales supuso relativizar el hecho de que el uso de los instrumentos jurídicos se tradujera indefectiblemente en mejoras en las condiciones laborales de las trabajadoras domésticas.

En el mismo sentido, la efectiva regularización del trabajo en casas particulares no conlleva un mejoramiento automático y unilineal en las condiciones laborales de las trabajadoras domésticas. Este enorme avance no debe alejarnos la posibilidad de comprender cómo funcionan, en las actuales circunstancias, las políticas que, buscando la formalización y racionalización de los vínculos laborales, se postulan como aquellas que tenderían a alejar a las trabajadoras domésticas de las relaciones personales para supuestamente colocarlas dentro de un mundo profesional "moderno", contractual e igualitario.

2) Luego de la sanción de la nueva ley descubrimos que es muy difundida entre los/as empleadores/as la actitud de definir las relaciones contractuales como las más justas para establecer con sus trabajadoras domésticas. Con buenas intenciones, consideran que, como cumplen debidamente con la legislación regulatoria (aunque en el caso del empleo doméstico sea muy precaria), están haciendo su parte para construir una sociedad mejor y más "moderna". En cierta medida, el código contractualista exime a los patrones de un compromiso con las diferencias sociales, porque este retira la desigualdad y la justicia del campo de la moral (Brites, 2001). La igualdad pasa a ser determinada por un contrato. En esta lógica, para resolver la tensión que provoca la desigualdad, algunos empleadores/as cumplen debidamente con lo contractual, desentendiéndose del problema moral. Al regularizar a las trabajadoras domésticas, se sienten más modernos, al mismo tiempo que sienten que contribuyen a una sociedad menos desigual.

En el mismo sentido, encontramos que numerosos empleadores/as desarrollan acciones "contra" la desigualdad. Cuando le pagan a la trabajadora el tratamiento con el odontólogo, o le adelantan o prestan dinero, consiguen un turno con un médico conocido en un hospital público, le regalan ropa, comida, artefactos electrónicos, pareciera que están reconociendo que no basta con transferir sus responsabilidades como empleadores/as a través del pago de impuestos. Con tales comportamientos, no dejan de reconocer que, en el contexto de la sociedad porteña, las trabajadoras domésticas no tienen otras maneras para ser amparadas que mediante estas acciones que las resguardan.

Al mismo tiempo, hay empleadores/as que se esfuerzan por salirse de un discurso en el que se pueda leer una relación asimétrica o jerárquica, por lo que buscan darle una mayor legitimidad a la perspectiva igualitaria de ciudadanía. La expectativa de estos empleadores/as es buscar más que una "amiga" o una "compañera", a una profesional que cumpla con sus tareas y funciones remuneradas, como la ley lo establece. Desde esta lógica, no se comprometen con los derechos simbólicos que implica la relación, a la vez que podemos vislumbrar ciertos límites en el reconocimiento de determinados derechos que ubicarían a las trabajadoras en igualdad de condiciones con sus patrones. Como bien lo destaca Brites, "una ciudadana en el cumplimiento de la legislación, pero con un *status* diferenciado" (2001:189).

Todo lo anterior no puede leerse como una visión estratégica y pragmática de los/as empleadores/as que únicamente buscarían explotar o empeorar las condiciones laborales de quienes trabajan en sus hogares. En este punto, nos parece importante ampliar la mirada maniquea que intenta construir dos miradas sobre una legislación que busca aplicarse en un espacio tan complejo como el doméstico.

3) Hasta la sanción de la nueva ley para el sector, hemos mostrado a lo largo de las investigaciones que en algunos casos, y de acuerdo con las trayectorias y posibilidades que estén a su alcance, las trabajadoras domésticas valorizan mucho más establecer un vínculo de proximidad y conocimiento mutuo con sus empleadores/as (y los beneficios que ello trae aparejado) antes que contar con una jubilación o con una obra social.[25]

No es el objetivo plantear una mirada romántica de ciertas formas de "clientelismo" que se dan en esta relación laboral –puesto que, como hemos visto, el relacionamiento más personalizado viene acompañado de exigencias absurdas y prerrogativas patronales exageradas– y, en muchos casos, existen innumerables y constantes abusos de la "tradicional" relación paternalista por parte de los/as empleadores/as.

Sin embargo, a pesar de la sanción de la ley, las trabajadoras siguen prefiriendo este tipo de vínculo porque obtienen un conjunto de ayudas, compensaciones y favores que resultan inexistentes en las opciones del mercado laboral don-

---

[25] Hasta en una de las charlas con dos líderes del Sindicato de Trabajadoras Domésticas pude reconocer la importancia que otorgaban a las relaciones de amistad que habían construido con sus empleadores. De allí que reconocían recomendar a sus afiliadas que siempre busquen el "arreglo más humano" antes de llegar al enfrentamiento judicial.

de logran insertarse. Sin embargo, y aunque hay una continuidad, también hay algunos cambios que es necesario marcar. Al mismo tiempo que las trabajadoras domésticas encuentran en acuerdos informales condiciones más beneficiosas para sus vidas y trayectorias que en otros empleos o leyes laborales, también para los/as empleadores/as este tipo de relaciones constituyen uno de los principales reaseguros para conseguir acuerdos a la medida de sus necesidades y obtener mayores beneficios de quienes contratan.

Por diversos motivos, las trabajadoras se muestran desconfiadas respecto a los beneficios que puede otorgar el régimen contractual, aunque buscan combinar los derechos que otorga la nueva regulación y otras posibilidades de negociación de las condiciones laborales. Lo ideal para ellas es encontrar "híbridos" que puedan combinar el acceso a derechos laborales con los favores y compensaciones que no están escritos en los acuerdos con quienes las emplean. El contrato "ideal" es aquel en el cual, respetando los derechos como trabajadoras, puedan ser reconocidas como seres humanos. De esta manera, buscan empleadoras que les garanticen ciertas ayudas y permisos que, aunque no consten en el contrato, se vuelven esenciales en su vida cotidiana. A la vez, numerosas trabajadoras mencionaron que reclamar por sus derechos laborales les había traído problemas en las relaciones cotidianas y a las posibilidades de acceder a derechos que no están escritos. Reclamar por sus derechos laborales les hace perder la legitimidad para acceder a otro tipo de compensaciones.

Finalmente, todas estas cuestiones nos llevan a la discusión en torno a términos tan caros a la vida política como el "clientelismo" y la "ciudadanía", la "modernidad" y la "tradición". En estos últimos ejemplos y reflexiones, hemos exhibido cómo, dependiendo del modo en que son utilizados, estos términos pueden presentar las dos caras de la misma moneda. De esta manera, que se asuma una perspectiva lamentando la continuidad de una política "clientelista tradicional", o que se propugne por visiones más optimistas en donde las fuerzas de la modernización vendrían a integrar a todos/as en un modelo globalizado de ciudadanía, en todos los casos, los grupos subalternos aparecerán colocados como el problema principal –sea por retrógrados o por alienados– siendo sus actitudes y comportamientos los que deben modificarse o tender a "evolucionar". Esperamos que este libro haya sido servido también para cuestionar esta mirada muchas veces hegemónica en diversos ámbitos.

El caso Triaca/Sandrita: lealtad y desencanto[26]

Jorge Triaca contrata en 2012 a una trabajadora doméstica para que viva y trabaje en su quinta de Boulogne. En 2017 la nombra delegada interventora de la seccional San Fernando en el Sindicato de Obreros Marítimos Unidos (SOMU), sobre la base de la confianza que le tenía por su trabajo en la quinta familiar y luego de un pedido de aumento de sueldo. Durante los primeros tres años, no regulariza su situación laboral, medida que toma unos días antes de las elecciones en las que triunfa la alianza Cambiemos y que, finalmente, lo convierte en ministro de Trabajo.

El martes 16 de enero de 2018 se filtra en la prensa un audio de Whatsapp del entonces ministro de Trabajo, Empleo y Seguridad Social de Argentina, en donde agrede verbalmente a la trabajadora doméstica por tardar en abrirle el portón de su quinta. En el audio expresa la siguiente frase: "¡Sandra no vengas, ¿eh?! No vengas porque te voy a mandar a la concha de tu madre. ¡Sos una pelotuda!".

Además de las declaraciones del ministro, la cobertura de los medios de comunicación que siguió a la revelación de este mensaje incluyó, entre otras cosas, la siguiente declaración de Sandra Heredia, que expresa una sensación de indignación e incredulidad: "Realmente me sentí mal porque nunca hubiera esperado eso de él. Siempre he sido una persona leal, respetuosa y reservada [...] Me envió un mensaje de audio insultante que no creo que merezca... Nunca antes me había enviado un mensaje de audio, fue el primero que recibí de él y realmente me dolió" (*Redacción* 2018a). El final del *affaire* incluyó una demanda de Heredia a la familia Triaca por 3,7 millones de pesos y finalmente fue compensada en el concepto de indemnización por despido por 340.000 pesos (*Redacción* 2018d; *Redacción* 2018e).

En las características del conflicto, en el tipo de ruptura y en el tipo de sentimientos que emergen se puede encontrar el modo en que esta relación se fue tejiendo, además de representaciones y actitudes que se replican en las relaciones entre trabajadoras y empleadores/as luego de haberse sancionado la actual ley para trabajadores de casas particulares.

---

[26] Una versión reducida de este texto está desarrollada en el siguiente artículo de la revista *Anfibia* (Canevaro, 2018).

Indignación

Sandra Heredia comenzó una peregrinación por los medios de comunicación luego de que había manifestado que se sintió indignada y desconcertada ante la situación que le estaban haciendo pasar sus empleadores/as. Para contraponer ese ataque, enumeraba ayudas y favores que había recibido de la familia del ministro. Hablar de la familia del ministro, contar que era la encargada de hacer los asados y de manejar la agenda del ministro, entre otras tareas, buscaban demostrar la confianza y el afecto recíproco.

De este caso surge que las relaciones laborales dentro del hogar guardan formas de modulación específicas que se realizan en y a través de los propios códigos y valores que predominan en ese espacio. La confianza, la lealtad, la ayuda, el "aguante", la gratitud, el respeto, entre otros valores, son igual de valederos que otro tipo de regulación o normativa que pueda exigir una ley y operan en la negociación y en la evaluación que realizan empleadores/as y trabajadoras domésticas a la hora de analizar la posibilidad de utilizar las herramientas legales. Podemos decir que es la propia confianza y la lealtad de Sandra lo que le permite ascender socialmente cuando se la nombra interventora en el SOMU. Allí vemos superpuestas razones formales y lógicas relacionales.

En una de las pocas entrevistas que dio el ministro para explicar una situación que había tenido consecuencias negativas para el gobierno, dijo que en las reuniones que él tenía con el equipo de intervención del SOMU en su quinta de Boulogne y donde Sandra era quien realizaba los asados, ellos la habían conocido y habían quedado encantados. Y como necesitaban un delegado en San Fernando, se le ofreció la delegación por "ser parte" de su equipo de "confianza y lealtad". Sin embargo, el entonces ministro reconoce que, aunque formaba parte de su equipo, "en este caso no fue así". Allí es donde aparece el elemento disruptivo, aquel componente que permitió que no confiara más en ella y que lo llevó a despedirla. En síntesis: la confianza que supo ganarse durante más de cinco años de trabajo como trabajadora doméstica es coronada con un cargo en un gremio que está siendo intervenido como una forma de reponer la imposibilidad de aumentarle el sueldo. Sandra no tiene aptitudes ni conocimientos particulares para el cargo, pero, según justifican tanto el ministro como el jefe de Gabinete, es la propia necesidad de poner gente de confianza lo que los lleva a tomar la decisión de nombrar a Sandra.[27]

---

[27] Luego se supo que fueron más de 170 las personas que fueron nombradas sin aptitudes probadas para ingresar en la intervención del SOMU. Incluso fue la propia Sandra Heredia quien acusó al ministro de que también dentro del sindicato habían nombrado al hijo del jardinero de la familia Triaca.

Si te quiero, te puteo

Uno de los aspectos que más trascendió del caso en los medios de comunicación es la puteada del exministro de Trabajo. Es evidente que es agresiva, violenta y misógina. Sin embargo, siguiendo el espíritu de este libro nos interesa menos analizar la agresividad del epíteto que el marco en el que se inscribe.

Como hemos visto, en los vínculos de larga duración y donde mayor cercanía y grado de afectividad se da entre las partes, la finalización de la relación laboral suele acontecer de una manera más disruptiva y conflictiva que en aquellos en donde los vínculos han sido cortos y no ha habido una implicancia afectiva importante. Allí donde el conocimiento de las partes es más profundo, donde las intimidades y afectividades se cruzan y donde se generan relaciones de reciprocidad de mayor intensidad resulta más difícil detener la escalada de un conflicto cuando alguna de las partes se siente indignada u ofendida. Y ello ocurre, en general, cuando a este tipo de relaciones se le agrega el hecho de que una de las partes decide recurrir a alguna mediación institucional (como puede ser un Tribunal de Trabajo, un medio de comunicación o algún otro organismo estatal).

Llevar el conflicto privado al plano de lo público, aislándolo del resorte y de las formas de resolución personales o privadas, significa cruzar un límite de difícil retorno. Es lo que hizo Sandra Heredia cuando vio que la echaron sin explicación de los dos trabajos que tenía.

Quienes investigamos las relaciones que se construyen entre trabajadoras domésticas y empleadores/as encontramos que lo que se pone en juego no es solo una demanda contractual, laboral y legal concreta, sino que entran a jugar y se superponen dimensiones de lo íntimo, emocional, moral y afectivo que dan otra tonalidad al conflicto y transforman muchas veces el proceso de resolución de una ruptura laboral en un espiral imparable. De allí que uno pueda leer en el modo que adquiere el proceso de finalización del vínculo laboral entre Sandra Heredia y el ministro el origen de la historia de su particular vínculo.

Sandra se ganó la confianza del ministro y su familia para mantener la quinta, organizar la agenda de reuniones y mantener el mayor grado de discreción respecto a la información que manejaba. Como premio, fue nombrada en uno de los cargos más altos dentro de un gremio intervenido por el gobierno del cual el ministro formaba parte.

En tal sentido, la puteada de Triaca, además de violencia explícita, refleja confianza, proximidad, conocimiento. A nadie a quien no se le tiene cierta confianza se la llama "pelotuda". En los videos que publicó *La Nación*, el ministro eligió estar con Sandra Heredia, a quien nombra como "Sandrín", y dice que es quien se ocupa y hace los mejores asados para las reuniones y encuentros sociales en la quinta donde vive. En el video se los nota haciendo chistes y es el ministro quien afirma que es una persona de extrema confianza para él. Esa familiaridad y cercanía después se verá reflejada en la escalada de conflicto en la relación. También se percibe que aquella cercanía y confianza que le había servido al ministro para hacer ingresar a alguien en un ámbito desconocido opera desde una misma frecuencia: es esa lógica privada y de confianza la que expone la trabajadora cuando se siente desvalorizada en su trabajo. Cuenta intimidades del sindicato, de lo que le pedían, de cuánto ganaba y el horario que tenía (que además era indefectiblemente discordante con su relación de dependencia como trabajadora doméstica). Pero hay una situación que activa que Sandra salga en los medios: tal como ella misma lo manifestó, sabía que denunciar al ministro iba a traerle como represalia no poder conseguir más trabajo.

En una de las entrevistas, cuenta que al día siguiente de que la despiden, va a buscar sus cosas y encuentra que la puerta de la quinta donde vivía había sido destrozada. Además, dos de los custodios del ministro la esperan en la puerta para que retire sus pertenencias. Ella muestra todo con fotografías mientras relata el episodio en el canal América TV el 19 de enero. Luego de narrar su situación y de exigir que se le paguen los años de aportes adeudados por parte de la familia, los periodistas le informan que esa misma mañana habían salido miembros de la familia Triaca a decir que ella había robado y que tenía problemas mentales. Ante esta acusación, Sandra mira al periodista, sonríe y cuenta que también le forzaron la puerta y se la rompieron para buscar supuestos objetos robados. Lo cuenta llorando. Para poder seguir con el relato sin quebrarse, dice que ella escuchó muchas cosas y que también escuchó que estaba en blanco desde el principio, pero que ahora su abogado iba a mostrarles que no era cierta la fecha de su regularización. Después de volver a negar las acusaciones, elige brindar detallada información que demuestra la confianza, la complicidad y el vínculo afectivo entre ambos. Luego se frena y dice que ella cobraba en blanco como trabajadora doméstica, y en negro "el tema de manejar la agenda de Jorge". En ese momento, lo llama por su nombre, no por su cargo.

Cuando se generan escaladas en los conflictos laborales donde hay una alta dosis de confianza e intimidad, en general, a las demandas con pruebas concretas y contundentes se responde con acusaciones morales. Junto a la historiadora Inés Perez (2016) escribimos un artículo que comparaba las narrativas morales que aparecían en los juicios laborales entre trabajadoras domésticas y empleadores/as en el Tribunal del Servicio Doméstico de la Ciudad de Buenos Aires a lo largo de sesenta años. Lo que encontramos es que lo que cambia en los últimos veinticinco años es que las demandas de las trabajadoras domésticas se ciñen a la dimensión contractual y legal del vínculo, sin ingresar en el terreno de las acusaciones morales o personales de los/as empleadores/as como en otros períodos. Sin embargo, lo que persiste en el análisis de las fuentes judiciales es la manera en la que empleadores/as responden ante las demandas judiciales cuando se trata de vínculos de larga duración y confianza. La recurrencia a la apelación de diversos discursos acusatorios y narrativas morales para deslegitimar el reclamo y construir una imagen negativa, estereotipada y peligrosa de la trabajadora es una constante. También mostramos cómo la acusación de "ladrona" era un eje invariable en los últimos veinte años en las referencias que empleadores/as utilizaban para "manchar" las demandas judiciales. La respuesta de Triaca y de la familia de cuestionar la idoneidad moral y mental de la trabajadora marca una línea de continuidad con estas formas de reaccionar que exhibimos en el libro, que buscan la deslegitimación y la desacreditación de la demandante para eludir el meollo del reclamo: que le paguen los haberes adeudados por haber estado durante años en situación irregular.

Avivadas, merecedoras y desclasados

Finalmente, el caso del exministro Triaca con Sandra Heredia nos permite ahondar en las cercanías físicas y proximidades afectivas que se construyen entre trabajadoras domésticas y empleadores/as, así como en los límites y barreras infranqueables que obedecen a clivajes de clase bien marcados. Lo disruptivo, el desfasaje que activa el conflicto, ocurre cuando la lógica de construcción de un vínculo que se había cimentado desde las relaciones laborales y de proximidad afectiva y confianza del ámbito privado se desplaza hacia uno público como el del sindicato, en donde predominan otras racionalidades, valoraciones y expectativas.

Las implicancias y reacciones que generó el caso público que analizamos tienen su correlato en los resultados que estamos encontrando en una investigación sobre la percepción de los sectores empleadores en relación con los avances en el marco regulatorio del trabajo doméstico remunerado. En un relevamiento de las opiniones de empleadores/as en foros de internet de los dos principales diarios de la Argentina, junto a la colega Francisca Pereyra hemos encontrado que se presenta a las trabajadoras domésticas como personas con intereses meramente instrumentales, al mismo tiempo que se las presenta como personas "pobres" y se las cuestiona moralmente.

Al igual que Triaca, los foristas afirman que quisieron ayudar a quienes trabajaban en sus hogares, pero ellas optaron por la vía judicial. Cuando el exministro afirma que la quiso "ayudar" otorgándole trabajo en el sindicato, aunque luego irrumpe en su casa en búsqueda de objetos robados, busca posicionar a Sandra en un lugar de sujeto en el que se había confiado, pero que se había vuelto peligroso y necesitado. Al mismo tiempo, se intenta construir un relato en el que, en un primer momento, Sandra habría accedido a una serie de beneficios y favores por parte de la parte patronal por sus virtudes y la confianza lograda, algo que no habría sido recíproco por parte de la trabajadora.

En esta construcción de quien reclama como alguien que moviliza un interés espurio, se puede percibir solapada una teoría del merecimiento, en donde se vislumbra una clara diferenciación entre quienes "merecen" las consecuencias de las políticas de ampliación de derechos y quiénes no.

En el mismo sentido, los foristas asocian la política del sector con planes sociales a los que accederían estas mujeres por "no hacer nada". Además de que se mezclan beneficios con derechos laborales, la imagen que se busca consolidar es la de un colectivo de trabajadoras domésticas que están acostumbradas a depender de sus patrones, cuando no de la ayuda estatal vía subsidios y políticas sociales. En síntesis, no quieren "blanquearse" porque prefieren "vivir de los planes sociales". Generalmente, aunque no siempre, agregan comentarios discriminatorios, como "es su mentalidad, prefieren atenderse en el hospital, antes que tener una obra social", "prefieren cobrar los planes y descansar", etc. Más allá de que ciertos estudios señalan que la renuncia al blanqueo aparece en el discurso de las propias trabajadoras,[28] los/as empleadores/as son quienes en es-

---

[28] Además del componente discriminatorio, hay elementos que requieren atención. Pereyra (2012, 2013a y 2013b); Esquivel y Pereyra (2014) notan que muchas de estas trabajadoras no están informadas y presentan muchos temores respecto a la compatibilidad del trabajo doméstico remunerado y diferentes planes y programas sociales que perciben. Hay un cálculo "racional" respecto al costo del "blanqueo" en caso de incompatibilidad con planes y programas. Muchos foristas dicen que las trabajadoras no quieren ser blanqueadas y aquí hay un problema real más allá de las imágenes discriminatorias. Si lo que "juntan" en una o más casas es superior al Salario Mínimo Vital y Móvil (SMVM) (y no al salario mínimo del sector) pierden la mayoría de los planes sociales que no sean la Asignación Universal por Hjo (AUH). Entonces, hay un desincentivo al blanqueo por ese lado. De todas maneras, estos temores que genera el blanqueo son reinterpretados, al menos por estos foristas, en clave discriminatoria (como actitudes y comportamientos marginales frente al trabajo de estas trabajadoras domésticas).

ta acusación desplazan sobre sus trabajadoras una responsabilidad que les atañe como tales.

Asimismo, es usual que se busque asociar a quienes reclaman con un grupo corporativo que hace un uso faccioso de los beneficios estatales y que, por tanto, no buscarían mejorar sus condiciones de vida mediante los medios "legítimos" de los sectores medios (como el "trabajo duro", el "esfuerzo" y la "virtud") para lograr el ascenso social. Esta mirada liberal y meritocrática, que aísla a los grupos sociales de condiciones materiales y los contextos socioculturales, no es solo un discurso estratégico y performativo, sino que se inscribe en la legitimación del modelo neoliberal.

Finalmente, los sectores empleadores consideran que la política de regularización del sector ataca distintos componentes de su identidad. Victimizarse como aquellos que pagan los impuestos para no recibir nada a cambio tiene un correlato en el reconocimiento de un brazo ejecutor: el partido peronista. Inscripto en una mirada de largo plazo, los/as empleadores/as/as realizan una asociación entre la política de ampliación de derechos y la propia pérdida de derechos como miembros de la clase media. Una representación extendida de la clase media que es atacada en sus derechos de consumo, en sus beneficios y en sus ganancias por una política populista que busca "favores por votos". Nuevamente, la política de mejoramiento de las condiciones de vida de las trabajadoras domésticas aparece teñida de sospechas en torno al sentido y a la implicancia de la medida.

La política de ampliación de derechos en este relato se inscribe en una prédica peronista de larga data en la política argentina, en donde el peronismo fue astuto y utilizó a los sectores populares buscando la acumulación de poder (Adamovsky, 2018; Grimson, 2019). Esa ecuación en la que el partido peronista vendría a aprovecharse de los "pobres" para lograr más poder tiene como consecuencia el avasallamiento de los derechos de los sectores empleadores, que no solo no son beneficiados, sino que son atacados por una política que embiste contra sus privilegios.

Bibliografía

Aboy, R. (2010). Ciudad, espacio doméstico y prácticas de habitar en Buenos Aires en la década de 1950. *Nuevo Mundo Mundos Nuevos*. Recuperado de: http://journals.openedition.org/nuevomundo/59215;DOI:10.4000/nuevomundo.59215

Abreu Filho, O. (1982) Parentesco e identidade social. *Anuário Antropológico*, 80. pp. 95-118.

Adamovsky, E. (2009). *Historia de la clase media argentina. Apogeo y decadencia de una ilusión (1919-2003)*. Buenos Aires: Planeta.

—————. (2018) "Un país llamado peronia", *Anfibia*, Buenos Aires.

Anderfurhen, M. (2002), Mobilité professionnelle des domestiques au Brésil (Nordeste): une logique complexe, Femmes en domesticité. Les domestiques du Sud, au Nord et au Sud, *Revue Tiers Monde*, 170, abril-junio, IEDES, París.

Aráoz Alfaro, G. (1929). *El libro de las madres. Manual práctico de higiene del niño, con indicaciones sobre el embarazo, parto y tratamiento de accidentes*. Buenos Aires, Cabaut & Cia. (Primera edición: 1899).

Ariza, M. (2008) Migración y mercados de trabajo femeninos en el contexto de la globalización: trabajadoras latinas en el servicio doméstico en Madrid y Nueva York, presentada en el III Congreso de la Asociación Latinoamericana de Población, Córdoba, Argentina, 24 a 26 de septiembre de 2008.

Armus, D. (2000). El descubrimiento de la enfermedad como problema social, *Nueva Historia Argentina*, Tomo V, Sudamericana, Barcelona.

Aspiazu, E. (2013) Trabajo y cuidado: la promoción de la justicia a través de políticas de conciliación con perspectiva de género, *Trabajo y Sociedad*, N°23, Santiago del Estero, Argentina, pp. 363-371.

Avila, B. (2008) Algumas questões teóricas e políticas sobre emprego doméstico, En B. Avila, milena Prado, Tereza Sousa, Vera Soares Verónica Ferreira, *Reflexões feministas sobre informalidade e trabalho doméstico*, Recife, Sos Corpo, pp. 63-71.

Badget, M. V. Lee y Folbre, N. (1999). Assingning Care: gender norms and economic outcomes, *International Labour Review*, Vol. 138, núme. 3, pág. 311-326.

BAIOCCHI, M.L. (2017). "Si ellos hubiesen valorado lo que yo hice por la madre no les hacía esto": Sobre los modos de vinculación laboral de las trabajadoras de casas particulares a partir de la implementación de la ley 26.844, Reunión de Antropología del Mercosur, diciembre de 2017, Porto Alegre, Brasil.

BARRANCOS D. (2007) *Mujeres en la Sociedad Argentina, una historia de cinco siglos.* Buenos Aires: Editorial Sudamericana.

BARBOSA FRAGA, A. (2010). *De empregada a diarista. As novas configuracoes do trabalho doméstico remunerado* (tesis de maestrado inédita), Centro de Filosofía e Ciencas Humanas, Universidad de Río de Janeiro, BR.

BECCARIA, L. y VINOCUR, P. (1991) *La Pobreza del Ajuste o el Ajuste de la Pobreza.* Buenos Aires: UNICEF Argentina.

BENENCIA, R. y KARASIK, G. (1994) Bolivianos en Buenos Aires: aspectos de su integración laboral y cultural, *Revista de Estudios Migratorios Latinoamericanos*, Vol. 9 (27), 261-300.

BENENCIA, R., & GEYMONAT, M. (2011). Migración transnacional y redes sociales en la creación de territorios productivos en la Argentina. Río Cuarto, Córdoba. *Cuadernos De Desarrollo Rural*, 2(55). Recuperado a partir de https://revistas.javeriana.edu.co/index.php/desarrolloRural/article/view/1240

BERGER, P. (1983) On the Obsolescence of the Concept of Honor. En: Hauerwas, Stanley y MacIntyre, Alasdair (Eds.) *Changing Perspectives in Moral Philosophy*, University of Notre Dame Press, Indiana, 172-181.

BERLIN, L. (2016). *Manual para mujeres de la limpieza. En la profunda noche oscura del alma las licorerías y los bares están cerrados.* Barcelona: Alfaguara.

BOLTANSKI, L. (1993). *El amor y la justicia como competencias.* Barcelona: Amorrortu.

BOLTANSKI, L. 1969. *Prime éducation et morale de classe.* Paris: Éditions Mouton.

BORGEAUD-GARCIAINDÍA, N. y LAUTIER, B. (2014) La personalización de la relación de dominación laboral: las obreras de las maquilas y las empleadas domésticas en América Latina, *Revista Mexicana de Sociología*, 76 (1), enero-marzo-2014, pp. 89-113.

BOURDIEU, P. (1991). *El sentido práctico.* Madrid: Taurus.

———. (1988) *Cosas Dichas*, Buenos Aires: Editorial Gedisa.

———. BOURDIEU, P. y PASSERON, L. (1992 [1971]). *La Reproducción. Elementos para una teoría del sistema de enseñanza.* Barcelona: Laia.

BRITES, J. (2007) Afeto e desigualdade: gênero, geração e classe entre empregadas domésticas e seus empregadores. *Cadernos Pagu* (29), julho-dezembro de 2007:91-109.

———. (2001) *Afeto, Desigualdade e Rebeldia: bastidores do serviço doméstico.* (tese de Doutorado), Programa de Pós-Graduação em Antropologia Social, UFRGS, Porto Alegre, BR.

Buccafusca S. y Serulnicoff M., (2007) Servicio doméstico en Argentina. Condición laboral y feminización migratoria, ponencia presentada en 7° Congreso Nacional de Especialistas de Estudios del Trabajo, Facultad de Ciencias Económicas, Buenos Aires.

Bueno Castellanos, C. (2009). La base económica de las familias trabajadores de la construcción: el caso de la Ciudad de México, En M. Panaia (Ed.). *Construcción, productividad, empleo e integración regional.* Buenos Aires: EUDEBA.

Canevaro, S. (2011) *Cómo de la familia. Entre el afecto, la desigualdad y el mercado: Empleadas y empleadoras del servicio doméstico en la Ciudad de Buenos Aires,* (tesis de doctorado inédita), Facultad de Ciencias Sociales, Universidad de Buenos Aires, AR.

Canevaro, S. (2018). ¿Afectos que jerarquizan y razones que igualan? Repensando el lugar de la afectividad en el servicio doméstico de Buenos Aires, *Maguare*, Vol. 32, N°2, pp.15-49.

Canevaro, S. (2019). Sandrita. El caso Triaca y la lógica Cambiemos, *Revista Anfibia,* Universidad Nacional de San Martín, Recuperado de: http://revistaanfibia.com/ensayo/sandrita-2/.

Canevaro, S. y Pérez, I. (2016) "Entre lo público y lo privado: empleadores y trabajadoras domésticas frente al Tribunal del Trabajo Doméstico de la ciudad de Buenos Aires", *Política y Sociedad.* Madrid, vol. 1.

Cardoso de Oliveira, L. (2004) Honor, dignidad y reciprocidad, *Cuadernos de Antropología Social*, N°20, pp.25-39.

Chaney, E. y Garcia Castro, M. (eds.) (1993). *Muchacha / cachifa / criada / empleada / empregadinha / sirvienta y… más nada: trabajadoras domésticas en América Latina y Caribe.* Venezuela, Ed. EPU.

CEPAL (2004a), *Caminos hacia la equidad de Género en América Latina y el Caribe*, 9a Conferencia Regional sobre la Mujer de América Latina y el Caribe, Santiago de Chile, Cepal.

CEPAL (2009) *Panorama social de América Latina.* Santiago de Chile, CEPAL.

Cerrutti, M. (2009). Diagnóstico de las poblaciones de inmigrantes en Argentina. En *Serie de Documentos de la Dirección Nacional de Población.* Buenos Aires: Ministerio del Interior / Organización Internacional de las Migraciones

Cerrutti, M. y Binstock, G. (2009). *Familias latinoamericanas en transformación. Desafíos y demandas para la acción pública.* Santiago de Chile. CEPAL-UNFPA, Serie Políticas Sociales.

COLANGELO, M. A. (2012). *La crianza en disputa: medicalización del cuidado infantil en la Argentina, entre 1890 y 1930*, tesis doctoral en historia, Facultad de Ciencias Sociales y Museo, Universidad Nacional de La Plata (mimeo).

COLECTIVO IOÉ (2001). Mujer, inmigración y trabajo. Madrid: Ministerio de Trabajo y Asuntos Sociales, Madrid: Instituto de Migraciones.

COLEN, S. (1995) Like a mother to them': Stratified reproduction and West Indian childcare workers and employers in New York: En: F. Ginsburg and R. Rapp (eds.) *Conceiving the New World order: the global politics of reproduction*. Berkeley: University of California Press.

CORTÉS, R. (2003) Mercado de trabajo y género el caso argentino, 1994-2002 en *Mujeres, Pobreza y Mercado de Trabajo*, Proyecto Género, Pobreza y Empleo en América Latina, Chile, OIT.

COSSE, I. (2010) *Pareja, sexualidad y familia en los años sesenta*. Buenos Aires: Siglo XXI.

————. (2006) *Estigmas de nacimiento. Peronismo y orden familiar, 1946-1955,* México: FCE.

————. (2007) "Ilegitimidades de origen y vulnerabilidad en la Argentina de mediados del siglo XX", Nuevo Mundo Mundos Nuevos [En ligne], Débats, mis en ligne le 09 décembre 2007, consulté le 19 décembre 2019. URL : http://journals.openedition.org/nuevomundo/12502 ; DOI : 10.4000/nuevomundo.12502.

COURTIS, C. y PACCECA, M. I. (2006) La operatoria de género en la migración: mujeres migrantes y trabajo doméstico en el AMBA, *Cuartas Jornadas de Antropología Social*, FFYL, UBA, Buenos Aires.

COX, R.; FORDE, K.; GEORGE, R.; HORNE, R. H.; NAGLE, R.; PISANI, E.; RALPH, B.; SMITH, V. (2011) *Dirt: The Filthy Reality of Everyday Life,* England: Wellcome Collection/The Wellcome Trust.

COX, R. (2006). *The Servant Problem: Domestic Employment in a Global Economy*, London, I.B. Tauris & Co. Ltd.

DA MATTA, R. *A Casa & a Rua*. (1977) Espaço, ciudadania, mulher e morte no Brasil. Rocco, Rio de Janeiro.

————. (1997) Carnavales, Malandros y Héroes. México, FCE.

DANDLER, J. y MEDEIROS, C. (1991) Migración temporaria de Cochabamba, Bolivia a la Argentina: patrones e impacto en las áreas de envío". En P. Pessar (ed.). *Fronteras permeables: Migración laboral y movimientos de refugiados en América*. Buenos Aires: Editorial Planeta.

DE LAS CASAS, G. y DE LAS CASAS, M. (2007). *Como conseguir una mucama y no perderla en siete días*. Buenos Aires: Editorial Planeta.

De Certeau, M. (1996). *La invención de lo cotidiano. El arte de hacer* (1°ed). (1979). 1996. México: Universidad Iberoamericana.

———. (1999) De las prácticas cotidianas de oposición, en P. Blanco (ed.) *Modos de hacer: arte crítico, esfera pública y acción directa*, Ed. Universidad de Salamanca.

Donzelot, J. (1990). *La policía de las familias*. España: Editorial Pre- Textos, (primera edición en francés: 1977).

Douglas, M. (1966). *Pureza y Peligro. Un análisis de los conceptos de contaminación y tabú*. Madrid:Siglo XXI.

Dumont, L. (1992) *Homo Hierarchicus. O sistema das castas e suas implicaçoes*, Sao Paulo, Editora da Universidade de Sao Paulo.

Durín, S., De la O. Martínez y Bastos, S. (2014) *Dimensiones del servicio doméstico latinoamericano*, Publicaciones de la casa Chata, CIESAS, Monterrey, MX.

Elias, N. (1982). *Sociología Fundamental*. Barcelona: Gedisa.

Esquivel, V., Faur, E. y Jelin, E. (2012), Hacia la conceptualización del cuidado, En V. Esquivel, E. Faur y E. Jelín *Las lógicas del cuidado infantil. Entre las familias, el estado y el mercado*. Buenos Aires, IDES-UNICEF-UNFPA.

Esquivel, Valeria y Pereyra, Francisca (2014) El servicio doméstico y sus desafíos para la protección social", en C. Danani, y Hintze, S. (Eds.), *Protecciones y Desprotecciones II: Problemas y debates de la Seguridad Social en la Argentina, 2010-2013*. Buenos Aires: Ediciones UNGS.

Esping-Andersen, G. (1990). *The three worlds of Welfare Capitalism*. Princeton University Press, Princeton NJ.

Evans-Pritchard, E. (1977). *Los Nuer*. Barcelona: Anagrama.

Fainsod, J. (2008). *Se nos fue maría y mi vida es un caos*. Buenos Aires: Editorial Sudamericana.

Faur, E. (Ed.) (2017) *Mujeres y varones en la Argentina de hoy. Géneros en movimiento*. Argentina: Siglo XXI y Fundación OSDE.

———. (2014) *El cuidado infantil en el siglo XXI. Mujeres malabaristas en una sociedad desigual*, Buenos Aires: Siglo XXI.

Faur, E. y Pereyra, F. (2018). Gramáticas del cuidado. En La Argentina en el siglo XXI. *Cómo somos, vivimos y convivimos en una sociedad desigual*, J.A. Piovani y Salvia, A., Buenos Aires, Argentina: Siglo XXI Editores.

Feijoó, M. C; Jelin, E. y Wainerman, C. (1983) *Del deber ser y deber hacer de las mujeres. Dos estudios de caso en Argentina*. México, El colegio de México – PISPAL.

Fleischer, S. (2006). *Passando a américa a limpo. O trabalho de housecleaners brasileiras em Boston*, Massachussets, San Pablo, Selo Universidade Editorial.

Fraisse, G. (2009). *Service ou servitude. Essai sour les femmes touts mains*, París, Le Bord de l´éau.

García, M. L. (2006) *Las relaciones interclases: El trabajo y la asistencia en las urbanizaciones privadas*. Tesis para la Maestría en Ciencias Políticas, Universidad Nacional de General San Martin, Instituto de Altos Estudios Sociales (UNSAM-IDAES). Directora: Maristella Svampa, septiembre 2006.

Garcia, M. (2010) Las trabajadoras domésticas en las urbanizaciones privadas, En G. Kessler, G.; Svampa, M. y Gonzalez Bombal, I. *Reconfiguraciones del mundo popular. El conurbano bonaerense en la postconvertibilidad*. Buenos Aires, Universidad Nacional de General Sarmiento.

Garguin, E. 2009. 'Los argentinos descendemos de los barcos'. Articulación racial de la identidad de clase media en Argentina (1920-1960). En: S.E. Visacovsky y Garguin, E. (eds) *Moralidades, economías e identidades de clase media. Estudios históricos y etnográficos*. Buenos Aires: Antropofagia. pp. 61-94.

Glenn, E. (1994) "Social constructions of mothering: A thematic overview" en Glenn, E. et.al. (eds.) Mothering: Ideology, experience and agency. New York: Routledge.

Godbout, J. (1997). *El espíritu del don*. México: Siglo XXI.

Goldsmith, M. (2007) "De sirvientas a empleadas del hogar. La cara cambiante del servicio doméstico en México", Miradas feministas sobre las mexicanas del siglo XX (Marta Lamas comp..), México, FCE.

Goldstein, D. (2003) The Aesthtics of Domination: Class, Culture, and the Lives of Domestic Workers. In: Laughter out of place: Race, Class and Sexuality in a Rio Shanytown. Berkeley, University of California.Press.

Gogna, M. (1993) Empleadas domésticas en Buenos Aires en Chaney E., García Castro (editoras) Muchacha, cachifa, criada, empleada, empregadinha, sirvienta y...más nada, Ed. Nueva Sociedad, Venezuela.

Godbout, J. (1998). "Introdução à Dádiva". En: *Revista Brasileira de Ciências Sociais* N° 38, vol. 13, 39-51.

Gorban, D. y Tizziani, A. (2019) *¿Cada una en su lugar? Trabajo, género y clase en el servicio doméstico*. Buenos Aires: Biblos.

Granovetter, M. (1985), "Economic Action and Social Structure: the Problem of Embededdnes", en American Journal of Sociology, 91.

Grimson, A. (2002) Los procesos de fronterización: flujos, redes e historicidad, ponencia presentada en Encuentro Internacional sobre Fronteras, Medellín.

————. (2019) *¿Qué es el peronismo? De Perón a los Kirchner, el movimiento que no deja de conmover la política argentina*. Buenos Aires: Siglo XXI.

GREEN, R. (2010). *Urbanizaciones privadas como aparatos de poder: Raza, pureza y confort en la Argentina contemporánea*, tesis para la obtención del doctorado en Antropología Visual ante la Smith College, mimeo.

GUANO, E. (2003). A Color for the Modern Nation: The Discourse on Class, Race, and Education in the Porteño Middle Class, *Journal of Latin American Anthropology*, 1 (8). pp. 148-171.

GUBER, R. (2004): *El Salvaje metropolitano: reconstrucción del conocimiento social en el trabajo de campo,* Buenos Aires: Paidós.

GUTIERREZ RODRÍGUEZ, E. (2013). Trabajo doméstico-trabajo afectivo: sobre heteronormatividad y la colonialidad del trabajo en el contexto de las políticas migratorias de la UE, *Revista de Estudios Sociales*, No. 45 rev.estud.soc. • ISSN 0123-885X • Pp. 276. Bogotá, enero - abril de 2013 • Pp. 123-134.

HADLEY, S. (2009). *For love or money: labor rights and citizenship for working women of 1930´s*, Oaxaca, Mexico, thesis presented at University of Massachussets to obtain the Master of Liberal arts.

HALL, E. (1986). *La dimensión oculta.* México:FCE.

HONDAGNEU SOTELO, P. (2001). *Doméstica. Inmigrant workers. Clearing and caring in the shadows of affluence.* Berkeley, University of California Press.

HOCHSCHILD, A. (2008). *La mercantilización de la vida intima.* Buenos Aires: Katz Editores.

HOWELL, S. (Ed.). 2005. *The ethnography of moralities.* Routledge.

JAMES, D. (2010): *Resistencia e integración. El peronismo y la clase trabajadora argentina (1946-1976),* Buenos Aires: Siglo XXI.

JARAMILLO FONNEGRA, V. (2013) *Las trabajadoras migrantes del servicio doméstico en la Ciudad de Buenos Aires a comienzos del siglo XXI: un análisis de las normas de Derechos Humanos laborales y de las instituciones involucradas en su efectivización*, tesis de maestría en Derechos Humanos, Universidad Nacional de La Plata, Facultad de Ciencias Jurídicas y Sociales, Maestría en Derechos Humanos, mimeo.

JELIN, E. (1998). *Pan y afectos.* México: FCE.

JELIN, E. y MARÍA DEL CARMEN FEIJÓO (1989). *Trabajo y Familia en el ciclo de vida femenino,* Buenos Aires, CEDES.

JELIN, E. (1977). Migration and Labour Force Participation of Latin American Women: The domestic servants in the cities. *Sings*, vol. 3, N° 1, Women and National Development: the complexities of change 'Autumn, 129- 141.

KESSLER, G. (2000) Redefinición del Mundo Social en Tiempos de Cambio. Una Tipología para la Experiencia de Empobrecimiento en M. Svampa (Ed.) *Desde Abajo. La Transformación de las Identidades Sociales*, Buenos Aires: UNGS-Biblos.

KESSLER, G. (2014) *Controversias sobre la desigualdad. Argentina, 2003-2013*. Buenos Aires: FCE.

KESSLER, G., SVAMPA, M., & GONZÁLEZ BOMBAL, I. (2010). *Reconfiguraciones del mundo popular : el conurbano bonaerense en la postconvertibilidad*. Buenos Aires, Los Polvorines, Argentina: Prometeo Libros. Universidad Nacional de General Sarmiento.

KOFES, M. S. (2001) *Mulher, Mulheres – Identidade, diferença e desigualdade na relação entre patroas e empregadas*. Campinas-SP, Ed. Unicamp.

————. (1982) Entre nós mulheres, elas as patroas e elas as empregadas.En: Arantes, A. A. et al. *Concha de retalhos: estudos sobre a família no Brasil*. 3 ed. Campinas: Ed. Unicamp, 1982. p. 185-194.

LAMONT, M. y FOURNIER, M. (Eds.) (1992), *Cultivating Differences. Symbolic boundaries and the making of inequality*, Chicago y Londres, Chicago University Press.

LAUTIER, B. (2003) Las empleadas domésticas latinoamericanas y la sociología del trabajo: algunas observaciones acerca del caso brasileño. *Revista Mexicana de Sociología*, año 65, núm. 4, oct.-dic., 2003, México, D. F., pp. 789-814. ISSN: 0188-2503/04/06504-03.

LEÓN, M. (1993). Trabajo Doméstico y Servicio Doméstico en Colombia. En: E. Chaney y M. Garcia Castro (eds) *Muchacha / cachifa / criada / empleada/ empregadinha / sirvienta y... más nada: trabajadoras domésticas en América Latina y Caribe*. Venezuela, Ed. EPU, 1993. p. 181-302.

LOMNITZ, L. (1975). *Cómo sobreviven los marginados*. México: Siglo XXI Editores.

LOSADA, L. (2009). *Historia de las elites en la Argentina contemporánea. Desde la conquista hasta el surgimiento del peronismo*. Buenos Aires: Editorial Sudamericana.

LUGONES, M. G. (2009) *Obrando en autos, obrando en vidas: formas e fórmulas de Proteção Judicial dos tribunais Prevencionais de Menores de Córdoba, Argentina, nos começos do século XXI*, Tese de doutorado apresentada ao Programa de Pósgraduação em Antropologia Social, Museu Nacional, da Universidade Federal de Rio de Janeiro, como parte dos requisitos necessários à obtenção do título de Doutora em Antopologia Social.

MARSHALL, A. (1983) Inmigración, demanda de fuerza de trabajo y estructura ocupaciones en el Área Metropolitana Argentina, En: *Desarrollo Económico*, 65 (17): 4-37.

MARSHALL, A. y ORLANSKY, D.(1981). Las condiciones de expulsión en la determinación del proceso emigratorio desde países limítrofes hacia la Argentina. En *Desarrollo Económico*, 80 (20): 491-510.

MARTIN-FUGIER, A.(1979) *La Place des Bonnes. La domesticité feminine en 1900*. Paris: Édition Grasset & Fasquelle.

Massey, D. (1999), Why does the Immigration Occur? A Theoretical Synthesis", en *The Handbook of International Migration: The American Experience*, Hirschman, Kasinitz, De Wind (Eds.), Russel Sage Foundation, New York.

Mauss, M. (1979). Ensayo sobre los dones. Motivo y forma del cambio en las sociedades primitivas, en *Sociología y antropología*, Madrid, Tecnos, pp-153-263.

Meyer, P. 1977. *L'enfant et la raison d'État*. Paris: Editions du Seuil.

Miguez, D. y Semán, P.(2006) Diversidad y recurrencia en las culturas populares actuales (pp. 1-32) En D. Míguez y P. Semán *Entre santos, cumbias y piquetes. Las culturas populares en la argentina reciente*. Buenos Aires: Biblos.

Milkmann, Reese e Roth. (1998) A macrossociologia do trabalho doméstico Remunerado". *Revista Latino-americana de Estudos do Trabalho*. ano 4, n. 7, p.143-168, 1998.

Ministerio de Trabajo, Empleo y Seguridad Social. Subsecretaría de Programación Técnica y Estudios Laborales (2005). *Diagnóstico sobre la Situación Laboral de las Mujeres*. Segundo Trimestre de 2005. Buenos Aires, Oficina de MTTyS. Recuperado de: http://www.trabajo.gov.ar/left/biblioteca/files/estadisticas/05situacion%20lab.%20mujeres.pdf#search=%22Segregacion%20ocupacional%20CEPAL%20.pdf%22.

MTESS, Banco Mundial e INDEC, (2005) *La informalidad laboral en el GBA*, Fuente: EPH, Módulo de Informalidad, 4° Trimestre. Recuperado de http://siteresources.worldbank.org/INTARGENTINAINSPANISH/Resources/InformalidadenelGBA.pdf.

Minujin, A. y Kessler, G. (1995). *La nueva pobreza en la Argentina*. Buenos Aires: Editorial Planeta.

Moore, S. F. (1973). Law and Social Change: The Semi-Autonomous Social Field as an Appropriate Subject of Study. *Law & Society Review*, 7(4), 719-746.

Murmis, M. y Feldman, S. (2002) *Sociedad y Sociabilidad en la Argentina de los 90*, Buenos Aires: UNGS-Biblos.

Nari, M. (2004). *Políticas de maternidad y maternalismo político*. Buenos Aires: Biblos.

Neiburg, F. (2003). Intimidad y esfera pública. Política y cultura en el espacio nacional argentino, *Desarrollo Económico*, 170 (43): 287-303.

Noel, G. (2007). *Los Conflictos entre Agentes y Destinatarios del Sistema Escolar en Escuelas Públicas de Barrios Populares Urbanos* (tesis de doctorado inédita), Universidad Nacional de General Sarmiento, Buenos Aires, AR.

————. (2011) Cuestiones Disputadas. Repertorios Morales y Procesos de Delimitación de una Comunidad Imaginada en la Costa Atlántica Bonaerense, *Publicar en Antropología y Ciencias Sociales*; Lugar: Buenos Aires, Año: 2011 vol. XI p. 99-126.

O´Donnell, G. (1983) ¿Y a mí que mierda me importa? Notas sobre sociabilidad y política en Argentina y Brasil, inédito, IUPERJ, Berkeley/Stanford.

ONU Mujeres (2011). Cadenas Globales de Cuidados. El papel de las migrantes paraguayas en la provisión de cuidados en Argentina. [En línea]. Disponible en: http://www.asociacionlolamora.org.ar/doc/libro-onu.pdf.

Palomino, H. y P. Dalle (2016) Movilización, cambios en la estructura de clases y convergencia de ingresos en Argentina entre 2003 y 2013, *Desarrollo Económico*, 218.

Pastoriza, E. y Torre, J. C. (1999). "Mar del Plata, un sueño de los argentinos". En F. Devoto y M. Madero (Eds.) *Historia de la vida privada en la Argentina*, tomo 3, (pp. 49-77). Buenos Aires: Taurus.

Pérez, I. (2012). *El hogar tecnificado. Familias, género y vida cotidiana 1940-1970*. Buenos Aires: Biblos.

Pereyra, F. (2012) La regulación de las condiciones laborales de los trabajadores del cuidado en la Argentina: el caso del empleo doméstico, en Esquivel, Valeria, Faur, Eleonor y Jelin, Elizabeth (eds.), *Las lógicas del cuidado infantil: entre las familias, el Estado y el mercado*, Buenos Aires, IDES/UNICEF/UNFPA.

————. (2013a), El acceso desigual a los derechos laborales en el servicio doméstico argentino: una aproximación desde la óptica de las empleadoras, *Revista de Estudios Sociales*, N.º 45, pp. 54-66.

————. (2013b), Condiciones de trabajo y acceso a derechos laborales en el empleo doméstico argentino. Una aproximación desde la perspectiva de las trabajadoras, en X Reunión de Antropología del Mercosur: Situar, actuar e imaginar antropologías desde el Cono Sur, Córdoba, 10 al 13 de julio.

————. (2017) Trabajadoras domésticas y protección social en Argentina: avances y desafíos pendientes, *Serie de Documentos de Trabajo* N°15, Argentina: OIT.

Pereyra, F., y Poblete, L. (2015). ¿Qué derechos? ¿Qué obligaciones? La construcción discursiva de la noción de empleadas y empleadores en el debate de la Ley del Personal de Casas Particulares (2010-2013). *Cuadernos del IDES*. Buenos Aires: IDES/Conicet.

Ramella, F. (1994), Por un uso fuerte del concepto de red en los estudios migratorios, en M. Bjerg y H. Otero (Eds) (1994), *Inmigración y redes sociales en la Argentina moderna* (pp.9-21), CEMLA/Instituto de Estudios Histórico-Sociales.

Rapoport, M. (2007): *Historia social, política y económica de la Argentina*. Buenos Aires: Ariel.

Reygadas, L. (2004). Las redes de la desigualdad: un enfoque multidimensional, *Política y Cultura*, otoño 2004, núm. 22, pp. 7-25.

Rollins, J. (1985), *Between Women: Domestics and Their Employers*, Temple University Press, Filadelfia.

Romero, M. (1992). *Made in the USA*. New York, Routledge.

Rossi, M.J. y Campanella, L. (2018). *Los de abajo. Tres siglos de sirvientes en el arte y la literatura en América Latina*. Rosario, Argentina: UNR Editorial.

Salessi, J. (1995). *Médicos, maleantes y maricas*. Buenos Aires: Beatriz Viterbo.

Schteingart, D. (2014) La democratización del bienestar en el peronismo (1945-1955): ¿ruptura o continuidad con el pasado?, *Realidad Económica*, 282 16 de febrero/31 de marzo de 2014, pp.54-80.

Sigaud, L. (1996). Direito e coerção moral no mundo dos engenhos, *Revista Estudos Históricos*, vol. 9, N°18: 371-388.

————. (2004). Armadilhas da honra e da perdao: usos sociais do dereito na mata pernambucana, *Revista Mana* 10(1): 131-163.

Stolcke, Verena (2001). Gloria o maldición del individualismo moderno según Louis Dumont, *Revista de Antropología*, N°44, número 2.

Svampa, M. (2000) Identidades astillas. De la patria metalúrgica al heavy metal, en Maristella Svampa (Ed.) *Desde Abajo. La Transformación de las Identidades Sociales*, Buenos Aires: UNGS-Biblos.

————. (2005). *La sociedad excluyente. La Argentina bajo el signo del neoliberalismo*, Buenos Aires: Taurus.

Svampa, M. y González Bombal, I. (2001) Movilidad social ascendente y descendente en las clases medias argentinas: un estudio comparativo, Buenos Aires, SIEMPRO, Documentos de trabajo.

Tizziani, A. (2011). El servicio doméstico en la Ciudad de Buenos Aires, *Revista Trabajo y Sociedad*, N°17, Santiago del Estero, Argentina.

————. (2011) Entre travail «formel» et «informel»: la législation du travail et sa mise en pratique dans le secteur de l'emploi domestique à la ville de Buenos Aires, *Revue Les Mondes du Travail* – Université de Picardie Jules Verne, n° 9,(pp. 89-104), Amiens.

————. (2013) El Estatuto del Servicio doméstico y sus antecedentes: debates en torno a la regulación del trabajo doméstico remunerado en Argentina, *Nuevo Mundo*, París, EHSS.

Torre, J. C. y Pastoriza, E. (2002) La democratización del bienestar en J. C. Torre (Ed.) *Los años peronistas (1946-1955)*, Buenos Aires: Sudamericana.

Vaughan, D. (1984) *La pareja en conflicto*. Buenos Aires: Editorial Planeta.

Vargas, P. (2005) *Bolivianos, Paraguayos y argentinos en la obra. Identidades étnico-nacionales entre los trabajadores de la construcción*. Buenos Aires: Editorial Antropofagia.

VEGA SOLÍS, C. (2006). *Subjetividades en tránsito en los servicios de atención y cuidado. Aproximaciones desde el feminismo, Informe Final*. Barcelona, Diputación de Barcelona.

VIANNA, A. (2009). Derechos, moralidades y desigualdades: Consideraciones a partir de procesos de guarda de niños (pp.21-72), En C. Villalta (Ed.) *Infancia, justicia y derechos humanos*, Buenos Aires, UNQ.

————. (2002) *Limites da minoridade: tutela, família y autoridade em julgamento.*, tese de doutorado do Programa de Pós-Graduação em Antropologia Social. Río de Janeiro. Recuperado de: www.ppgasmuseu.etc.br/ppgas.html.

VIDAL, DOMINIQUE (2007), *Les bonnes de Rio. Emploi domestique et société démocratique au Brésil*, ed. Septentrion, Lille.

VIOTTI, N. (2011). *Um deus de todos os días. Uma análise sobre pessoa, aflição e conforto numa trama religiosa de Buenos Aires* (tesis de doctorado inédita), Programa de Pósgraduação em Antropologia Social, Museu Nacional, UFRJ, BR.

VIOTTI, N. y BALLADARES, C. (2010) La periferia de Buenos Aires y el mundo popular urbano", Buenos Aires, *Apuntes de Investigación* N°16, pp-227-244.

VIGARELLO, G. (1996) *O Limpo e o Sujo: uma história da higiene corporal*. São Paulo: Martins Fontes.

VISACOVSKY, S y GARGUIN, E. (eds) (2009). *Moralidades, economías e identidades de clase media. Estudios históricos y etnográficos*. Buenos Aires: Antropofagia.

WEBER, M.(1990) La objetividad cognoscitiva de la ciencia social y de la política social, en Max Weber, *Ensayos sobre metodología sociológica*. Buenos Aires: Amorrortu.

WAINERMAN, C. (2005). *La Vida Cotidiana en las nuevas familias. ¿Una revolución estancada?* Buenos Aires: Lumiere Editorial.

WEBER, F. (2001): Settings, interactions and things: a plea of multi-integrative ethnography, *Ethnography*, 2, 475.

WORTMAN, A. (2003) *Pensar las clases medias. Consumos culturales y estilos de vida urbanos en la Argentina de los noventa*. Buenos Aires: La Crujía.

ZELIZER, V. (2009). *La negociación de la intimidad*, Buenos Aires: Fondo de Cultura Económica.

ZURITA, C. (1981) Evolución del empleo en el servicio doméstico de Argentina entre 1914 y 1970: una estimación a partir de datos censales, *Documento presentado al Seminario sobre Desarrollo Rural y Trabajo Femenino*, Centro Interdisciplinario de Estudios sobre el Desarrollo, (CIE DUR), Montevideo, Uruguay.

————. (1983) El servicio doméstico en Argentina: el caso de Santiago del Estero, *Informe de investigación del Instituto central de Investigaciones Científicas*, Universidad católica de Santiago del Estero.

———. (2005). Trabajo domestico, servidumbre y situaciones de género, Documento del Programa de Investigaciones sobre Trabajo y Sociedad, Universidad Nacional de Santiago del Estero.

Impreso por TREINTADIEZ S. A. en 2020
Pringles 521 (C1183 AEI)
Ciudad Autónoma de Buenos Aires
Teléfonos (011) 4862-6794 / (011) 4864-3297
editorial@treintadiez.com

www.ingramcontent.com/pod-product-compliance
Lightning Source LLC
Chambersburg PA
CBHW081715250726
48657CB00010B/3008